PETER TRUDE

Der Begriff der Gerechtigkeit in der aristotelischen Rechts- und Staatsphilosophie

NEUE KÖLNER RECHTSWISSENSCHAFTLICHE ABHANDLUNGEN

HERAUSGEGEBEN VON
DER RECHTSWISSENSCHAFTLICHEN FAKULTÄT
DER UNIVERSITÄT ZU KÖLN

HEFT 3

Berlin 1955

WALTER DE GRUYTER & CO.

vormals G. J. Göschen'sche Verlagshandlung · J. Guttentag, Verlagsbuchhandlung
Georg Reimer · Karl J. Trübner · Veit & Comp.

Der Begriff der Gerechtigkeit in der aristotelischen Rechts- und Staatsphilosophie

Von

Dr. Peter Trude

Köln

Berlin 1955

WALTER DE GRUYTER & CO.

vormals G. J. Göschen'sche Verlagshandlung · J. Guttentag, Verlagsbuchhandlung
Georg Reimer · Karl J. Trübner · Veit & Comp.

Archiv-Nr. 27 08 55 / 3
Satz und Druck: I/10/14 Walter de Gruyter & Co., Trebbin Kr. Luckenwalde

5000/272/54

Zum Andenken
an meine Mutter
Elisabeth Trude

Übersicht

Abkürzungen

Die Abkürzungen der zitierten Literatur finden sich im übrigen im Literaturverzeichnis.

A.	Aristoteles
arist.	aristotelisch
Abhdlg.	Abhandlung
allg. G.	allgemeine Gerechtigkeit
Arch Ziv Prax.	Archiv für die zivilistische Praxis
ausgl. G.	ausgleichende Gerechtigkeit
austeil. G.	austeilende Gerechtigkeit
Bd.	Band
bes. G.	besondere Gerechtigkeit
BGB	Bürgerliches Gesetzbuch v. 18. 8. 1896
D.	Denkschrift zum Entwurf eines BGB
δ.	δίκαιον (Recht)
Dig.	Digesten des Corpus Juris
DJZ	Deutsche Juristenzeitung
EE	Ἠθικὰ Ζὐδήμεια (Eudemische Ethik)
FGG	Gesetz über die Angelegenheiten der freiwilligen Gerichtsbarkeit v. 17. 5. 1898
G.	Gerechtigkeit
GG	Grundgesetz für die Bundesrepublik Deutschland vom 23. 5. 1949
Gruch Beitr.	Beiträge zur Erläuterung des deutschen Rechts, begründet von Gruchot
JW	Juristische Wochenschrift
Jher J.	Jherings Jahrbücher für die Dogmatik des bürgerlichen Rechts
Kat	Κατηγορίαι (Kategorien)
MM	Ἠθικὰ μεγάλα (Große Ethik)
Mot.	Motive zu dem Entwurf eines Bürgerlichen Gesetzbuches für das Deutsche Reich
NE	Ἠθικὰ Νικομάχεια (Nikomachische Ethik)
NJW	Neue Juristische Wochenschrift
OGHSt	Entscheidungen des obersten Gerichtshofes für die britische Zone in Strafsachen
Pol	Πολιτικά (Politik)
πρὸς ἕτ.	πρὸς ἕτερον
RGZ	Entscheidungen des Reichsgerichts in Zivilsachen
RGSt	Entscheidungen des Reichsgerichts in Strafsachen
Rhet	τέχνη Ῥητορική (Rhetorik)
StGB	Strafgesetzbuch für das Deutsche Reich v. 15. 5. 1871

S. Th.	Summa Theologica
StVO	Verordnung über das Verhalten im Straßenverkehr (Straßenverkehrsordnung) v. 13. 11. 1937
Top	Τοπικά (Topik)
Virt	περὶ Ἀρετῶν καὶ κακιῶν (Über die Tugenden und die Laster)
wiederverg. G.	wiedervergeltende Gerechtigkeit
WV	Die Verfassung des Deutschen Reiches (Weimarer Verfassung) v. 11. 8. 1919
ZPO	Zivilprozeßordnung in der Fassung der Bekanntmachung v. 12. 9. 1950

Es wurden außerdem die allgemein gebräuchlichen Abkürzungen benutzt.

Benutzte Literatur

Die Zitate erfolgen im Text unter Angabe des Familiennamens des Verfassers. Bei abweichender Zitierung oder bei verschiedenen Büchern desselben Verfassers wird die Zitiermethode im folgenden in Klammern beigefügt.

Die Zitierung der arist. Quellen geschieht unter Angabe des Titels, des Buches, des Kapitels, der Seitenzahl, der Spalte, der Zeile und schließlich der Seitenzahl der Übersetzung, also z. B. NE I 13 1102 a 5 (40). Dabei werden die unten näher zitierte Bekkersche Textausgabe und die ebenfalls unten zitierte, von Tafel, Osiander, Schwab herausgegebene Übersetzung benutzt.

Bei mehrfacher Zitierung der nahezu gleichen Stelle bzw. des gleichen Schriftstellers werden in erkennbarer Weise lediglich die Zahl der Zeile bzw. der Seite angegeben.

Abert, Hermann	Die Stellung der Musik in der antiken Kultur, Die Antike, Zeitschrift für Kunst und Kultur des griechischen Altertums, herausg. von Werner Jaeger, Bd. II Heft 1, Berlin-Leipzig 1926.
Anschütz, Gerhard	Die Verfassung des Deutschen Reiches vom 11. August 1919, Ein Kommentar für Wissenschaft und Praxis, 9. Aufl., Berlin 1929.
Apel, Max	Philosophisches Wörterbuch, 3. Aufl., Berlin 1950.
Aristoteles	Graece ex recensione Immanuelis Bekkeri. Edidit Academia Regia Borussica, Berolini, A. 1831.
Arnim, Hans v. (Arnim I)	Das Ethische in Aristoteles' Topik, Akademie der Wissenschaften in Wien, Philosophisch-historische Klasse, Sitzungsberichte, 205. Bd., 4. Abhdlg., Wien-Leipzig 1927.
Arnim, Hans v. (Arnim II)	Die drei aristotelischen Ethiken, Akademie der Wissenschaften in Wien, Philosophisch-historische Klasse, Sitzungsberichte, 202. Bd., 2. Abhdlg., Wien-Leipzig 1924.
Baumbach-Lauterbach	Kurzkommentar zur ZPO, 20. Aufl., München-Berlin 1951.
Baumgarten, Arthur	Grundzüge der juristischen Methodenlehre, Bern 1939.
Biermann	Das Sachenrecht des BGB, 3. Aufl., Berlin 1914.
Binder, Julius	Philosophie des Rechts, Berlin 1925.
Bonner Kommentar	Kommentar zum Bonner Grundgesetz, Hamburg 1950.

Braun-Melchior	Rechtsübergang und Ausgleich bei mehrfacher Drittsicherung, Arch Ziv Prax. 132/175 (1930).
Breit	Zur Lehre vom Eintritt des Bürgen und des Drittverpfänders in die Rechte des befriedigten Gläubigers nach dem BGB, Gruch Beitr. 48/282ff. (1904).
Brentano, Franz	Aristoteles und seine Weltanschauung, Leipzig 1911.
Engisch	Logik der Rechtswissenschaft in „Geistige Arbeit", Berlin 1941, 8. Jahrg. Nr. 7.
Enneccerus-Lehmann	Lehrbuch des Bürgerlichen Rechts, 2. Bd. Recht der Schuldverhältnisse, 13. Bearbeitung, Tübingen 1950.
Fechner, Hermann Adolph	Über den Gerechtigkeitsbegriff des Aristoteles, Breslauer Diss., Leipzig 1855.
Goedeckemeyer, Albert (Goed. I)	Aristoteles, München 1922.
Goedeckemeyer, Albert (Goed. II)	Aristoteles' praktische Philosophie (Ethik und Politik), Leipzig 1922.
Gohlke, Paul (Gohlke I)	Aristoteles und sein Werk, Paderborn 1948.
Gohlke, Paul (Gohlke II)	Die Entstehung der aristotelischen Ethik, Politik und Rhetorik, Wien 1944.
Guyet	Über das Prinzip, nach welchem ein zur Sicherung der nämlichen Forderung, mit mehreren Spezialhypotheken auf verschiedene Gegenstände versehener Gläubiger zu befriedigen ist, Arch Ziv Prax. 18/365ff. (1885).
Hippel, Ernst v. (Hippel I)	Einführung in die Rechtstheorie, 2. Aufl., Bonn 1947.
Hippel, Ernst v. (Hippel II)	Gewaltenteilung im modernen Staate, Koblenz 1948.
Hippel, Ernst v. (Hippel III)	Rechtsgesetz und Naturgesetz, 2. Aufl., in Die Gestalt, Abhdlgn. zu einer allgemeinen Morphologie herausgegeben von F. K. Schumann, W. Troll und L. Wolf, Heft 9, Tübingen 1949.
Hirzel, Rudolf (Hirzel I)	ἌΓΡΑΦΟΣ ΝΟΜΟΣ, Abhdlgn. der philosophisch-historischen Klasse der Königl. Sächsischen Gesellschaft der Wissenschaften, XX. Bd., Nr. 1, Leipzig 1900.
Hirzel, Rudolf (Hirzel II)	Themis, Dike und Verwandtes, Ein Beitrag zur Geschichte der Rechtsidee bei den Griechen, Leipzig 1907.
Jaeger, Werner	Aristoteles, Grundlegung einer Geschichte seiner Entwicklung, Berlin 1923.
Kanka	Die Mitbürgschaft, Jher J. 87/123 (1937/38).
Lehmann, Heinrich	Allgemeiner Teil des Bürgerlichen Gesetzbuches, 5. Aufl., Berlin 1947.

Loening, Richard	Die Zurechnungslehre des Aristoteles, 1. Bd. der Geschichte der strafrechtlichen Zurechnungslehre, Jena 1903.
Mangoldt, Hermann v.	Das Bonner Grundgesetz, Kommentar, Berlin-Frankfurt a. M. 1950.
Martinius	Entsprechende Anwendung des § 774 Abs. 2 im Falle des § 1225 BGB, DJZ 03/543.
Muenscher	Quaestionum criticarum ex exegeticarum in Aristotelis Ethica Nicomachea specimen, Marburger Diss., 1861.
Neues Testament	übersetzt von Rupert Storr, Stuttgart 1940.
Palandt, Otto	Kurzkommentar zum BGB mit Nebengesetzen, hersg. von Otto Palandt, 9. Aufl., München-Berlin 1951.
Planck, G.	Bürgerliches Gesetzbuch nebst Einführungsgesetz, 3. Aufl., Berlin 1906, 4. Aufl. 1920.
RGRKom	Das bürgerliche Gesetzbuch mit besonderer Berücksichtigung der Rechtsprechung des Reichsgerichts, 9. Aufl., Berlin-Leipzig 1939.
Rolfes, Eugen	Aristoteles' Topik, neu übersetzt und mit einer Einleitung und erklärenden Anmerkungen versehen, Leipzig, unveränderter Abdruck der 2. Aufl. von 1922, 1948.
Salomon, Max (Sal.)	Der Begriff der Gerechtigkeit bei Aristoteles, Leiden 1927.
Sauter, Johann	Die philosophischen Grundlagen des Naturrechts, Untersuchungen zur Geschichte der Rechts- und Staatslehre, Wien 1932.
Schönke, Adolf	Strafgesetzbuch, Kommentar, 5. Aufl., München-Berlin 1951.
Schwarz, Otto	Kurzkommentar zum Strafgesetzbuch, 13. Aufl., München-Berlin 1949.
Staudinger, J. v.	Kommentar zum Bürgerlichen Gesetzbuch und dem Einführungsgesetze, 10. Aufl., München-Berlin-Leipzig.
Stein-Jonas-Schönke	Kommentar zur Zivilprozeßordnung, 17. Aufl., Tübingen 1949—1951.
Sternberg	Die Verteilung der Haftungslast bei mehrfacher Sicherung einer Forderung, GruchBeitr. 52/545 (1908).
Strohal (Strohal I)	Zur Lehre vom Eintritt des Drittverpfänders in die Rechte des befriedigten Gläubigers nach dem BGB, DJZ 03/373ff.
Strohal (Strohal II)	Der gesetzliche Übergang der Sicherungsrechte des Gläubigers auf den zahlenden Bürgen in neuer Beleuchtung, Jher J. 61/59ff. (1912).

Tafel, Osiander, Schwab	Griechische Prosaiker in neuen Übersetzungen, hersg. v. G. L. F. Tafel, C. N. v. Osiander und G. Schwab, Stuttgart
	Zell — Kat — 1836
	Zell — Top — 1841
	Rieckher — NE — 1856
	Rieckher — EE — 1858
	Rieckher — MM — 1859
	Rieckher — Virt — 1859
	Schnitzer — Pol — 1856
	Roth — Rhet — 1833
Tasse	Die Rechtsbeziehungen zwischen mehreren Sicherungsverpflichteten nach Befriedigung des Gläubigers durch einen von ihnen, Diss., Halle 1931.
Weiß	Der Ausgleich unter mehreren Sicherungsverpflichteten im deutschen Privatrecht und im bürgerlichen Gesetzbuch, Diss., 1937.
Wittmann, Michael	Die Ethik des Aristoteles, in ihrer systematischen Einheit und in ihrer geschichtlichen Stellung untersucht, Regensburg 1920.

Vorwort

Der Begriff der aristotelischen Gerechtigkeit ist bisher zwar schon in äußerst vielen Schriften dargelegt worden. Diese beschränken sich aber zumeist auf eine kurze und nicht selten unrichtige Wiedergabe der aristotelischen Ausführungen in Buch V der NE. Der Gerechtigkeitsbegriff als solcher hat eine selbständige Bearbeitung lediglich in einer Breslauer Dissertation von Fechner aus dem Jahre 1855 und neuerdings in einer Monographie von Salomon aus dem Jahre 1937 erfahren. In beiden wird jedoch im wesentlichen nur die NE zugrundegelegt und die in der antiken Überlieferung bereits vorhandene und seit den 20iger Jahren neu erwachte und wissenschaftlich begründete Annahme der Echtheit des größten Teils der als aristotelisch bekannten Schriften unberücksichtigt gelassen. Damit wird aber auch die Entwicklung des aristotelischen Gerechtigkeitsbegriffs übersehen. Ferner kommt in beiden Arbeiten der innere Zusammenhang des Gerechtigkeitsbegriffs mit dem aristotelischen Rechtssystem nicht genügend zum Ausdruck. Es wird nicht klar erkannt, daß die primäre Frage des Aristoteles nach der Gerechtigkeit anstatt nach dem Recht lediglich auf der nach dem richtigen menschlichen Verhalten fragenden Ausgangsstellung seiner Ethik beruht, daß sich die Gerechtigkeit damit aber nicht weniger in das objektive aristotelische Rechtssystem und insbesondere in seine Naturrechtslehre einordnet. Während die Arbeit Fechners nach einer verhältnismäßig knappen und auf eine ausführlichere Beschreibung der Gerechtigkeit in Buch V der NE beschränkten Darstellung des Gerechtigkeitsbegriffs zu dessen Anwendung im Staats- und Verwaltungsrecht übergeht, behandelt diejenige Salomons zwar vorwiegend rechtsphilosophische Fragen, kommt dabei aber weitgehend zu Ergebnissen, die der bisherigen Auffassung stark widersprechen, die jedoch nicht als der aristotelischen Lehre entsprechend angesehen werden können. Dies gilt z. B. für die These Salomons, Aristoteles sei kein Naturrechtler gewesen, ferner für seine Schilderung des Wesens der sogenannten allgemeinen und der sogenannten besonderen Gerechtigkeit sowie ihres Verhältnisses zueinander, für seine Einteilung des spätaristotelischen Billigkeitsbegriffs in zwei sehr verschiedene Arten usw.

Es erschien deshalb in mehrfacher Hinsicht eine primär rechtsphilosophische Bearbeitung des aristotelischen Gerechtigkeitsbegriffs auf Grund der neuesten philosophischen Ergebnisse unter Berücksichtigung der aristotelischen Entwicklung geboten. Dies gilt umso mehr, als gerade der rechtsphilosophische Gehalt der aristotelischen Gerechtigkeit von bleibendem Wert und heute noch praktischer Verwendbarkeit ist.

Da Aristoteles — wie schon angedeutet — in seinen Ethiken von der Frage nach dem richtigen Verhalten des Menschen ausgeht, nicht dagegen von ethischen Geboten oder Verboten, da sich ihm also die Tugenden, nicht aber das objektive Normensystem als die entscheidenden Blickpunkte darstellen und sich demnach das Normensystem erst von der Behandlung dieser Ausgangsfrage her ergibt, war es auch für die vorliegende Arbeit zweckmäßig, entsprechend der aristotelischen Fragestellung von der Gerechtigkeit auszugehen und erst von dieser aus auf die Frage nach dem aristotelischen Rechtssystem zu kommen. Weil ferner insbesondere von Aristoteles der Übergang von einer vorwiegend unmittelbar göttlich vermittelten, sozusagen heteronomen zu einer gedanklich wissenschaftlichen autonomen Erkenntnis vollzogen wird und die aristotelische Erkenntnis der Gerechtigkeit dementsprechend eine gedankliche, begriffliche ist, läßt sich die aristotelische Gerechtigkeit gerade von ihrer begrifflichen Seite her am ehesten erfassen. Der hiernach den Mittelpunkt der aristotelischen Rechts- und Staatsphilosophie bildende Begriff der Gerechtigkeit war daher mit Grund zum Mittelpunkt auch der vorliegenden Arbeit zu machen.

In dieser wird nun nach einer Klärung des grundsätzlichen philosophischen und methodischen Standpunktes des Aristoteles die Gerechtigkeit zunächst als eine der Ethik angehörende Tugend mit den sich hieraus ergebenden Folgerungen z. B. in Bezug auf die philosophische Begründung der Gerechtigkeit und ihre grundsätzliche methodische Bestimmung erkannt werden. An diese Bestimmung des genus proximum des Begriffs der Gerechtigkeit wird sich die ihrer differentia specifica, also der sie gegenüber den anderen Tugenden abgrenzenden besonderen Merkmale anschließen, wobei sowohl die Entwicklung des aristotelischen Gerechtigkeitsbegriffs als auch seine Unterteilung in verschiedene Arten behandelt werden. Danach wird die hierdurch wesensmäßig bereits erkannte Gerechtigkeit schließlich als das naturrechtliche Sollensprinzip des Rechts und als Mittelpunkt des aristotelischen Rechtssystems erwiesen werden, so daß die Gerechtigkeit sich hiernach zusammenfassend als ein das Recht in das System, die Begründung und Aufgaben der Ethik einordnender Begriff darstellt.

Aus dieser Begrenzung des Aufgabenbereichs der vorliegenden Arbeit, ferner aber auch aus der überaus großen Reichhaltigkeit der aristotelischen Schriften ergab sich die erforderliche Beschränkung des Dargestellten. Viele rechtliche Probleme, die für die hier gestellte Frage unerheblich sind, blieben daher unbeachtet, zumal wenn sie — wie z. B. die aristotelische Zurechnungslehre — bereits eingehend bearbeitet worden sind. Selbst die mit der der vorliegenden Arbeit zugrundeliegenden Aufgabe erfolgte Beschränkung auf die Darstellung des aristotelischen Gerechtigkeitsbegriffs und die Lösung der hiermit zusammenhängenden Probleme sowie schließlich die rechtsphilosophische Stellungnahme und überhaupt rechtswissenschaftliche Auswertung ließ die Arbeit umfangmäßig immerhin noch zur Genüge anschwellen.

Aus den gleichen Gründen erübrigte es sich auch, dort, wo die aristotelische Lehre bereits hinreichend dargetan und erörtert worden ist z. B. hinsichtlich der allgemeinen Tugendlehre, der Lehre von der rechten Mitte usw., eine eigene ausführliche Darstellung zu geben. Die bereits gewonnenen Erkenntnisse zusammengefaßt kurz zu vergegenwärtigen und auf die entsprechende Literatur zu verweisen, erschien daher zweckmäßiger, als an die Stelle derselben eine eigene möglicherweise schlechtere Darstellung zu setzen. Aus diesem Grunde und zur Vermeidung eines noch größeren Umfangs sowie der besseren Übersicht wegen war daher teilweise unter Verzicht auf langatmige eigene Darstellung einfach die brauchbare Sekundärliteratur herbeizuziehen, von welcher insbesondere die Arbeiten Hirzels, v. Arnims und Gohlkes von hohem Wert waren.

Andererseits ist der Umfang der Literatur über Aristoteles so umfangreich, daß eine vollständige Auseinandersetzung mit dieser die Arbeit ins Unermeßliche hätte anschwellen lassen — ein Umstand, der den in seinen Arbeiten sehr beachtenswerten Gohlke in seiner Schrift Aristoteles und sein Werk, 1948, S. 5ff. auf den fast gänzlichen Verzicht jeder Stellungnahme und auch jeden „Nachschlagens" der Sekundärliteratur geführt hat. Es sind deshalb in erster Linie nur die für die in dieser Arbeit entscheidenden Fragen wichtige und die moderne Sekundärliteratur sowie einige Standardwerke herangezogen worden. Bei widersprechenden oder unrichtigen Auffassungen war zur Klarstellung allerdings öfters eine eingehende Auseinandersetzung erforderlich. Im übrigen wurde der Hauptwert auf eine möglichst eingehende Belegung des Gesagten aus den aristotelischen Schriften selbst gelegt.

Was die Terminologie anbelangt, erschien es zweckmäßig, die eingebürgerten Ausdrücke wie z. B. „allgemeine Gerechtigkeit", „besondere Gerechtigkeit" soweit wie möglich zu belassen oder bei Nichtübersetzbarkeit einfach den griechischen Ausdruck einzusetzen, auch wenn sich anstelle dessen vielleicht den wesentlichen Begriffsinhalt besser wiedergebende Ausdrücke hätten finden lassen, da Wortneuprägungen nicht nur häufig das Verständnis erschweren, sondern zumeist noch mehr Verwirrung schaffen.

Schließlich ist für den Richtigkeitsgrad der vorliegenden Arbeit zu bemerken, daß viele auf die aristotelische Entwicklung zurückführende vermeintliche oder seltener auch wahre Widersprüche, ferner die der aristotelischen Neigung zum alles beobachtenden Empirismus und zur alles einordnenden Systematik zuzurechnende Berücksichtigung aller möglichen Meinungen sowie schließlich der Charakter der aristotelischen Schriften als äußerst knapp und oft nur stichwortartig gehaltene Vorlesungsnotizen erhebliche Schwierigkeiten zur Feststellung der aristotelischen Lehre mit sich brachten. Dies und der Inhalt eines — in seiner Echtheit allerdings zweifelhaften — aristotelischen Briefes an Alexander, in welchem Aristoteles dem ihm wegen der Herausgabe seiner Vorträge Vorwürfe machenden Alexander erwidert, daß seine Vorträge herausgegeben und auch nicht herausgegeben seien, denn verständlich seien sie allein denen, die ihn gehört hätten, möge als Entschuldigung dafür dienen, wenn die aristotelische Lehre in irgendeinem Punkt nicht richtig getroffen sein sollte.

A. Einleitung: Die durch Aristoteles vollzogene Wende von einer göttlich vermittelten heteronomen zu einer gedanklich wissenschaftlichen autonomen Erkenntnis und sein wissenschaftlicher Ausgangspunkt im philosophischen Realismus und im methodischen Empirismus.

Nachdem die geistigen Normen des Rechts sowie überhaupt des ethischen menschlichen Verhaltens anfänglich sich noch unmittelbar als göttliche Gebote dargestellt hatten, wie es in den alten Theokratien, den Mysterien und Orakeln sichtbar wird, findet sich in der griechischen Geschichte erstmalig der Versuch, unabhängig von unmittelbaren göttlichen Geboten die Prinzipien des Rechts und der Ethik vom menschlichen Geiste aus, aus dem Gedanklichen her, zu ergründen. Neben die oder auch an die Stelle der göttlichen Offenbarungen tritt die menschliche Wissenschaft, die Philosophie. Während diese sich in ihren Gegenständen anfänglich noch mehr auf den Kosmos und den Anthropos beschränkt hatte, beginnt ihr Aufschwung mit Sokrates, der sich erstmalig des Begriffs bedient und erst hierdurch ein eigentlich gedanklich wissenschaftliches Verfahren ermöglicht. Die durch die Verwendung des Begriffs möglich gewordene Unterscheidung des konkreten Einzeldings von dem abstrahierten allgemeinen Wesen der Dinge, das eben im Begriff gedanklich vorgestellt wird, läßt es als verständlich erscheinen, daß diese auf die naturphilosophische folgende, mit Sokrates beginnende systematische Periode sich mehr von den gegenständlichen Dingen löst und geistigen Problemen zuwendet, die als geistige nur begrifflich zu erfassen sind. Nach kleineren Ansätzen bei Heraklit und Pythagoras [1]) beschäftigt sich diese systematische Periode der griechischen Philosophie dementsprechend erstmalig mit der Wissenschaft vom richtigen Verhalten des Menschen, mit Ethik und Recht.

Bekanntlich sieht Platon, der einerseits noch als Anhänger des Mysterienwesens, andererseits als Vertreter der neuen gedanklichen Wissenschaft erscheint, in diesem außerhalb der Einzeldinge existierenden Begriff, in dem allgemeinen Wesen der Dinge eine Idee, welcher eine transzendente, also vom Einzelding losgelöste Realität zukommt. Diese transzendenten Ideen sind die unveränderlichen Urbilder der dem Menschen erscheinungsmäßig wahrnehmbaren Einzeldinge, die wiederum nur bloße Abbilder dieser transzendenten realen Ideen sind.

---

[1]) Sauter S. 5ff.

Ebenso wie für Platon die Ideen die gestaltenden, geistigen Prinzipien allen Seins sind, so legt Aristoteles ihnen ein unveränderliches Sein, die volle Realität bei. Die Idee ist die alles gestaltende eigentliche Wesenheit, die Entelechie der Dinge [2]). Die Idee als das gänzlich Stofflose [3]) unterliegt in ihrer nicht mit dem Stoff verbundenen reinen Form keinerlei Veränderung. Als ständig unbewegtem Prinzip kommt ihr das wahre und aus sich selbst bestehende Sein zu [4]). Aristoteles lehrt daher in einem mindestens ebenso starken Maße wie Platon den philosophischen Realismus, der das geistige Prinzip der Welt als wirklich seiend ansieht. Diese Grundtatsache der aristotelischen Philosophie kommt darin deutlich zum Ausdruck, daß Aristoteles dementsprechend seine ganze Philosophie einteilt in die erste vom unbewegten Sein, die Metaphysik, und die zweite vom beweglichen Sein, in welcher sich die Idee als das formende Prinzip dem Stofflichen verbindet [5]).

Sah Platon in dieser Idee eine außerhalb des Einzeldings existierende, eine transzendente Realität, so verlegt Aristoteles nun aber das Sein der Ideen in die Einzeldinge selbst, die hiernach als aus Stoff und Form (der Idee) zusammengesetzt erscheinen. Die Idee wird zu einer immanenten und macht die eigentliche Wesenheit des Einzeldings aus [6]).

Die aristotelische Ideenlehre unterscheidet sich von der platonischen daher nicht hinsichtlich des philosophischen Realismus, sondern lediglich in der Immanenzlehre.

Da hiernach die Ideen in den Einzeldingen wohnen, wendet sich Aristoteles, um sie zu erkennen, in einem ungleich stärkeren Maße als Platon den Einzeldingen und damit der Erfahrung zu. Seine Methode ist eine empirische gegenüber der idealistischen Platons [7]).

Hiermit steht der grundsätzliche philosophische und methodische Ausgangspunkt des Aristoteles fest. Im Philosophischen, nämlich im philosophischen Realismus, deckt er sich mit dem platonischen. Der Unterschied liegt in der der platonischen Transzendenz der Ideenlehre gegenübertretenden Immanenz. Hierdurch unterscheidet sich in Parallele hierzu die aristotelische Methode gegenüber der platonischen idealistischen durch ihren Empirismus.

Die vorhin erwähnten Ausgangspunkte werden nun auch für den Begriff der aristotelischen Gerechtigkeit von grundlegender Bedeutung. Entsprechend dem philosophischen Realismus erfährt die Gerechtigkeit eine vom Stofflichen losgelöste geistig wertmäßige Begründung und Bestimmung. Nach verschiedenen Entwicklungs-

---

[2]) Gohlke I S. 166. [3]) Gohlke I S. 161. [4]) Goed. I S. 201 ff.
[5]) Gohlke I S. 166; Goed. I S. 48, II S. 3 ff.
[6]) Goed. I S. 209 ff., 216; Sauter S. 35; Gohlke I S. 162 ff.
[7]) Goed. I S. 42 f., 49, 222.

stufen[8]) wird dieser geistige Wert bei der hier wichtigsten spätaristotelischen Gerechtigkeit in Anwendung der aristotelischen Immanenzlehre im geistigen Wesen des Menschen selbst gesucht. Es ist also nicht nur die Erkenntnis, die ebenso wie bei Platon als frei gedankliche in den Menschen selbst verlegt wird, sondern auch der geistige Gegenstand der Erkenntnis, der die Norm darstellende Wert, wird entgegen der platonischen Transzendenz als immanenter Wert im Menschen selbst gesucht und der Idee, der Form des Menschen entnommen. Hieraus folgt dann schließlich die vorwiegend empirische Methode des Aristoteles, die zu der hauptsächlich empiristischen Feststellung des Gerechtigkeitsbegriffs aus der Erfahrung und den Sprachgebrauch führt.

Da die Gerechtigkeit eine Tugend ist, wird sie im folgenden zunächst als solche geschildert werden. Auf diese Bestimmung ihres genus proximum wird die ihrer differentia specifica, also der sie von den anderen Tugenden unterscheidenden besonderen Merkmale folgen.

---

[8]) Diese werden der Deutlichkeit halber bei der Darstellung des besonderen Wesens der G. geschildert werden (vgl. unten S. 19ff.), weil sie in ihrer Verschiedenartigkeit gerade in der differentia specifica des G.-Begriffs ersichtlich werden. Außerdem spricht aber auch der Umstand für diese Gliederung, daß das genus proximum des arist. G.-Begriffs durch alle Entwicklungsstufen hindurch im Prinzip das gleiche geblieben ist, nämlich die Tugend. Obwohl der Tugendbegriff als solcher bei A. auch eine Entwicklung aufweist und in der vorliegenden Arbeit ausführlicher nur der spätarist. Tugendbegriff dargelegt werden wird, erschien es aus den angeführten Gründen daher trotzdem zweckmäßiger, die Entwicklungsstufen des arist. G.-Begriffs erst im Zusammenhang mit dem besonderen Wesen der G. zu erörtern.

B. Das allgemeine Wesen der Gerechtigkeit als Tugend und ihre hieraus folgende Begründung und inhaltliche Bestimmung aus der Ethik.

Der Begriff der Gerechtigkeit wird von Aristoteles in seinen ethischen Schriften geklärt, wo sie als eine der dort behandelten Tugenden aufgezählt wird [1]. Schon in seinen frühesten Schriften, in denen die Gerechtigkeit noch einen weitgehend anderen Inhalt als in den eigentlich ethischen Schriften seiner Spätzeit hat [2], bezeichnet Aristoteles sie als Tugend bzw. — was in der gleichen Richtung liegt — als Habitus (ἕξις). Bereits die Top [3] stellt die Definition der Gerechtigkeit als Habitus als richtige gegenüber den Definitionen derselben als Wissenschaft (ἐπιστήμη) oder als Vermögen, Fähigkeit (δύναμις). Die Tugend stellt sich aber als Habitus dar, insofern Habitus der Gattungsbegriff der Tugend ist [4]. Ausdrücklich hebt Aristoteles hervor, daß die Gerechtigkeit als Tugend definiert werden müsse und die Tugend als Habitus, nicht aber die Gerechtigkeit sofort als Habitus, da damit der Gattungsbegriff der Gerechtigkeit übersprungen werde [5]. Auch in den ethischen Schriften ist die Gerechtigkeit eine Tugend und zwar sowohl in Virt [6] als in der MM [7] als auch in der NE, wo sie in der eingangs zu findenden, an die Zusammenstellung in Virt erinnernden kurzen Übersicht über die Tugenden [8] als letzte aufgeführt [9] und dann später [10] ausführlich als solche behandelt wird.

Die Tugend aber und somit auch die Gerechtigkeit ist der Gegenstand der aristotelischen Ethik. Die diesem Umstand beizulegende Bedeutung erfordert eine Vergegenwärtigung der ethischen Lehren des Aristoteles [11].

Daß die Tugend der Ethik als deren Gegenstand zugehört, ist bei

---

[1]) Virt 5 1250 b 15 (1023), MM I 34 1193 a 39ff. (949ff.), NE V 1129 a 3ff. (132ff.). [2]) Vgl. unten S. 24ff.

[3]) II 9 114 b 9 (703f.), IV 5 125 b 20 (767).

[4]) Top VI 6 144 a 7ff. (862), VI 5 143 a 15 (858).

[5]) Top VI 5 143 a 15 (858). [6]) 1 1249 b 26ff. (1020).

[7]) I 34 1193 b 6 (950). [8]) II 7 1107 a 32ff. (56ff.).

[9]) 1108 b 7 (60). [10]) V 1129 a 3ff. (132ff.).

[11]) Bei den hierfür bedeutsam werdenden wesentlichen Grundzügen der arist. Ethik handelt es sich weitgehend um bekannte und in ihrer Echtheit und Auffassung unbestrittene Tatsachen, die weithin schon eine eingehende Bearbeitung erfahren haben. Da diese schließlich auch nicht Endzweck der vorliegenden Darstellung sind, sondern lediglich insofern, als sie für den arist. G.-Begriff von Bedeutung sind, wird im folgenden lediglich eine knappe Übersicht unter Verweisung auf ausführlichere Schriften gebracht.

der aristotelischen Untersuchung erst das Ergebnis, zu welchem er selbst auf weitgehend induktivem, empirischem Wege kommt.

Gegenstand der aristotelischen Ethik ist zunächst die gesamte Lebenstätigkeit des Menschen und zwar sowohl das Handeln als auch das Denken [12]), selbst soweit es sich um rein theoretische Gedanken handelt [13]). All dieses ist Tätigkeit des Menschen und damit Gegenstand der Ethik. Man könnte auch — entsprechend dem heutigen strafrechtlichen Terminus des Verhaltens, das sowohl Handeln wie Unterlassen wie schließlich in Form der rein subjektiven Tatbestandselemente auch das bloße Denken und Beabsichtigen umfaßt — einfach vom menschlichen Verhalten als dem Gegenstand der aristotelischen Ethik sprechen.

Die Kriterien dieses menschlichen Verhaltens, die zu suchen Aufgabe der Ethik ist, ergeben sich nun aus der der aristotelischen Ethik gleichermaßen wie der gesamten aristotelischen Naturbetrachtung zugrundeliegenden Teleologie, also der Lehre, daß die gesamte Natur unter Einbeziehung des Menschen sich als ein System von Zwecken aufbaut [14]). Dieses Zwecksystem hat seinen höchsten Zweck entsprechend dem Gegensatzpaar von Stoff (ὕλη) als des bloß Möglichen und Form (εἶδος) als des den Stoff zur Wirklichkeit gestaltenden geistigen Prinzips in der reinen Form, die als rein geistiges Prinzip des Stoffes nicht mehr bedarf und der Gottheit identisch wird [15]).

Die Teleologie wendet Aristoteles folgerichtigerweise auch auf die Lehre vom menschlichen Verhalten, also auf die Ethik an, indem er nach den Zwecken und schließlich dem Endzweck des menschlichen Verhaltens sucht [16]). Entsprechend seiner Lehre von der Immanenz der Ideen bilden die Dinge, in denen ja die Ideen liegen, wiederum den Ausgangspunkt der Untersuchung, die infolgedessen eine empirische und induktive ist. Aristoteles fragt nämlich danach, was sich die Menschen tatsächlich als den Endzweck ihres Verhaltens vorstellen [17]).

Hierbei findet er, daß der Mensch durch sein Verhalten das höchste Gut erstrebt, nämlich dasjenige, was deshalb erstrebt wird, weil es gut ist [18]). Getreu der Immanenzlehre scheidet dasjenige höchste Gut aus, das der Philosophie vom unbewegten Sein angehört, nämlich dasjenige, was für die Götter ein Gut ist. Vielmehr wird ausdrücklich das für uns Gute im Gegensatz zum schlechthin Guten (ἀγαθὸν οὐ ἁπλῶς ἀλλά .. ἡμῖν) zum Gegenstand der Untersuchung erklärt [19]).

---

[12]) Vgl. Goed. II S. 8ff. insb. S. 10 mit vielen Zitaten.
[13]) Pol VII 3 1325 b 16ff. (658).
[14]) Goed. II S. 11f. mit Zitaten, Goed. I S. 58f., Fechner S. 1ff. mit vielen Zitaten, vgl. auch Wittmann S. 19.
[15]) Goed. II S. 11 Anm. 33, Fechner S. 1.
[16]) NE I 1 1094 a 1ff. (15ff.). [17]) NE I 2 1095 a 17ff. (18ff.).
[18]) NE I 1 1094 a 1f. (15), 2 1095 a 14f. (18), 5 1097 a 22f. (25), X 2 1172 b 14 (292), b 36—1137 a 1 292) sowie weitere Zitate bei Loening S. 44 Anm. 12. [19]) MM I 1 1182 b 2ff. (913).

Im ausdrücklichen Gegensatz zur platonischen Lehre trennt Aristoteles die Tugendlehre von dem Seienden und der Wahrheit, von der Lehre vom Gut an sich, also von den rein geistigen Gegenständen der ersten Philosophie, da die Tugend mit dieser nichts zu tun habe [20]). Er wirft diese Trennung noch verdeutlichend die Frage auf, ob nun von der Idee des Guten oder vielmehr vom Gut als Gattungsbegriff zu sprechen sei [21]), denn dieser letztere sei offenbar von der Idee des Guten verschieden, sofern die Idee etwas Getrenntes sei und ein Fürsichsein habe, der Gattungsbegriff aber nur in den einzelnen Dingen existiere [22]). Das Gut als Gattungsbegriff ist das Beste jedes Dings, nämlich das um seiner selbst willen Begehrenswerte, die Idee des Guten (ἰδέα τἀγαθοῦ) dagegen dasjenige, was ein Ding erst dadurch, daß es ihm zukommt, zu einem Gut macht [23]). Folgerichtig beantwortet Aristoteles diese Frage dann dahin, daß nicht die transzendente Idee des Guten [24]), die außerdem auch der Philosophie vom unbewegten Sein zugehörte [25]), sondern das immanente Gut, nämlich das außerhalb des Individuums als bloß nomineller Gattungsbegriff, in den einzelnen Dingen dagegen als geistige Realität existierende, seiner selbst wegen Erstrebenswerte Gegenstand der Untersuchung ist [26]), also nur das menschliche Gut [27]). Nur diese im Einzelnen seiende Idee des Guten ist der Bewegung, des Wirkens fähig und nicht eine ein bloßes Nomen darstellende, nicht reale allgemeine Idee des Guten. Auch die aristotelische höchste Idee, die reine Form, die Gottheit, ist ja ein Einzelnes, die zwar erste Ursache und letzter Zweck und damit Grund und Ziel aller Bewegung ist, mit einem allgemeinen Gut aber nichts zu tun hat. Als Einzelnes wirkt diese reinste Form zwar auch wie für den ganzen Kosmos so auch im ethischen Bereich und verursacht so die Verähnlichung der Dinge mit ihr selbst, die jedoch ihre eigene Idee in sich selbst tragen. Sie wirkt aber nicht als allgemein außerhalb alles Einzelnen existente und damit für alles Einzelne gleichermaßen geltende Idee [28]). Es wird also nicht nur die platonische transzendente Idee des Guten abgelehnt [29]) und dafür die den einzelnen Wesen immanente Idee des Guten, die außerhalb dieser Einzelwesen lediglich ein Gattungsbegriff und damit nichts Reales, sondern nur ein Nomen ist, gesetzt, sondern es wird dieser transzendenten Idee des Guten — wenn ihr teilweise von Aristoteles auch nicht

---

[20]) MM I 1 1182 a 27 ff. (912). [21]) MM I 1 1182 b 10 ff. (913).
[22]) MM I 1 1182 b 12 ff. (913). [23]) MM I 1 1182 b 7 ff. (913).
[24]) MM I 1 1183 a 27 f. (916), 1183 a 30—35 (916).
[25]) EE I 7 1217 a 32 f. (756).
[26]) MM I 1 1182 b 20 ff. (914), NE I 4 1096 b 32 ff. (24) und überhaupt das ganze Kapitel 4 1096 a 11 (21) — 1097 a 14 (25).
[27]) EE I 7 1217 a 22 (756), vgl. auch Loening S. 44 Anm. 11.
[28]) Vgl. hierzu im einzelnen Brentano S. 91 ff.
[29]) Sehr eingehend hierzu auch EE I 8 1217 b 1 ff. (756 ff.).

schlechthin jede Bedeutung versagt wird [30]) — sogar die Bedeutung für die Ethik abgesprochen, und sie wird als Ziel derselben abgelehnt [31]).

Scheidet demnach die platonische transzendente Idee des Guten als Ziel und als Ur- und Vorbild der Ethik aus und wird vielmehr die lediglich im Einzelmenschen immanente Idee des Guten zum Ausgangspunkt der Ethik gemacht, so wird dieses in jedem einzelnen Menschen gegebene Gut — wie es im Verlauf der vorherigen Feststellungen sich auch bereits ergeben hatte — von Aristoteles ausdrücklich als das seiner selbst willen Begehrenswerte und Erstrebte definiert [32]). Aristoteles kommt damit im Rahmen seiner ethischen Teleologie infolge seiner Immanenzlehre zu folgenden, in den vorherigen Ausführungen enthaltenen Sätzen:

1) Das Gute wird erstrebt (bezweckt), weil es als gut erkannt ist.

2) Das Gute ist das Erstrebte (Bezweckte).

Diese Sätze deuten zunächst auf einen logischen Widerspruch und Kreislauf hin [33]). Nach Satz 1) hängt die inhaltliche Bestimmung und die Erkenntnis des Guten nicht von der Feststellung des Erstrebtseins ab. Letzteres ist vielmehr lediglich eine kausale, nicht allein temporale Folge dieser Erkenntnis. Also ist die Tatsache des Erstrebtseins nicht Inhaltskriterium des Guten. Dies behauptet aber gerade Satz 2) [34]).

In Wahrheit ist jedoch kein Widerspruch zu finden. Dieser scheinbare Widerspruch beruht vielmehr darauf, daß Aristoteles den Satz 2) anscheinend als analytisches Urteil ausgesprochen hat, nämlich daß der Begriff des (menschlichen) Gutes das Begriffselement des Erstrebtwerdens in sich bereits enthalte [35]), während er in Wahrheit eher ein synthetisches Urteil ist, denn das Gute (hier noch ohne inhaltliche Bestimmung durch die Ethik) wird zwar in den meisten Fällen vom Menschen erstrebt, keineswegs aber immer und mit Notwendig-

---

[30]) MM I 1 1183 a 32f. (916), NE I 4 1096 b 32f. (24).

[31]) MM I 1 1183 a 33ff. (916), NE I 4 1096 b 33f. (24).

[32]) MM I 1 1182 b 20f. (914), NE I 5 1097 a 28, 33f. (26).

[33]) der Loening S. 46 zu der Feststellung veranlaßte, der Satz „Gut ist, was bezweckt wird“ müsse offenbar dahin umgedreht werden: „Bezweckt wird dasjenige, was gut ist.“ Die Bemerkung Loenings S. 43, mit der Frage „Was ist das wahrhaft Gute?“ berühre man den schwächsten Punkt der ganzen Tugendlehre des Philosophen, ist daher auf den ersten Anschein keineswegs ohne Grund gemacht.

[34]) Insofern scheint Loening recht zu haben, wenn er S. 44 den obigen Satz 1) als rein formellen Begriff rügt, womit über den Inhalt des Guten nichts gesagt sei.

[35]) NE I 1 1094 a 18—22 (16) nennt A. das um seiner selbst willen Erstrebte das höchste Gut. Das Erstrebtwerden ist also ein bloßes (und in diesem bereits enthaltenes) Merkmal des Subjektsbegriffs.

keit[36]). Bei der induktiven[37]) und empirischen Methode des Aristoteles ist es erklärlich, daß er zu der Feststellung kam, daß Menschen dasjenige, was sie für das höchste Gut ansehen, erstreben, daß also der Begriff des Guten das Merkmal des Erstrebten analytisch in sich enthalte. Dies trifft bei der weitaus überwiegenden Zahl der Menschen ja auch tatsächlich zu. Von diesem empiristischen Standpunkt aus konnte das Gute als das Erstrebte definiert werden, wogegen unabhängig von der Erfahrung es ja auch denkbar ist, daß ein Mensch nicht dasjenige erstrebt, was er als gut erkannt hat. Faßt man daher obigen Satz 2) als in der weitaus überwiegenden Zahl der Fälle zutreffendes synthetisches Urteil auf, so bilden beide Sätze keinen Widerspruch und sind folgendermaßen gegenüberzustellen:

„Das Gute wird erstrebt, weil es als gut erkannt ist; insofern ist das Gute das Erstrebte."

Daß Aristoteles selbst das Kriterium des Guten nicht in dem bloßen Erstrebtwerden sieht, folgt daraus, daß er von einem falschen Erstreben und von einer falsch verstandenen Eudämonie spricht[38]). Da im unbewegten metaphysischen Bereich ein falsches Erstreben notwendigerweise nicht vorkommen kann, läßt sich dort folgerichtig das Erstrebte durch das Gute bzw. dort das Gedachte und umgekehrt das Gedachte durch das Erstrebte definieren, so daß die dadurch im metaphysischen Bereich zu findende Identität des Gedachten mit dem Erstrebten[39]) die oben für die Ethik gemachten Ausführungen bestätigt.

Schließlich läßt sich auch eines hieraus mit aller Deutlichkeit feststellen, daß das geistige Prinzip des Denkens die Ursache sowohl für die Erkenntnis des Guten wie das Erstreben ist[40]), daß also die Ethik ganz grundsätzlich auf dem geistigen Prinzip beruht.

Über diese ethische Teleologie, welche auf die dem Einzelmenschen immanente Idee des für ihn höchsten Gutes gerichtet ist und welche somit auch den empirischen Ansatz für die inhaltliche Bestimmung des ethischen Verhaltens des Menschen bildet, kommt Aristoteles zu der seine Ethik kennzeichnenden Grundauffassung, zum Eudämonismus. Das vom Menschen vorgestellte höchste Gut, der Endzweck seines Handelns, ist die Eudämonie (εὐδαιμονία), die Glückseligkeit[41]).

---

[36]) So daß das Erstrebtwerden mit dem Subjekt Gut höchstens als ein noch nicht im Begriff des Subjekts liegendes Prädikat verknüpft werden kann.

[37]) Kurz vor der oben S. 7 Anm. 32 bezeichneten Stelle, nämlich MM I 1 1182 b 18, hatte A. sogar noch ausdrücklich auf die induktive Methode hingewiesen. [38]) NE I 3 1095 b 14 ff. (20 f.).

[39]) Wie sie für die Metaphysik Brentano S. 71 f. dartut.

[40]) Brentano sagt S. 72 zutreffend, das Denken sei durchweg erstes Prinzip und werde zur Ursache der Wahl von Mitteln, welche dann handelnd verwirklicht würden.

[41]) MM I 2 1184 a 11 ff. (919), 3 1184 b 6 ff. (920), NE I 5 1097 a 34 (26), vgl. auch Goed. II S. 22 ff., 132 ff., Wittmann S. 323, Fechner S. 8.

Die aristotelische Immanenzlehre führt also in der Ethik zu einer Abkehr derselben von irgendeiner transzendenten Idee. Es fehlt die Beziehung zu transzendenten realen Normen, wie sie für Platon und das griechische Mysterienwesen kennzeichnend ist. Die Grundlage und die inhaltliche Bestimmung der Ethik wird vielmehr aus den Einzeldingen, nämlich aus dem Begriff und dem Wesen des Einzelmenschen gewonnen [42]).

War aber bereits die platonische sittliche Idee, z. B. die der Gerechtigkeit, entsprechend der gegenüber dem Mysterienwesen neuartigen Entwicklung des freien Gedankens von einem geistig äußerlich durch religiöse Vorgänge dem Menschen geoffenbarten Gebot zu einer seelisch innerlich durch die Kraft des freien persönlichen Gedankens erkannten Idee geworden [43]), die aber durch ihre Transzendenz, ihr Zusammenfallen mit dem Urguten, dem Göttlichen, noch eine enge und sich auf die inhaltliche Bestimmung der Gerechtigkeit stark auswirkende Verbindung mit dem Übersinnlichen hatte, so geht im aristotelischen Tugendbegriff auch diese Verbindung verloren, indem die ethische Idee ebenfalls in den einzelnen Menschen verlegt und einer unmittelbaren Verbindung mit dem Übersinnlichen entledigt wird.

Trotzdem wird hierdurch — wie sich abgesehen von diesen Grundlagen der aristotelischen Ethik auch noch in folgendem mehrfach ergeben wird — die aristotelische Ethik nicht zu einer relativistischen oder formalistischen. Denn die ethische Teleologie erhält durch die Eudämonie und die — im folgenden noch näher zu erörternde — Definition derselben einen wirklichen Inhalt, der durch seine Begründung im menschlichen Individuum und damit im Subjektiven zwar erhebliche Gefahren in sich birgt, aber in der aristotelischen, unten noch näher darzulegenden Form zur Aufstellung einer Ethik durchaus brauchbar ist [44]). Aristoteles selbst wirft die Frage auf, ob es nicht auch für das menschliche Gut deshalb von Bedeutung sei, jene transzendente Idee des Guten kennen zu lernen, weil man an dieser ein Musterbild (παράδειγμα) habe, mittelst dessen man das für uns Gute, also die immanente Idee des Guten, besser erkennen und damit auch besser erlangen könnte [45]). Eine solche Auffassung hat nach Aristoteles sogar einen gewissen Schein für sich, sie wird jedoch als den einzelnen Gebieten des Wissens widersprechend dargetan [46]). So mache

---

[42]) Vgl. auch Wittmann S. 182, nach dem der arist. Tugendbegriff die religiöse Beziehung vermissen läßt.

[43]) Vgl. oben S. 1 u. v. Hippel III S. 21.

[44]) Insofern ist auch die oben S. 15 Anm. 1 zitierte Bemerkung Loenings nur bedingt zutreffend, denn wenn das höchste Gut auch als das Erstrebte definiert wird, so ist dies im Endergebnis keine rein formelle Begriffsbestimmung, sondern diese erhält vielmehr durch die Eudämonie einen ethisch bedeutsamen Inhalt, der sich als die empirische Begründung der Tugend darstellt.

[45]) NE I 4 1096 b 35—1097 a 3 (24).

[46]) NE I 4 1097 a 3 f. (24).

ja auch der Arzt nicht die Gesundheit an sich, sondern diejenige des einzelnen menschlichen Individuums zum Gegenstand seines Nachdenkens [47]). Inwieweit dieser Ausschluß der transzendenten Idee als Kriterium der Ethik berechtigt ist, mag hier dahingestellt bleiben [48]), in diesem Zusammenhang ist jedenfalls von Bedeutung, daß Aristoteles einer solchen transzendenten Idee des Guten (falls sie gegeben und dem Menschen erreichbar wäre) jedenfalls die Bedeutung beimißt, daß damit der Gegenstand der Ethik besser erkennbar wäre.

Schließlich gipfelt auch die aristotelische Ethik insofern im Göttlichen, als die Eudämonie in ihrer höchsten Vollendung mit der göttlichen Tätigkeit, mit der theoretischen Betätigung [49]), nämlich im dem Göttlichen verwandten νοῦς [50]) zusammenfällt [51]). Das menschliche Leben ist nämlich nur insofern glückselig, als ihm Ähnlichkeit mit dem göttlichen Leben zukommt [52]). Aber nicht nur in dieser Ähnlichkeit besteht eine Verbindung mit dem übersinnlichen, dem göttlichen Bereich, sondern auch in einer Teilnahme und einer Ursächlichkeit des Göttlichen auf dem Bereich der Ethik. Der am göttlichen νοῦς Teilhabende wird von den Göttern geliebt [53]) und sie greifen dadurch in den menschlichen Bereich ein [54]), daß sie ihm Gutes erweisen [55]). Insbesondere aber erscheint auch die aristotelische Ethik dadurch als mit dem transzendenten Göttlichen verbunden, als die natürliche (φύσει) Veranlagung zur Tugend — also das Erkenntnisvermögen für die ethische Eudämonie und der Wille zu ihr — auf eine göttliche Ursache zurückgeführt wird [56]), wie überhaupt der gesamte Kosmos als durch einen göttlichen Lenker geführt erscheint [57]).

Entsprechend dieser Rückführung einer natürlichen Veranlagung des Menschen zur Tugend auf einen göttlichen Ursprung wird auch das rationale Denken, das schlußfolgernde Denken, als nicht auf sich selbst, sondern mitsamt der menschlichen Seele als auf dem Göttlichen beruhend dargestellt [58]). Wie für den ganzen Kosmos ist das Göttliche auch die erste Ursache der Seele, der Anfang ihrer Bewegung [59]). Dementsprechend kennt Aristoteles — wenn auch gegenüber dem platonischen zur Erkenntnis der transzendenten Idee erforderlichen und vom rationalen Denken unabhängigen Werterkenntnisvermögen der ἐπιστήμη verkümmert — ein Erkenntnisvermögen für Werte, das nicht in der rationalen Überlegung besteht, aber auch nicht in der — zwar auch von der rationalen Überlegung unabhängigen — instinktiven Erkenntnis, sondern das sich als göttliches Erkenntnisvermögen bezeich-

47) NE I 4 1097 a 11—14 (25).
48) Vgl. hierzu unten S. 174ff.
49) NE X 8 1178 b 21f. (314).
50) NE X 9 1179 a 26f. (316).
51) NE X 8 1178 b 22ff. (314).
52) NE X 8 1178 b 25ff. (314).
53) NE X 9 1179 a 22ff. (315).
54) NE X 9 1179 a 24f. (315).
55) NE X 9 1179 a 27f. (316).
56) NE X 10 1179 b 21ff. (317).
57) Jaeger S. 168, vgl. auch S. 23 Anm. 1.
58) EE VII 14 1248 a 21, 24ff. (VIII 2 892f.).
59) EE VII 14 1248 a 25f. (VIII 2 892 f.).

nen läßt[60]), welches als intuitive Erkenntnis (θεωρία) ohne rationales Denken das Richtige zu treffen, das Zukünftige, Gegenwärtige und dem bloßen Verstand sich Entziehende klar zu erkennen vermag[61]). Dieses werterkennende Erkenntnisvermögen ist der menschliche νοῦς, der auf die Ursache, den Anfang (ἀρχή), und den Zweck, das Ende (τέλος), geht[62])[63]).

Die aristotelische Ethik ist demnach nicht nur durch die Aufnahme eines geistigen Prinzips, nämlich der immanenten Idee, eine am objektiven Wert orientierte Ethik, sondern sie begründet sich mittelbar zuletzt im Übersinnlichen, im transzendenten göttlichen Bereich[64]). Damit ist die Verbindung der Ethik mit dem transzendenten göttlichen Bereich also in der aristotelischen Ethik keineswegs aufgegeben. Die Verbindung hat aber nicht mehr die Bedeutung der platonischen gleichsam gedanklichen Verbindung, welche in unmittelbarer Weise, nämlich durch die Erkenntnis und Verwirklichung der transzendenten Idee mit dem göttlichen Bereich verbunden war, und noch weniger die Bedeutung der gleichsam religiösen Verbindung des Mysterienwesens zum Göttlichen, wo sich in der direkten Aufnahme und Weitergabe göttlicher Gebote die unmittelbarste Verbindung fand. Besteht für das Mysterienwesen das ethische und besser noch das religiöse Verhalten in der Erfüllung göttlicher Gebote, so bei Platon schon in der seelischen Nachahmung und damit in der Teilnahme an der transzendenten Idee, und es besteht schließlich bei Aristoteles lediglich in der Verwirklichung der in der eigenen Menschenseele liegenden immanenten Idee, die zwar zutiefst im göttlichen Bereich begründet ist, der aber auf das Erkennen der Idee keinen unmittelbaren Einfluß mehr nimmt. Dies vermag die — zwar auf einer göttlichen Ursache beruhende, aber sich nicht mehr unmittelbar aus dem Göttlichen bestimmende — dem Menschen immanente Idee des ethischen Guts, nämlich der Eudämonie, ja wesensmäßig auch gar nicht mehr.

Die aristotelische Ethik stellt somit eine empirische Ethik dar und

---

[60]) EE VII 14 1248 a 26—b 6 (VIII 2 893 f.).

[61]) EE VII 14 1248 a 34, 38 f. (893), vgl. auch Jaeger S. 251.

[62]) NE VI 12 1143 b 5 ff., 9 f. (185) Sauter S. 41 Anm. 4 bezeichnet daher A. mit Platon gemeinsam mit Recht als die Begründer der philosophischen Wertaxiomatik.

[63]) Auf die früharist., der platonischen noch mehr gleichende Auffassung in diesen Punkten, nach welcher die φρόνησις noch das weisheitsvolle Denken mitumfaßte, wogegen sie sich später nur mehr auf das rationale überlegende Denken bezog, braucht hier nicht eingegangen werden, weil allen diesen Entwicklungsstufen die Annahme eines intuitiven Erkenntnisvermögens eigentümlich ist. Diese Entwicklung, welche für die vorliegende Arbeit nur insofern von Bedeutung ist, als sie die psychologistische Zersplitterung der arist. Tugendtafel und damit auch die Aufgabe des platonischen G.-Begriffs zur Folge hatte, wird insoweit unten S. 27, 38 ff. kurz erörtert werden.

[64]) Vgl. insb. Jaeger S. 250 f.

zwar sowohl hinsichtlich ihrer unmittelbaren Begründung als auch hinsichtlich ihrer Kriterien und inhaltlichen Bestimmung.

Daß diese empirische Begründung der Ethik dadurch — wie sich im folgenden bestätigen wird — bei Aristoteles eine bis dahin nie gefundene Ausprägung und Ausarbeitung erfährt, ist eine ganz natürliche Folge.

Bei der Frage nach dem Wesen der Glückseligkeit kam Aristoteles also zu dem Ergebnis, daß die Glückseligkeit entgegen der platonischen Auffassung nicht in der Teilnahme an der Idee des Guten bestehe[65]). Da sich alles menschliche Verhalten auf ein Einzelnes, nicht auf ein Allgemeines bezieht[66]), sucht er das Wesen der Glückseligkeit nicht aus einer außerhalb des Menschen liegenden, für diesen bedeutungslosen Idee des Guten heraus zu erklären, sondern er geht ganz vom Menschen und seinen Fähigkeiten aus[67]). In eingehenden Untersuchungen[68]) kommt er hierbei zu dem Ergebnis, daß die Glückseligkeit in einer Tätigkeit, in einem Verhalten, und nicht nur in einem bloßen Vermögen oder einer bloßen Beschaffenheit besteht[69]) und zwar in der dem Menschen eigentümlichen Tätigkeit[70]). Dabei muß es sich um eine eigene Tätigkeit des Menschen handeln, da der vom Willen des Menschen unabhängige Zufall die Glückseligkeit nicht bewirken kann[71]). Ebenso ist erforderlich, daß die Glückseligkeit Dauer besitzt, also das ganze Leben hindurch andauert[72]). Schließlich gewährt die Glückseligkeit dem Menschen die größte Lust[73]).

Alle diese Erfordernisse des Wesens der Glückseligkeit werden nun erfüllt durch die Tugend. Die Glückseligkeit ist — so sagt Aristoteles zusammenfassend nämlich[74]) — eine der vollkommenen Tugend entsprechende Tätigkeit der Seele. Über die Teleologie und den Eudämonismus kommt Aristoteles also zur Tugend als dem Gegenstand der Ethik und dem Mittel, die Eudämonie zu erreichen[75]). Dabei vermögen die sich mit dem Denken befassenden Tugenden die höchste Glückseligkeit zu bewirken[76]). Da der Mensch aber nicht reine Form, nicht allein Geistwesen, und daher die Betätigung der reinen Vernunft, das reine Denken, nicht allein die ihm eigentümliche Tätigkeit ist, sondern ihm vielmehr auch alle die mit seiner stofflichen Natur zusammenhängenden Tätigkeiten eigentümlich sind, sind auch die diesen Tätigkeiten entsprechenden Tugenden für die menschliche Eudämonie

---

65) Vgl. auch Goed. II S. 25f. 66) Vgl. auch Goed. II S. 26 Anm. 8.
67) Goed. II S. 25f. 68) NE I 2 1095a 18 (18)—11 1101b 9 (39).
69) Goed. II S. 26, Wittmann S. 314. 70) Goed. II S. 27f.
71) Goed. II S. 31; richtig weist Goed. II S. 31 Anm. 22 und S. 32 darauf hin, daß A. die Glückseligkeit auch von göttlicher Mitwirkung abhängig macht, ohne hierüber jedoch Näheres zu sagen. 72) Goed. II S. 33.
73) Goed. II S. 29. 74) NE I 13 1102a 5f. (40).
75) Vgl. auch Wittmann S. 29, 41, Goed. II S. 28.
76) Goed. II 137, Fechner S. 10f.

bedeutsam, wenn sie auch wertmäßig hinter den ersteren Tugenden zurückstehen [77]).

Endzweck der Tugend ist andererseits aber wiederum das sittlich Schöne (τὸ καλόν) [78]). Es werden alle die Arten von Lust, welche nicht als sittlich gelten, ausdrücklich als in Wahrheit nicht Lust erweckend hingestellt [79]). Derjenige erscheint als tugendhaft, wer das sittlich Schöne allem anderen vorzieht [80]) [81]).

Es folgt hieraus, daß die Eudämonie zwar der vom Menschen erstrebte Endzweck seines Handelns ist, daß dahinter aber als Endzweck der Tugend das sittlich Schöne steht. Die Ethik ordnet sich damit in den Stufenbau der Seinsvollkommenheiten ein, wie er sich in der aristotelischen Metaphysik findet, so daß die Ethik in der teleologischen Seinsordnung des Kosmos steht und im Endzweck, im höchsten Wert, mit dem reinsten Sein, nämlich in Gott zusammenfällt [82]).

Diesen ethischen Lehren des Aristoteles entspricht auch die systematische Stellung der Ethik im philosophischen System des Aristoteles [83]). Wie Aristoteles ausgehend von den verschiedenen Arten des Seienden in Parallele zur platonischen Zweiweltenlehre alles Seiende in Unbewegtes und Bewegtes schied [84]) und demnach eine erste und eine zweite Philosophie oder eine Theologie und Kosmologie [85]), welch erstere auf das wahre und unveränderliche Sein, die letztere aber auf das bewegte Sein gerichtet war, so gehört die Ethik als die Lehre vom richtigen Verhalten des Menschen, der nicht lediglich aus Form, sondern auch aus dem bewegten Stoff besteht, der zweiten Philosophie an [86]).

Die durch diese induktive Untersuchung als Gegenstand der Ethik ermittelte Tugend wird von Aristoteles ebenfalls einer eingehenden Untersuchung unterzogen, die zu der Definition führt, daß die Tugend eine vorsätzliche dauernde Beschaffenheit (Habitus) ist, welche die dem Wesen seiner selbst gemäße Mitte einhält und durch die Vernunft bestimmt wird, d. h., wie sie der φρόνιμος (der Einsichtsvolle) bestimmen würde [87]). Wie sich bereits oben entsprechend der geistigen und stofflichen Natur des Menschen zweifache Tugenden ergeben hatten, so ergibt sich diese Unterscheidung noch deutlicher aus der spätaristotelischen Lehre von der Zweiteiligkeit der Seele in einen vernünftigen, rationalen (λόγον ἔχον) und einen vernunftlosen, irrationalen (ἄλογον ἔχον) Seelenteil, die ihrerseits wiederum weiter unter-

[77]) Goed. II S. 139ff.
[78]) MM I 19 1190 a 28 (939), I 21 1191 a 22ff. (942), speziell für das Gerechte bereits Top VI 3 141 a 21 (849).
[79]) NE X 5 1176 a 22ff. (305).
[80]) NE IX 8 1169 a 31f. (280).
[81]) Vgl. auch Wittmann S. 150f.
[82]) Vgl. Sauter S. 35 mit weiteren Zitaten.
[83]) Vgl. hierzu im einzelnen Goed. II S. 1ff.
[84]) Goed. II S. 3 Anm. 6.
[85]) Goed. II S. 4 Anm. 9, Loening S. 12 Anm. 29.
[86]) Goed. II S. 7f. mit einer dies verdeutlichenden Aufstellung.
[87]) NE II 6 1106 b 36—1107 a 2 (55), vgl. auch Wittmann S. 43ff.

teilt werden[88]). Denn die Tugenden als Äußerungen der menschlichen Seele teilen sich entsprechend diesen beiden Seelenvermögen in dianoetische (διανοητικαί) und ethische (ἠθικαί)[89]) oder auch logische und praktische[90]) oder intellektuelle und sittliche[91]) oder schließlich auch Denk-, Verstandes- und Charaktertugenden[92]). Wie nämlich die eine, im Gegensatz zum rein vegetativen Vermögen eine Beziehung zur Vernunft besitzende Seite des vernunftlosen Seelenteils zwar selbst vernunftlos ist, aber an ihr trotzdem teilnimmt, weil sie sich von der Vernunft leiten läßt[93]) und auf sie hört, wie man auf einen Vater hört[94]), wogegen der vernünftige Seelenteil in seiner einen Seite die Vernunft in sich selbst besitzt[95])[96]), so nehmen auch die ethischen Tugenden insofern an der Vernunft teil, als das ihnen zugrundeliegende Seelenvermögen sich von der Vernunft leiten läßt, wogegen sich die dianoetischen Tugenden unmittelbar als Tugenden des Verstandes darstellen.

Wie sich nun aus der oben erwähnten, der spätaristotelischen Zeit angehörigen Definition der Tugend bereits ergab, erfolgt die inhaltliche Bestimmung der Tugend durch den Begriff der rechten Mitte (μεσότης)[97]). Sie stellt die Mitte dar zwischen zwei Fehlern, dem Zuviel und dem Zuwenig[98]). Wie Aristoteles keine außerhalb der Dinge gelegenen Ideen kennt, sondern sie als den Dingen immanent ansieht, so liegt nun auch der Maßstab der rechten Mitte im einzelnen Menschen selbst, indem die eigene Vernunft des Menschen bestimmt, was

---

[88]) Vgl. hierzu und zu der andersartigen früharist. Auffassung unten S. 38 wo die Lehre von den Seelenteilen gerade für die Aufgabe des früharist. G.-Begriffs von Bedeutung wird.

[89]) NE I 13 1103 a 5, MM I 5 1185 b 5ff. (924), EE II 1220 a 4f. (768).

[90]) Goed. II S. 40. [91]) Wittmann S. 79, 183. [92]) Apel S. 55.

[93]) NE I 13 1102 b 33ff. (43). [94]) NE I 13 1103 a 1ff. (43).

[95]) NE I 13 1103 a 2 (43).

[96]) Goed. II bringt hierzu S. 39 eine dies verdeutlichende Skizze, die mit anderer Beschriftung hier wiedergegeben wird:

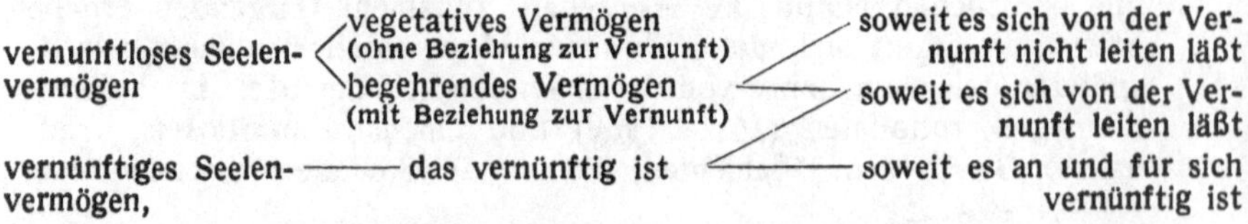

Dies alles ergibt sich aus NE I 13 1102 a 27 (41)—1103 a 3 (43). Demnach decken sich irrationaler und rationaler Seelenteil teilweise — übrigens ein weiterer Beweis dafür, daß die spätarist. Auffassung entgegen der früharist. keine selbständigen Seelenteile mehr annahm, sondern vielmehr eine einheitliche Seele mit bloß verschiedenen Seelenvermögen, vgl. auch unter S. 63ff., ferner v. Arnim I S. 7, Goed. II S. 39.

[97]) NE II 5 1106 b 29 (55).

[98]) NE II 6 1107 a 2f. (55), 8 1108 b 11ff. (60), vgl. Wittmann S. 57, Goed. II S. 48ff.

als Mitte anzusehen ist. Obwohl hierdurch das einzelne Individuum aus seiner eigenen Vernunft heraus die Mitte und damit die Tugend bestimmt, vertritt Aristoteles nicht einen ethischen Subjektivismus und Realismus. Vielmehr kommt nur eine ganz bestimmte Vernunft als Kriterium in Betracht, nämlich der ὀρθὸς λόγος, also die gesunde Vernunft [99]), die richtige Erkenntnis [100]). Wie Aristoteles auch bei der Betrachtung der Lust einen absoluten Maßstab kennt und nur die sittlich gute Lust als wahre Lust dahinstellt [101]), so ist auch nicht die menschliche Vernunft schlechthin, sondern nur die gesunde Vernunft der Maßstab der rechten Mitte, also ein absolutes Kriterium [102]).

Diese erst in der aristotelischen Spätzeit zu findende [103]) Lehre von der rechten Mitte wird von Aristoteles hinsichtlich der verschiedenen Tugenden in verschiedener Weise angewandt, woraus sich auch im einzelnen ergibt, worin die Tugenden die Mitte sind [104]). Da Gegenstand der vorliegenden Untersuchung lediglich der aristotelische Gerechtigkeitsbegriff ist, erübrigt sich eine weitere Untersuchung des Begriffs der rechten Mitte. Er wird vielmehr später lediglich insoweit zu betrachten sein, als er für die Gerechtigkeit von Bedeutung ist.

Schließlich ist noch hervorzuheben, daß die Tugenden üblich nicht von Natur aus im Menschen vorhanden sind [105]), sondern daß die Natur lediglich die Anlage zur Tugend mit sich bringt [106]) und daß die Tugenden erst entstehen durch Gewöhnung und Belehrung [107]). Hieraus erklärt sich auch die überragende Bedeutung, welche Aristoteles der Erziehung beimißt [108]).

Die aristotelische Ethik und damit auch die ihr angehörende Tugend der Gerechtigkeit kennzeichnet sich in ihren Grundzügen also dadurch, daß sie zunächst systematisch der gleichzeitig auf das Geistige und das Stoffliche gerichteten Philosophie vom beweglichen Sein angehört. Sie wird wie die gesamte aristotelische Philosophie von der Teleologie beherrscht, die als ethische Teleologie auf die Eudämonie und auf das sittlich Schöne gerichtet ist. Dieser Zweck wird durch ein der Tugend gemäßes menschliches Verhalten erreicht, das sich als ein anlagemäßig vorhandener, durch Belehrung und Gewöhnung fortentwickelter vorsätzlicher und dauernder Habitus der menschlichen Seele darstellt, der mit Hilfe der gesunden Vernunft die rechte Mitte einhält. Die individuelle Vernunft selbst ist damit das Regulativ der Ethik. Insofern als Regulativ aber nur die gesunde und auf das sittlich Schöne gerichtete Vernunft in Betracht kommt, vertritt Aristoteles jedoch trotz

---

99) NE VI 1 1138 b 20 (169). 100) Wittmann S. 55.
101) Vgl. oben S. 13 Anm. 79.
102) Vgl. auch Fechner S. 16 f., Wittmann S. 60. 103) Arnim I S. 88.
104) Darüber, inwieweit diese Anwendung dem A. gelungen ist, vgl. v. Arnim I S. 88. 105) NE II 1 1103 a 19 (44).
106) NE II 1 1103 a 23 ff. (44).
107) NE II 1 1103 a 15 ff. (44), vgl. auch Wittmann S. 53 ff.
108) NE X 10 1179 b 31 ff. (318), Pol VIII 1337 a 11 ff. (701).

der Verlegung des ethischen Urteils in das Individuum keinen ethischen Subjektivismus oder Relativismus, sondern lehrt vielmehr eine auf objektive und absolute Werte bezogene Ethik.

Entsprechend der aristotelischen Immanenzlehre ist damit die für die Ethik und auch für die Gerechtigkeit maßgebliche Idee zu einer dem Menschen immanenten, zum menschlichen Gut geworden. Diese immanente Idee ist zwar im transzendenten göttlichen Sein begründet und steht auch in der den gesamten Kosmos beherrschenden und im Göttlichen gipfelnden teleologischen Wertordnung, sie ist aber zunächst eine menschliche Idee und begründet und bestimmt sich zunächst und unmittelbar nur als solche, wenn Aristoteles — wie oben ausgeführt — auch immer wieder den mittelbaren Einfluß des transzendenten göttlichen Bereichs auf das ethische Verhalten und das ethische Gute hervorhebt.

Durch die Verlegung des geistigen ethischen Guts in den Menschen, durch seine Auffassung als Form-Stoff-Wesen, das sich sowohl kausal als teleologisch zuletzt dem transzendenten Göttlichen verbindet, legt Aristoteles seiner Ethik — trotz aller Immanenz und Empirie — die wahre Natur des Menschen als eines aus Geist und Stoff bestehenden Wesens zugrunde. Die Immanenzlehre führt also keineswegs zu einem Relativismus oder ethischen Positivismus, sondern gerade im Gegenteil durch die ihr in besonderem Maße zukommende Betonung der geistigen Idee im Menschen zur Aufdeckung der wahren Natur desselben, worin seine Ethik mit der platonischen übereinstimmt[109]).

Ähnlich der platonischen richtigen Ordnung der im vorherstehenden Sinne wahren, ganzheitlichen menschlichen Natur[110]), die auch als geistige real ist, vermag Aristoteles ebenso von einer richtigen Ordnung (τάξις ὀρθή) im Menschen zu sprechen, wenn dessen Leben durch die geistige, die werterkennende Seite seiner Natur, durch den νοῦς bestimmt wird[111]) [112]).

Es ist keine zufällige Spielerei, daß bei der bei Aristoteles noch verstärkten Wendung zum Seelisch-Inneren, bei der Lockerung der Ethik von der Transzendenz und ihrer betonten Hinwendung zum in der eigenen menschlichen Seele liegenden geistig-moralischen Prinzip an die Stelle der Einweihung in die Geheimnisse der Mysterien und

---

[109]) Vgl. v. Hippel III S. 23.

[110]) Worin Platon gerade das Wesen der G. sah, vgl. unten S. 39f.

[111]) NE X 10 1180 a 17f. (319).

[112]) Die arist. ethische Idee und zwar insb. in der Form der R.-Idee, wie sie später noch näher dargelegt werden wird, tritt als reale Idee, welche durch den νοῦς letztlich erkannt wird, deutlich in Gegensatz etwa zu Binders „Idee des Rechts", welche nach seinen eigenen Worten S 420 „ihre Gegenständlichkeit" verloren hat und eine „Vernunftaufgabe" bedeutet, damit also den wesentlichen Bestandteil sowohl der platonischen transzendenten wie der arist. immanenten Idee, nämlich die außerstoffliche Realität verloren hat.

der Orakelstätten ein anderes, dieser Wendung zum Seelisch-Inneren entsprechendes Erziehungsmittel tritt, nämlich die Musik. Vielmehr spricht es für die trotz der Hinwendung zum Einzelding, trotz der Immanenz erhaltene platonische Auffassung von der wahren ganzheitlichen Natur des Menschen, wenn Aristoteles nicht etwa einer Schulung eines ethisch neutralen Verstandes die ausschlaggebende Bedeutung der Erziehung beimißt, sondern vielmehr der ethisch bildenden Musik, so daß er dieser — sowohl vielsagend hinsichtlich des Umfangs als auch der Einordnung in die Pol — die drei letzten Kapitel der Pol widmet[113]). In erstaunlich tiefblickender Erkenntnis der am meisten von allem Stofflichen losgelösten und am wenigsten auf das Stoffliche und bloß Gleichnishafte angewiesenen[114]) aller Künste, der Musik, wie sie sich am reinsten in der absoluten Musik zeigt, schreibt Aristoteles der Musik im Gegensatz zu den anderen Künsten[115]) die Fähigkeit zur unmittelbaren Nachahmung sittlicher Zustände zu[116]). Die Musik besitzt nach ihm die Eigenschaft, die Seele in eine sittliche Stimmung zu versetzen[117]). Dementsprechend soll die zur ethischen Erziehung dienende Musik hinsichtlich Instrumentation, Melodie, Tonart und Rhythmus nach diesem ethischen Zweck ausgerichtet werden, so daß z. B. die nicht zur ethischen Erziehung geeigneten Instrumente ausdrücklich ausgeschieden werden[118]), wobei Aristoteles sich beispielsweise auf den Mythos beruft, daß Athene als Göttin der Weisheit (ἐπιστήμη) die für diese ethische Erziehung nicht geeignete griechische (der heutigen nicht vergleichbare) Flöte weggeworfen habe[119]). Die Musik vermag die gleichsam kranke Seele in den gesunden Zustand zu versetzen, als wäre sie durch ein Heilmittel geläutert[120]). Die in der Musik zu findende Harmonie und der Rhythmus erscheinen als der Seele, nämlich deren richtiger innerer Ordnung verwandt[121]). Ein den ganzen Kosmos durchwaltendes Prinzip der rechten Ordnung, der Harmonie, wie es sich z. B. im Gedanken der pythagoreischen Sphärenharmonie und der Harmonie der Zahlen findet[122]), scheint ebenso in der menschlichen Seele wie in der Musik wiederzukehren. Diese bereits auf Pythagoras und evtl. auf noch ältere Priesterweisheit zurückzuführende[123]), bei Aristoteles eingehend erörterte sowie von ihm vertretene[124]) und über die Neupythagoreer und Neuplatoniker bis zum Christentum reichende ethische Auffassung

---

113) Pol VIII 5—7 1339 a 11—1342 b 34 (708—722).
114) Sowohl Malerei wie Dichtung bedürfen beispielsweise zu ihrer Darstellung übersinnlicher Dinge der bildlichen oder gedanklichen, also sinnlichen Verkörperung derselben in diesseitigen Dingen und Begriffen.
115) Pol VIII 5 1340 a 32ff. (713).
116) Pol VIII 5 1340 a 38f. (713).
117) Pol VIII 5 1340 b 10ff. (714).
118) Pol VIII 6 1341 a 17ff. (716f.).
119) Pol VIII 6 1341 b 3—8 (717f.).
120) Pol VIII 7 1342 a 8ff. (719).
121) Pol VIII 5 1340 b 17ff. (714).
122) Vgl. Abert S. 140.
123) Abert S. 140.
124) Vgl. auch noch Abert S. 148.

der Musik [125]) ist eine Bestätigung des auch systematisch aus der aristotelischen Philosophie zu gewinnenden Satzes, daß die aristotelische Ethik trotz der unmittelbaren Begründung im und der unmittelbaren inhaltlichen Bestimmung aus dem Einzelding, dem menschlichen Individuum, mittelbar mit dem übersinnlichen Bereich verbunden bleibt. Gerade die Tatsache, daß Aristoteles — der die unmittelbare Bindung der Ethik an das Transzendente aufgegeben hat — zur Herstellung der richtigen Ordnung, der ethischen Verfassung der Seele, sich nicht auf die verhältnismäßige Enge des menschlichen begrifflichen Denkens beschränkt, sondern die ähnlich der intuitiven Anschauung und der moralischen Weisheit nicht auf begriffliche Vermittlung angewiesene Musik zur Hilfe zieht, beweist die trotz der Aufgabe der unmittelbaren Verbindung mit dem Übersinnlichen — sei es in der stärksten Form der Mysterien oder Offenbarungen, sei es in der weniger starken der platonischen transzendenten Idee — vorhandene Begründung der Ethik und somit auch der Gerechtigkeit in der wahren Natur des Menschen, die nicht nur aus der stofflichen Natur und auch nicht nur aus rein rationalen begrifflichen Vermögen besteht, sondern auch ihre übersinnliche und mittelbar mit dem Göttlichen verbundene Seite mitumfaßt [126]).

Allerdings wendet sich damit der aristotelische Blick mehr auf das Einzelding und auf die in diesem immanente Idee. Folglich findet auch die aristotelische Ethik trotz der gelegentlichen Hinweise auf den übersinnlichen Bereich ihre wissenschaftliche Begründung und inhaltliche Ausgestaltung unmittelbar nur aus der Erscheinungswelt, aus dem menschlichen Bereich. Nur mittelbar, nämlich in ihrer Rückführung und teleologischen Einordnung, steht sie in Beziehung zum göttlichen Bereich. Somit besteht auch die aristotelische Gerechtigkeit nicht mehr wie bei Platon in einer Nachahmung der transzendenten Idee der Gerechtigkeit, sondern in der auf die Erreichung des immanenten sittlichen Guts gerichteten Ausübung der Tugend.

Dabei stellt sich die Gerechtigkeit dar als eine ethische Tugend [127]).

---

[125]) Abert S. 150ff. [126]) Vgl. auch v. Hippel III S. 23.

[127]) Dies ergibt sich schon aus dem bisher Gesagten sowie ferner daraus, daß A. die G. ausdrücklich innerhalb der ethischen Tugenden untersucht und erst dann die dianoetischen behandelt; NE V 1129 a 3ff. (132ff.) in Verbindung mit NE VI 2 1138 b 35ff. (170).

C. Das besondere Wesen der Gerechtigkeit.

Im bisherigen wurde das allgemeine Wesen der aristotelischen Gerechtigkeit ermittelt, wobei sie sich als eine Tugend darstellte und damit im geistig Wertmäßigen begründete, welches sich jedoch lediglich aus der dem Einzelmenschen immanenten Idee bestimmte. Im folgenden wird dagegen das besondere Wesen der Gerechtigkeit geklärt und dabei ihr spezifischer Charakter erschlossen werden.

Da Aristoteles bei der näheren Definition des Begriffs der Gerechtigkeit vom Sprachgebrauch ausgeht, erscheint eine vorherige Übersicht über die historische Entwicklung des Begriffs der Gerechtigkeit zweckmäßig. Hierauf wird eine Darstellung des früharistotelischen Gerechtigkeitsbegriffs folgen [1]), welcher dem platonischen sehr nahe kommt und als ein ebenso wie dieser nicht vom Sprachgebrauch, sondern von der Idee ausgehender idealistischer bezeichnet werden kann. Von diesem historischen und entwicklungsgeschichtlichen Fundament her läßt sich dann schließlich der endgültige spätaristotelische, vom Sprachgebrauch ausgehende und insofern empiristische Gerechtigkeitsbegriff ermitteln.

I. Die historische Entwicklung des Begriffs der Gerechtigkeit.

Die Bezeichnung δικαιοσύνη für die Tugend der Gerechtigkeit findet sich in der griechischen Geschichte erst in neuerer Zeit [2]). Im epischen Zeitalter Homers war diese Bezeichnung noch nicht üblich. Aber nicht nur diese Bezeichnung, sondern auch die ihr zugrundeliegende Tugend entbehrt noch bei weitem der Bedeutung, die sie später im griechischen Denken, insbesondere zur Zeit der griechischen Philosophie, einnehmen sollte. Es stehen vielmehr sowohl bei Homer wie Hesiod Tugenden im Vordergrund, die auf eine „Herrenmoral" hindeuten, so beispielsweise die Tapferkeit und die List für die beiden aristokratischen Helden Achill und Odysseus, für den gemeinen Mann, beispielsweise Eumaios, die Tugend der Treue, wogegen ein Held, der die Tugend der Gerechtigkeit verkörpert, von beiden nicht dargestellt wird. Eine solche Einstellung, die der Gerechtigkeit nicht nur als Tugend eine sekundäre Bedeutung gibt [3]), sondern ihr auch keine selbständige Bezeichnung verleiht und lediglich den sehr vieldeutigen [4]) Namen der

---

[1]) Vgl. oben S. 3 Anm. 8.

[2]) Hirzel II S. 168ff.; die hier und im folgenden angeschnittenen Fragen erfahren bei Hirzel a. a. O. eine sehr eingehende und vielfach belegte Darstellung. [3]) Hirzel II S. 169 Anm. 2, S. 115 Anm. 1.

[4]) Vgl. hierzu die sehr eingehenden und vielfältig belegten Ausführungen Hirzels II S. 57ff.

Göttin Δίκη (Dike) zu ihrer Benennung verwendet [5]), läuft parallel dem Charakter des sogenannten griechischen Mittelalters als einer dem deutschen Mittelalter entsprechenden Ritterzeit. Es ist noch der Zusammenhang mit den Eroberungskämpfen und den Staatsgründungen der Frühzeit spürbar.

Die Kolonisationszeit, das Aufblühen der Städte und der Wirtschaft sowie der Beginn friedlicherer Zeiten lassen dagegen gegenüber den mehr ritterlichen Tugenden, gegenüber den Tugenden der Eroberer, die etwas in den Hintergrund treten [6]), die Bedeutung der Gerechtigkeit immer mehr anwachsen. Hinzu kommen die vielfältigen Versuche, dem Staatsleben rechtlich feste Regeln zu geben [7]). Die Gerechtigkeit rückt damit nicht nur wertmäßig auf, sondern es taucht in dieser Zeit auch erstmalig eine selbständige Bezeichnung für sie auf, nämlich die Bezeichnung, unter welcher sie sich später auch bei Aristoteles findet. Im 6. Jahrhundert sagen nämlich Phokylides und Theognis [8]) von ihr: „ἐν δὲ δικαιοσύνῃ συλλήβδην πᾶσ' ἀρετή 'στιν" („Aber die Gerechtigkeit schließt in sich jegliche Tugend.") Dieser Vers hat noch bis in Aristoteles' Zeiten Bedeutung als Sprichwort [9]).

Die Gerechtigkeit hat damit eine neue selbständige Bezeichnung erhalten. Umso bedeutsamer sie somit als Tugend hervortritt und zwar sowohl ihrem Wert wie ihrer Bezeichnung nach, umso undeutlicher wird gleichzeitig der Begriff, der mit diesem Namen bezeichnet wird. Die Tapferkeit oder die Mäßigkeit sind begrifflich nicht schwer zu bestimmen, haben sie es doch nur mit dem Menschen allein für sich zu tun. Auf einem anderen und ungleich schwierigeren Gebiet dagegen hat die Gerechtigkeit ihr Betätigungsfeld, nämlich auf dem Gebiete des Verhaltens des Menschen zu anderen. Für all das, was das gemeinschaftliche Leben des Menschen angeht, wird sie von Bedeutung. Da aber gerade dieser Bereich eine äußerst große Vielgestaltigkeit aufweist [10]), ist es eine natürliche Folge, daß sowohl das, was man sich unter Gerechtigkeit und unter gerecht vorstellte, als auch die Definition des mit dem Namen δικαιοσύνη bezeichneten Begriffs eine sehr große Vielgestaltigkeit annahm [11]), zumal der Begriff als solcher in

---

5) Hirzel II S. 169 Anm. 1, S. 57 Anm. 4.

6) Hirzel II S. 181 Anm. 2.

7) Man denke z. B. daran, daß innerhalb eines Zeitraums von stark 100 Jahren allein in Athen dreimal der Versuch gemacht wurde, durch eine umfassende Gesetzgebung die inzwischen entstandenen Mißstände des Staatswesens zu beseitigen, so um 620 v. Chr. von Drakon, 594 v. Chr. durch Solon und 508 v. Chr. durch Kleisthenes.

8) Vgl. Hirzel II S. 173 Anm. 3. 9) NE V 3 1129 b 29 (135).

10) Man denke nur an die Vielzahl der Zweige der heutigen Rechtswissenschaft und an die Spezialisierung innerhalb derselben.

11) Von dieser Tatsache der Mehrdeutigkeit des Wortes δικαιοσύνη geht A. ausdrücklich aus; NE V 2 1129 a 26 (133). Sie hängt zusammen mit einem der primärsten Probleme der arist. G.-Lehre, vgl. unten S. 118 ff., 122 ff.

der damals neu entstehenden Philosophie erstmalig voll in das Bewußtsein gerückt wird.

So sieht beispielsweise der Dichter Simonides in der Gerechtigkeit eine Tugend, welche in der Beachtung fremden Eigentums und der Erfüllung schuldrechtlicher Verträge besteht [12]). Er gibt ihr also einen rein privatrechtlichen und zwar sachen- und schuldrechtlichen Charakter. Andererseits erfüllt man sie mit einem strafrechtlichen Inhalt, indem man sie als die Tugend ansieht, welche sich in der Vergeltung von Delikten durch den Strafrichter auswirkt [13]). Diese Auffassung der Gerechtigkeit als strafrechtlicher Vergeltung wird auch bereits von philosophischer Seite, nämlich seitens der Pythagoreer vertreten [14]). Aus dieser engeren Bedeutung für einen einzelnen tritt die Gerechtigkeit heraus, indem sie eine den Staat als solchen betreffende Bedeutung gewinnt bei Solon, der sie zur Richtschnur seiner Richterstellung zwischen den Parteien machte [15]). Der Bedeutungskreis der Gerechtigkeit erweitert sich damit immer mehr und umfaßt schließlich in den die Mitwirkung aller Staatsbürger erfordernden Perserkriegen auch die staatlichen Verpflichtungen des Staatsbürgers [16]). Die Gerechtigkeit wird dadurch zu einer Tugend, die im Gehorsam gegen die Gesetze besteht [17]).

Hierdurch aber gewinnt sie eine ganz eigentümliche Stellung in ihrem Verhältnis zu anderen Tugenden, denn insofern die Gerechtigkeit den Gehorsam gegen die Gesetze, die Erfüllung der staatsbürgerlichen Verpflichtungen fordert, verlangt sie damit auch die Befolgung anderer Tugenden, insoweit diese in den Gesetzen und staatsbürgerlichen Verpflichtungen enthalten sind [18]). Daraus erklärt sich auch das bereits oben angeführte Sprichwort, das die Gerechtigkeit alle Tugenden in sich schließt. So umfaßt die δικαιοσύνη insbesondere — wie Hirzel eingehend nachgewiesen hat [19]) — die εὐσέβεια (Frömmigkeit), die σωφροσύνη (Mäßigkeit, Maßhalten) und die ἀνδρεία (Tapferkeit).

Gleichzeitig entwickelt sich im engen Zusammenhang mit der Gerechtigkeit ein Begriff, der bis zur heutigen Zeit für die Gerechtigkeit und das Recht ebensosehr von Bedeutung geblieben wie ein problematischer ist, nämlich der der Gleichheit (ἰσότης) [20]). In der homerischen Zeit hatte dieser Begriff noch nicht diese Bedeutung erlangt. Vielmehr war die Herrenmoral der homerischen Welt gerade auf eine Ungleichheit gerichtet [21]). Ebenso wie hinsichtlich der Gerechtigkeit schafft die wirtschaftliche und gegenüber der frühen Eroberungszeit auch kulturelle Entwicklung einen Wandel, der die Gleichheit immer mehr

---

[12]) Vgl. die eingehenden und sorgfältig belegten Ausführungen Hirzels II S. 186 ff. [13]) Hirzel II S. 189.

[14]) NE V 8 1132 b 22 (145), MM I 34 1194 a 29 (953); vgl. auch Hirzel II S. 193 ff. [15]) Hirzel II S. 195 f., 176 ff. [16]) Hirzel II S. 196 f.

[17]) So bei Platon, vgl. Hirzel II S. 198. [18]) Hirzel II S. 180 ff.

[19]) II S. 180 f. [20]) Hirzel S. 228 ff. [21]) Hirzel II S. 234 ff.

an Bedeutung gewinnen läßt[22]). Bereits bei Herodot, Thukydides, Solon und anderen wird die ἰσονομία, die Gleichheit, hervorgehoben, nach welcher alle ohne Unterschied in gleicher Weise den Gesetzen unterworfen und nach welcher alle vor dem Richter gleich sind[23]), sie wird zu einem Schlagwort der griechischen Demokratie[24]). Sie wird dadurch von der Gleichheit der alten Zeit, welche sich allein auf der Natur des Menschen begründete und ein mehr aristokratisches Gepräge hatte, zu einer neueren moderneren mit mehr politischem Gehalt, welche auf das gleiche Empfangen gleicher politischer Rechte hingeht[25]), aus dem ὅμοιος, das sich noch von ὁμὸς ableitet, ist der ἴσος geworden[26]). Die somit im öffentlichen Leben von Bedeutung gewordene Gleichheit gewinnt aber auch Bedeutung für das private Leben, in welchem sie in noch engere Beziehung zur Gerechtigkeit tritt[27]). Die frühere schematische Verhängung der gleichen Strafen für äußerlich gleiche Verbrechen ohne Ansehung der näheren Umstände, die sich auch als Ausübung der Gleichheit darstellte, wird verbessert durch eine Anpassung an die einzelnen Verhältnisse. Neben eine schematisch auf die Strafen, Sachen oder Rechte, welche sie zuteilt, gehende Gleichheit tritt eine andere, welche die Dinge nun nach Wert oder Unwert verteilt und damit auf das Verhältnis der zuzuteilenden Dinge zum Empfänger geht. Diese Unterscheidung wird wahrscheinlich erstmalig von den mit der Mathematik eng verbundenen Pythagoreern gemacht, welche die Voraussetzungen für diese mit der Mathematik in Zusammenhang gebrachte verschiedene Gleichheit schaffen, so daß neben eine starre arithmetische eine geometrische und proportionale Gleichheit gestellt wird[28]). Mathematische Prinzipien werden mit der Gleichheit verbunden und zur inhaltlichen Klärung des Begriffs benutzt.

Die griechische Rechtsauffassung gibt damit dem Begriff der Gerechtigkeit nicht nur eine äußerst große Vielgestaltigkeit, welche zu einer die anderen Tugenden umfassenden Gerechtigkeit führt, sondern sie findet in der Verbindung mit dem Gleichheitsbegriff und insoweit mit mathematischen Gesichtspunkten auch bereits Prinzipien zur näheren inhaltlichen Bestimmung der Gerechtigkeit.

Neben diesen auf die geschilderte Weise entstandenen und weitgehend im griechischen Denken verbreiteten Auffassungen des Be-

---

22) Hirzel II S. 238ff. 23) Hirzel II S. 240ff. 24) Hirzel II S. 242ff. 25) Hirzel II S. 250ff. 26) Hirzel II S. 24f. 27) Hirzel II S. 280ff. 28) Hirzel II S. 277ff.; Andererseits wirft A. gerade den Pythagoreern MM I 34 1194a 29ff. (953), NE V 8 1132b 21ff. (145) vor, das von ihnen als Wiedervergeltung bezeichnete R. entspreche nicht der verhältnismäßigen Gleichheit, und an letzterer Stelle sogar, es widerspreche nicht nur der austeilenden, sondern auch der ausgleichenden G. Trotz dieser arist. Vorwürfe hatte sich eine zweifache Gleichheit in der griech. R.-Auffassung bereits vor ihm und mit großer Wahrscheinlichkeit gerade bei den Pythagoreern herausgebildet; vgl. hierzu Hirzel II S. 276ff., insb. S. 278 Anm. 3.

griffs der Gerechtigkeit entwickelt Platon dann eine spezifisch philosophische Definition, die insoweit mit der soeben geschilderten Auffassung von der Gerechtigkeit im griechischen Denken parallel geht, als sie ebenfalls die Gerechtigkeit auf die anderen Tugenden bezieht. Bekanntlich versteht Platon unter dem Begriff der δικαιοσύνη eine der das Urgute offenbarenden Ideen, welche das richtige Verhältnis der drei Seelenteile des Menschen (λογιστικόν, θυμοειδές, ἐπιθυμητικόν, also des denkenden, des fühlenden und des wollenden Seelenteils) zueinander bestimmt und das Vorbild des Urguten im Menschen innerlich verwirklicht. Nach dieser Idee soll der niedrigere Seelenteil dem höheren untergeordnet sein, so das ἐπιθυμητικὸν dem θυμοειοές, dieses hinwiederum dem λογιστικόν[29]). Damit verbindet sich als natürliche Folgerung auch eine Ordnung der diesen drei Seelenteilen zugehörigen Tugenden, nämlich der σοφία der Weisheit, der ἀνδρεία, der Tapferkeit, und der σωφροσύνη, der Mäßigkeit, die in derselben Reihenfolge sowohl hinsichtlich ihrer Anwendung als auch ihres Wertes hintereinanderstehen. Die Aufrechterhaltung dieser richtigen Ordnung[30]), dieser Harmonie sowohl hinsichtlich der Anwendung wie des Wertes dieser drei antiken Kardinaltugenden ist Aufgabe der vierten Kardinaltugend, nämlich der δικαιοσύνη, der Gerechtigkeit, die insofern — nämlich bedingt durch ihre grundlegende, im Verhältnis zu den anderen Tugenden und zwar gerade durch ihre Bezugnahme auf diese weiterreichende Bedeutung — als Grundtugend[31]) anzusehen ist. Insofern diese Grundtugend damit die der moralisch gesunden, der ganzheitlichen Natur des Menschen entsprechende richtige Ordnung bewirkt und somit die im wahren Sinne natürliche Ordnung herstellt, tritt sie insofern wesensmäßig bereits dem rechtlichen Naturgesetz nahe, wobei sich die Idee der Gerechtigkeit jedoch immer noch als transzendente Idee darstellt, wenn sie andererseits auch schon nicht mehr als Gebot eines göttlichen Wesens im Sinne der im Mysterienwesen oder in Offenbarungen unmittelbar empfangenen göttlichen Anordnung[32]).

Die griechische Geschichte weist daher bereits bis zum Zeitalter des Aristoteles eine äußerst große Vielgestaltigkeit des Begriffs der Gerechtigkeit auf. Hierbei tritt neben die vielfältigen, im Sprachgebrauch des Volkes und insbesondere der Politiker, Juristen und Dichter entstandenen Bedeutungen als spezifisch philosophische und neuartige die des platonischen Gerechtigkeitsbegriffs.

---

[29]) Hippel III S. 21f., I S. 75f.

[30]) Bekanntlich verwendet Platon diese Dreiteilung in ganz grundlegender Bedeutung auch in seiner Staatslehre; vgl. Hippel II S. 36ff.

[31]) Vgl. Binder S. 364.

[32]) Zur Gerechtigkeit bei Platon vgl. insb. v. Hippel III S. 20ff.; vgl. auch Sauter S. 13 und zu der metaphysischen Auffassung seiner Ideenlehre die zahlreichen Zitate Sauters S. 15 Anm. 3.

II. Der früharistotelische idealistische Gerechtigkeitsbegriff.

Findet sich damit neben der historisch zu erklärenden Ausdehnung des Begriffs der Gerechtigkeit auf den Bereich anderer Tugenden und der Hervorhebung der Gerechtigkeit in eine Vorrangstellung im griechischen Denken überhaupt bei Platon eine zwar ähnliche, jedoch vertiefte und erstmalig philosophisch und wissenschaftlich durchdachte Erstreckung des Begriffs der Gerechtigkeit auf den Bereich anderer Tugenden, so ergibt sich hieraus die Frage, welche Einstellung Aristoteles, der doch Schüler Platons war, zu dieser sowohl im volkstümlichen wie auch im ganz neu und erstmalig erwachten philosophischen griechischen Denken vorzufindenden Auffassung der Gerechtigkeit einnimmt [33]).

Die Lösung dieser Frage wird dadurch erschwert, daß die aristotelischen Schriften auf den ersten Blick durchaus kein eindeutiges Bild geben, sondern vielmehr zunächst Widersprüche aufweisen und daß es ferner nicht mit voller Gewißheit feststeht, ob sämtliche der in Betracht kommenden Quellen tatsächlich von Aristoteles verfaßt sind. Dies gilt nicht nur von der EE, sondern insbesondere auch von der MM, der lange Zeit hindurch die Echtheit abgesprochen wurde, sowie schließlich von der Schrift Virt. Diese Zweifel an der Echtheit der genannten Schriften scheinen aber unberechtigt zu sein. Es wird vielmehr neuerdings wiederum der Standpunkt des Altertums, nämlich daß es sich bei sämtlichen als aristotelisch überlieferten ethischen Schriften um echte handelt [34]), eingenommen. Bereits 1924 hat v. Arnim nachgewiesen, daß die drei aristotelischen Ethiken echte Vorlesungskurse des Aristoteles sind und daß auf die MM als früheste die EE und die NE folgen [35]). Dieses Ergebnis hat v. Arnim ferner durch weitere eingehende Untersuchungen bekräftigt [36]). Schließlich hat es eine erneute Bestätigung und eine Erweiterung hinsichtlich der wahrscheinlichen Echtheit auch der Schrift Virt durch die Arbeiten Gohlkes [37]) gefunden, so daß mit einer an Gewißheit grenzenden Wahrscheinlichkeit von der Echtheit sämtlicher vier aristotelischen ethischen Schriften ausgegangen werden kann. Dabei ist die Schrift Virt bereits während der platonischen Zeit entstanden. Ebenfalls noch vor die Zeit der Abfassung der endgültigen zweiten Fassung der MM fällt die Zeit der Entstehung der ältesten logischen Schriften und hierbei insbesondere der ältesten Teile der Top (Buch 3—6), die für die frühen ethischen Auffassungen des Aristoteles aufschlußreich sind. Nachdem Aristoteles dann seine eigene Schule begründet hatte und teilweise in Gegensatz zur platonischen Akademie getreten war, entstand die end-

---

[33]) Diese geschichtliche und vergleichende Seite hat die jüngste Schrift über den arist. G.-Begriff von Sal. außer acht gelassen.

[34]) Arnim I S. 3. [35]) Arnim II. [36]) Arnim I.

[37]) Gohlke II, I.

gültige zweite Fassung der MM. Auf diese folgten dann die EE und schließlich unter Übernahme von Buch 4—6 derselben die NE [38]).

Diese Ergebnisse stimmen auch mit der Erfahrungstatsache überein, daß die Auffassungen eines Philosophen nicht zeit seines Lebens notwendig die gleichen bleiben müssen, sondern vielmehr durchaus einem Wandel unterliegen können. Ein weiterer Beweis für die Richtigkeit dieser Auffassung ergibt sich daraus, daß bei Zugrundelegung dieser ursprünglichen und nunmehr wieder modernen Echtheitsauffassung sich ein weitgehend klares Bild von den aristotelischen Auffassungen und Entwicklungen derselben ergibt. Jedenfalls kann aus scheinbaren Widersprüche keinesfalls mehr gefolgert werden, als daß Aristoteles im Verlaufe der Zeit seine Lehren weiter entwickelt und teilweise geändert hat. Ganz deutlich wird dies an der Tatsache, daß sich solche Widersprüche, wie sie sich z. B. zwischen MM und NE finden [39]), also zwischen einem hinsichtlich seiner Echtheit bezweifelten und einem zweifellos echten Werk, in verstärktem Maße wiederfinden zwischen der Top und der NE [40]), also zwischen zweifellos echten Werken. Gerade dieser Umstand in Verbindung mit der Tatsache, daß die Top ein zeitlich noch vor der MM liegendes Werk ist, beweist, daß es sich nicht um Systemwidersprüche oder um teilweise unechte Werke handelt, sondern vielmehr ganz einfach um verschiedene aristotelische Entwicklungsperioden, denen die einzelnen Werke zugehören.

Eine Untersuchung dessen, was Aristoteles unter Gerechtigkeit versteht, beginnt also zweckmäßig mit den frühesten Schriften, die über den Begriff der aristotelischen Gerechtigkeit Auskunft geben, und schreitet dann fort zu den Spätschriften [41]).

Von den beiden Frühschriften Virt und Top bringt insbesondere die letztere viele Anhaltspunkte für die frühe ethische Auffassung des Aristoteles und auch für den früharistotelischen Gerechtigkeitsbegriff.

Die Top ist nun keine Schrift über die Ethik, sondern sie behandelt den Wahrscheinlichkeitsschluß aus allgemeinen Sätzen, die Dialektik im platonischen Sinne. Für die ethischen Auffassungen dieser aristotelischen Periode ist sie jedoch insofern von Bedeutung, als Aristoteles

---

[38]) Vgl. Gohlke I S. 135ff.

[39]) Z. B. die Identifizierung der Gleichheit mit der Gerechtigkeit in der MM, was Sal. S. 134f. richtig erkennt, jedoch ohne Berücksichtigung der Entwicklung des A. unzutreffenderweise lediglich als „willkürlich“ oder auf S. 141 ungenügend als „gewisse Freude an der Gleichsetzung“ dieser beiden Begriffe erklärt.

[40]) Was im folgenden noch im einzelnen nachgewiesen werden wird.

[41]) Dies ist von Sal. ganz außer acht gelassen worden, der die Top und die Schrift Virt gar nicht heranzieht sowie die MM nur in einem Zusatz erörtert, vgl. S. 134ff.

vielfach der Ethik angehörende Fragen als veranschaulichende Beispiele heranzieht [42]).

Die bedeutsamste Feststellung, die hierbei nun zu machen ist, ist die, daß Aristoteles an sehr vielen Stellen seiner Top noch von der platonischen Dreiteiligkeit der Seele ausgeht. So sagt er ganz ausdrücklich [43]), es sei für den Menschen eigentümlich, eine dreiteilige Seele zu haben [44]). Aber nicht nur die platonische Dreiteiligkeitslehre vertritt Aristoteles in dieser Lehrperiode, sondern er erkennt auch eine richtige Ordnung dieser drei Seelenteile an, wenn er ausführt [45]), daß es den meisten Menschen eigentümlich sei, daß der denkende Seelenteil über den fühlenden und den triebhaft begehrenden befehle, daß es aber auch umgekehrt vorkomme, dann nämlich, wenn die Seele des Menschen schlecht sei. Auch diese Stelle ergibt deutlich, daß Aristoteles es selbst für ein Erfordernis der guten, also der tugendhaften Seele ansieht, wenn der denkende Seelenteil über die anderen beiden herrscht. Die aristotelische Auffassung deckt sich also noch ganz mit der platonischen.

Diese Stellen stehen keineswegs vereinzelt da. Es deuten vielmehr weitere zahlreiche Stellen auf diese früharistotelische Auffassung hin. Z. B. sieht Aristoteles das Eigentümliche der Tugend darin, daß sie ihrer Natur nach in mehreren, also in mehr als zwei Seelenteilen anzutreffen sei [46]). Entsprechend ordnet er jeder Tugend (gemeint sind dabei Weisheit, Tapferkeit und Mäßigkeit) einen bestimmten Seelenteil zu z. B. der Mäßigkeit den wollenden Seelenteil [47]). Genau das Gleiche sagt Aristoteles an einer weiteren Stelle [48]), wie er des öfteren ausdrücklich von drei Seelenteilen spricht [49]).

Diese drei Seelenteile waren nicht unselbständige Seelenvermögen, nicht nur δυνάμεις, sondern vielmehr selbständige Teilseelen im platonischen Sinne, die jede sowohl eigenes Vorstellungs- wie eigenes Begehrungsvermögen besaßen [50]). Dies geht insbesondere aus der bereits zitierten Stelle Top V I 129 a 10 hervor, denn wenn es dort heißt, daß der denkende Seelenteil (λογιστικόν) über den fühlenden (θυμικόν) und den begehrenden (ἐπιθυμητικόν) herrschen solle, so setzt dies

[42]) Daß es sich dabei um Beispiele aus den aristotelischen Ansichten handelt, hat von Arnim I S. 4f. näher ausgeführt. Es folgt dies auch aus den nachstehenden Untersuchungen. Schließlich ergibt sich aus den einzelnen Stellen die arist. Auffassung auch teilweise deutlich ohne Rücksicht darauf, ob es sich um Beispiele von A. oder von anderer Seite handelt.

[43]) Top V 4 133 a 30 (809).

[44]) Richtig sagt hierzu v. Arnim I S. 6, daß aus dem λέγεται hervorgehe, daß diese Auffassung von der Dreiteiligkeit der Seele dem A. selbst zu eigen war.

[45]) Top V 1 129 a 10 (788).

[46]) Top V 1 128 b 37 ff. (787 f.).

[47]) Top V 6 136 b 10 ff. (823).

[48]) Top V 8 138 b 2 (833).

[49]) Top IV 5 126 a 8 ff. (Bei der Zellschen Übersetzung fehlt der betreffende Abschnitt.)

[50]) Wie v. Arnim I S. 8 ff., 24, 27, 40 f., 133 überzeugend nachgewiesen hat.

voraus, daß auch das λογιστικὸν Erkenntnis und Willen besitzt[51]). Top IV 5 126 a 13 ordnet er dem λογιστικόν, dem denkenden Seelenteil, noch ausdrücklich die βούλησις, also das Wollen, zu[52]).

Mit diesen selbständigen, sowohl das für ihr Handeln erforderliche Vorstellungsvermögen wie auch das ferner hierzu erforderliche Willensvermögen besitzenden Seelenteilen verbindet Aristoteles die Tugenden, wie bereits angedeutet wurde. Und zwar kommt jedem Seelenteil die ihm entsprechende Tugend von Natur aus zu, es ist[53]) jeder Tugend eigentümlich (ἴδιον), ihrem eigenen Wesen nach (καθ' αὑτό) Tugend eines bestimmten Seelenteils zu sein.

Dabei sieht Aristoteles damals schon[54]) die Tugend als eine ἕξις, als dauernde Beschaffenheit, einen Seelenzustand, als einen Habitus an[55]), wie es auch später in der NE der Fall ist[56]).

Die Zuordnung der Tugenden zu den einzelnen Seelenteilen sowie auch die Aufstellung der Tugenden selbst sowie deren Begriff zeigt nun nicht nur die enge Verwandtschaft der früharistotelischen Ethik zur platonischen, sondern insbesondere auch die noch ganz der platonischen gleichkommende früharistotelische Auffassung von der Gerechtigkeit.

Als die spezifische Tugend des denkenden Seelenteils, des λογιστικόν, sieht Aristoteles die φρόνησις an[57]). Auch hinsichtlich des Begriffs der φρόνησις folgt Aristoteles in der Top noch weitgehend der platonischen Lehre[58]). Dabei wird das λογιστικόν, der denkende Seelenteil, dem nach der genannten Stelle die φρόνησις schlechthin zugeordnet wird, als einheitlicher aufgefaßt[59]). Es fehlt jegliche Aussage darüber, daß das λογιστικὸν seinerseits wiederum aus verschiedenen Teilen, nämlich dem ἐπιστημονικὸν und dem βουλευτικόν, also dem theoretischen und dem praktischen Teil der Vernunft bestehe, wie es später[60]) gesagt wird. Entsprechend ist auch die Tugend dieses einheitlichen Seelenteils des λογιστικόν, nämlich die φρόνησις, nach der früharistotelischen Anschauung noch dem Begriff der platonischen ἐπιστήμη verwandt[61]).

---

[51]) Arnim I S. 8, 41. [52]) Arnim I S. 9.

[53]) Wie A. z. B. Top 136 b 10 ff. (823) für alle Tugenden und ausdrücklich für die Weisheit bzw. Klugheit und das Maßhalten bemerkt.

[54]) Wie er Top VI 5 143 a 15 (858) von der Gerechtigkeit ausdrücklich sagt; vgl. auch Top VI 6 144 a 7 ff. (862). [55]) Arnim I S. 13, 40, 134.

[56]) II 6 1106 b 36 (55). [57]) Top 136 b 10.

[58]) Wie v. Arnim I S. 23 ff. in gründlichen Untersuchungen nachgewiesen hat. [59]) Arnim I S. 23, 11. [60]) MM I 35 1196 b 16 f. (960).

[61]) Wie v. Arnim I S. 24 ff. im einzelnen an folgenden Beispielen nachweist. Nach Top V 1 128 b 37 (788) findet sich die ἐπιστήμη, also das weisheitsvolle Denken, das Wissen der höchsten Dinge, im λογιστικόν, Top III 6 119 b 32 (735) heißt es, falls bewiesen werde, daß die φρόνησις kein Gut sei, so könnten es auch keine anderen ἐπιστῆμαι (Wissenschaften) sein, da die φρόνησις von allen ἐπιστῆμαι am meisten als ein Gut angesehen werde. Hieraus ist zu folgern, daß A. die φρόνησις als die höchste Wissenschaft ansieht, nämlich als die über alles andere gebietende (platonische) Wissen-

Das hiernach als für die spätere Untersuchung festzuhaltende Ergebnis ist also, daß die früharistotelische φρόνησις in erster Linie ἐπιστήμη [62]) war, d. h. die Ideen unmittelbar schauende Weisheit, also das nicht des Beweises bedürfende unmittelbare Erkennen von Gut und Böse.

Neben diese Tugend des λογιστικόν, des denkenden oder verständigen Seelenteils, tritt als Tugend des ἐπιθυμητικόν, also des begehrenden Seelenteils, die Tugend des Maßhaltens, die σωφροσύνη [63]).

Die Tugend des θυμοειδές, also des fühlenden Seelenteils, wird in der Top nicht ausdrücklich genannt. Aber da nach Top 136 b 10 jedem Seelenteil von Natur aus seine spezifische Tugend zukommt, muß dies auch vom θυμοειδὲς gelten. Als die diesem zugeordnete Tugend kommt jedoch nur die ἀνδρεία in Betracht [64]).

Die aristotelische Top weist demnach ganz deutliche Spuren einer früharistotelischen Auffassung auf, die genau so wie die platonische von der Dreiteiligkeit der Seele ausgeht und die dementsprechend auch die Tugenden diesen drei Seelenteilen zuordnet [65]).

Die nähere Bestimmung der Tugend, das Kriterium, in welcher Weise sich das Tugendhafte äußert, wird hier von Aristoteles nun noch keineswegs — wie es später bei ihm der Fall war — empirisch von den Erscheinungsformen der Tugenden, von den Handlungen her entwickelt [66]) und in der μεσότης, der Mitte zwischen den Handlungen und zwar den Handlungen des Zuviel und Zuwenig [67]), gesehen. Aristoteles sieht noch nicht auf den Ausfluß der Tugend in den tugendhaften Handlungen, um zu bestimmen, worin die Tugend besteht [68]). Er bestimmt vielmehr das Tugendhafte noch genau so wie Platon von der Substanz, von innen her, indem er es von der richtigen Ordnung der Seelenteile unter sich, nämlich der Unterordnung des θυμοειδὲς und des

---

schaft vom Guten. Top IV 2 121 b 24 ff.—122 a 2 (745 f.) sieht A. die φρόνησις als ἐπιστήμη an, obwohl er dadurch in logische Schwierigkeiten kommt, denn indem er die φρόνησις gleichzeitig als ἀρετή (Tugend) bezeichnet, ordnet er sie verschiedenen Gattungen unter (nämlich ἀρετὴ und ἐπιστήμη), was er aber vorher als logisch unrichtig dahingestellt hat, falls nicht die eine Gattung die andere mitumfasse. Um aber die Zuordnung der φρόνησις unter den Gattungsbegriff ἐπιστήμη aufrecht zu erhalten, ordnet er sowohl die ἐπιστήμη als auch die ἀρετή, dem höheren Gattungsbegriff ἕξις unter. Daß die φρόνησις der Top ferner aber auch das praktische Denken, das spätere βουλευτικόν, umfaßt, hat von Arnim durch weitere Beispiele dargelegt, so z. B. durch Top III 2 117 a 28 (721), wo φρόνησις die für einen politischen oder militärischen Führer erforderliche praktische Einsicht bedeutet, und durch Top III 2 118 a 18 (725), wo die den richtigen Gebrauch der Macht ermöglichende φρόνησις auch nur praktische sittliche Einsicht sein kann.

62) Arnim I S. 40.

63) Top 136 b 10 ff., Top 138 b 2.

64) Das hat v. Arnim S. 12, 41 zutreffend ausgeführt.

65) Gohlke II S. 140 f.

66) NE II 6 1107 a 4 (55).

67) NE II 6 1107 a 2 (55).

68) Vgl. oben S. 11 ff.

ἐπιθυμητικὸν unter das λογιστικὸν abhängig macht[69]). Das Prinzip der μεσότης wird in der Top gar nicht erwähnt. Die Bestimmung des Guten erfolgt vielmehr lediglich durch die Ordnung der Tugenden unter sich selbst, also ganz im platonischen Sinne.

Wenn Aristoteles demnach in dieser Periode die drei Kardinaltugenden noch ebenso wie Platon den drei Seelenteilen zuordnet, so fragt es sich, was Aristoteles in dieser Zeit unter der Gerechtigkeit versteht, denn diese konnte als vierte Kardinaltugend keinem einzelnen Seelenteil mehr zugeordnet werden. Auch hier ist nun zu bedenken, daß die Top wegen ihrer anderen Zwecksetzung keine ins Einzelne gehenden Angaben über den Begriff der Gerechtigkeit macht, sondern nur Anhaltspunkte für ihre begriffliche Bestimmung bringt. Es fällt nun bei der Durchsicht der Stellen, an denen Aristoteles in der Top von der Gerechtigkeit spricht[70]), auf, daß er die spätere, in der NE sorgfältig durchgeführte und eingehend erörterte Unterscheidung zwischen der allgemeinen und der besonderen Gerechtigkeit[71]) mit keinem Wort erwähnt. Es ist genau so, als ob ihm diese Unterscheidung nicht bekannt sei. Dies gewinnt noch umso mehr Bedeutung, als die eingehenden Differenzierungen und die Vielgestaltigkeit der Gerechtigkeit — wie sie Aristoteles in der späteren Zeit, insbesondere in der NE kennt — besonders geignet gewesen wären, ihm für die Top ergiebige Beispiele zu liefern. Es wäre erstaunlich, wenn Aristoteles bei einer so starken Beschäftigung mit der Gerechtigkeit, daß er ihr ein ganzes Buch der NE widmet[72]), die hierbei entwickelten Gedankengänge nicht zumindest beispielhaft angedeutet hätte, wenn sie ihm damals bereits gegenwärtig gewesen wären. Aber nichts dergleichen ist der Fall. Vielmehr sprechen die genannten und die anderen Stellen der Top ganz einfach von der Gerechtigkeit ohne jegliche Angabe darüber, welche der Arten der Gerechtigkeit (wie Aristoteles sie in der NE kennt) gemeint ist, und ohne jeglichen Anhaltspunkt dafür, daß es überhaupt verschiedene Arten der Gerechtigkeit geben könnte.

Die Gerechtigkeit wird auch gar nicht wie später in der NE neben eine Vielzahl von Tugenden gestellt, sondern vielmehr ganz im Sinne Platons lediglich zusammen mit den anderen drei Kardinaltugenden genannt, wenn Aristoteles z. B. Gerechtigkeit, Weisheit, Tapferkeit und Mäßigkeit als zu derselben Gattung gehörig nennt[73]). Es erinnert an die platonische Bedeutung der Gerechtigkeit für die anderen drei Kardinaltugenden als Ordnungsprinzip und als nicht selbständig einem

---

69) Vgl. das obige Zitat von Top V 1 129 a 10; vgl. auch Arnim I S. 40 f., 88.

70) Z. B. I 16 108 a 1 (670), III 1 116 b 38 ff. (719), III 2 117 a 36 ff. (721), III 2 117 b 1 f. (721), III 2 118 a 16 (725), VI 5 143 a 15 (858), VI 7 145 b 35 (870), VI 12 149 b 31 ff. (889), VI 13 150 a 3 ff. (890), VII 1 151 b 31 f. (906).

71) V 2 1129 a 32 ff. (134), vgl. auch unten S. 48 ff. usw.

72) V 1129 ff. (132 ff.). 73) Top 108 a 1.

Seelenteil zugehörige, sondern vielmehr lediglich die richtige Ordnung der drei Seelenteile und damit der drei übrigen Kardinaltugenden bewirkende Tugend, wenn mehrfach zum Ausdruck kommt, daß der Gerechte eben auch die anderen Tugenden in sich verkörpert, wenn also die Gerechtigkeit sich teilweise mit den anderen Kardinaltugenden deckt. So spricht Aristoteles von einer Definition der Gerechtigkeit als Mäßigkeit oder Tapferkeit [74]) oder auch als der Tapferkeit allein [75]). Wenn er auch diese Definitionen nicht ausdrücklich als seine eigenen ausgibt, sondern sie hier lediglich als Beispiele heranzieht, so zeigen diese Beispiele andererseits ganz deutlich, daß er seine eigene, von ihm selbst entwickelte Form der mit den anderen Tugenden zusammenhängenden und auf sie bezogenen Gerechtigkeit — nämlich die spätere allgemeine Gerechtigkeit der NE [76]) — noch nicht kennt. Das hierbei in der NE auftauchende Problem der „Identität" der (allgemeinen) Gerechtigkeit mit der Tugend [77]) kommt noch in keiner Weise zum Ausdruck. Der Gedanke der „Identität" der Gerechtigkeit mit anderen Tugenden hat nach diesen beiden Top-Stellen vielmehr noch keine selbständige gedankliche Bearbeitung seitens Aristoteles erfahren. Aristoteles übernimmt vielmehr lediglich eine Folgerung der platonischen Auffassung von der Gerechtigkeit als Harmonieprinzip der Seele und der Tugend, bei der der Gerechte als der den richtigen Seelenzustand Innehabende notwendig sowohl die Weisheit als auch die Tapferkeit und auch die Mäßigkeit besaß. Die Gerechtigkeit erweist sich also hier als Grundtugend im platonischen und noch nicht in dem ganz anderen Sinne der spätaristotelischen allgemeinen Gerechtigkeit. In diesem Sinne konnte Aristoteles die Definition der Gerechtigkeit als Tapferkeit oder als Mäßigkeit beispielhaft heranziehen [78]).

Diese frühаristotelische Gerechtigkeit unterscheidet sich von der spätaristotelischen der NE sehr deutlich in einem weiteren Punkt. Während Aristoteles in der NE und auch schon in der MM als für die Gerechtigkeit charakteristisch das Dasein derselben für den anderen (πρὸς ἕτερον) ansieht [79]), ferner die Verschiedenheit der späteren all-

---

[74]) Top 150 a 3ff. [75]) Top 151 b 31f.

[76]) V 3 1129 b 11ff. (135).

[77]) V 3 1130 a 8ff. (138); vgl. auch Sal. S. 22.

[78]) Es ist deshalb nicht ganz richtig, wenn Rolfes Anm. 2 zum 7. Buch zur Stelle Top 151 b 31f. sagt, man sehe hier, wie die Annahmen ziemlich willkürlich gemacht würden. Es deutet dann schon eher Wittmann das Richtige an, wenn er S. 214 es für A. (hier natürlich den A. der Spätzeit) gerade als Gegensatz zu Platon herausstellt, daß die G. von der Tugend überhaupt auf das Deutlichste unterschieden werde, was eben für Platon (und entsprechend den obigen Ausführungen auch für den A. der Frühzeit) demnach nicht der Fall war.

[79]) NE V 3 1129 b 32 (136) für die allg. G., NE V 10 1134 b 4f. (153) für die bes. G., NE V 4 1130 b 1 (137) für die allg. und bes. Ungerechtigkeit und folglich auch für die allg. und bes. G.; MM I 34 1193 b 19 (950) für die bes. G.

gemeinen Gerechtigkeit von der Tugend schlechthin gerade daraus ableitet, daß sie die auf den anderen bezogene Tugend darstellt[80]), so daß die Hinwendung auf den anderen begrifflich notwendiges Charakteristikum für die Gerechtigkeit ist, und schließlich die allgemeine Gerechtigkeit gerade deshalb die vollendete Tugend nennt, weil der die allgemeine Gerechtigkeit Besitzende die Tugend nicht bloß für sich selbst, sondern auch gegen andere auszuüben imstande ist[81]), hebt er in der Top als für die Gerechtigkeit — die auch hier als einheitliche und ohne jegliche Andeutung dessen, daß es verschiedene Arten von ihr geben könnte, genannt wird — kennzeichnend hervor, daß sie im Gegensatz zum Reichtum und zur Stärke an sich schon zum Würdigen und Lobenswerten gehöre, nicht aber eines anderen wegen[82]). In entsprechendem Sinne sagt er in der Top weiter von ihr, es sei eine fehlerhafte Definition, wenn man die Gerechtigkeit als nicht ihrer selbst wegen Wünschenswertes definiere, sondern als ein Bewirkendes oder Tätiges oder in sonstiger Weise eines anderen wegen Wünschenswertes, z. B. wenn man sie als die die Gesetze erhaltende Tugend definiere[83]). Beide Stellen sind nicht nur Beispiele, sondern geben wiederum unzweifelhaft über die eigene Auffassung des Aristoteles dieser Zeit Aufschluß, insofern Aristoteles sich selbst an beiden Stellen entscheidet. Es geht aber gerade aus diesen beiden Stellen mit Deutlichkeit hervor, daß die Auffassung des Aristoteles zur Zeit der Top-Vorlesung jedenfalls nicht die der NE mit ihrer äußerst stark betonten Kennzeichnung der Gerechtigkeit als auf den anderen bezogener Tugend ist, sondern daß sie vielmehr ganz im Sinne Platons der Bezugnahme auf den anderen entbehrt. Wie bei Platon die Gerechtigkeit eine das Zusammenwirken der Seelenteile und der Stände und somit auch der übrigen drei Kardinaltugenden regelnde, also eine im einzelnen Menschen bzw. innerhalb des Staates wirkende, nicht aber eine nach außen hin tätige, auf den anderen bezogene Tugend war, so ist sie auch in der aristotelischen Top noch eine nach innen, nicht aber nach außen gerichtete Tugend[84]).

An zwei weiteren Stellen der Top[85]) bringt Aristoteles die Gerechtigkeit mit dem Gleichheitsbegriff zusammen. An erster Stelle sieht

---

[80]) NE V 3 1130 a 12f. (136).

[81]) NE V 3 1129 b 31f. (136). [82]) Top 116 b 38ff.

[83]) Top 149 b 31ff.; damit stellt A. also gerade seine spätere Definition der allg. G. als die die Gesetzesbefolgung anordnende und folglich auch die Gesetzererhaltung bewirkende Tugend — NE V 2 1129 a 33 (134) — als fehlerhaft dahin, obwohl ihm einige Zeilen weiter — Top 149 b 35ff. (889) — Zweifel kommen, ob eine solche Definition nicht doch noch möglich ist.

[84]) Daß Sal. S. 20f. genau das Gegenteil sagt, indem er als Objekt der arist. G. das „Band" zwischen zwei Menschen ansieht, ist darauf zurückzuführen, daß er die Top zur Klärung des arist. G.-Begriffs gar nicht heranzieht und damit die Entwicklung desselben übersieht.

[85]) Top 143 a 15, 145 b 35.

Aristoteles die Definition der Gerechtigkeit als Gleichheit bewirkenden oder Gleichheit beim Verteilen bewirkenden Habitus insoweit als fehlerhaft an, als in dieser Definition die Gattung des Begriffs Gerechtigkeit, nämlich Tugend, nicht genannt sei. An der letzten Stelle stellt er gegenüber der Definition der Gerechtigkeit als des Vermögens, beim Verteilen die Gleichheit zu bewirken, diejenige als richtiger hin, daß die Gerechtigkeit der Wille, der Vorsatz, sei, beim Verteilen die Gleichheit zu bewirken. Beide Stellen sehen mithin als entscheidendes Kriterium für die Klärung des Begriffs der Gerechtigkeit die Tatsache an, daß die Gerechtigkeit die Gleichheit (bzw. auch die Gleichheit beim Verteilen) bewirkt. Auch in dieser Richtung läßt die Top jeden Anhaltspunkt dafür vermissen, daß es eine zweifache Gerechtigkeit wie in der NE geben könnte. In der letzteren hat es nur eine der beiden Arten der Gerechtigkeit mit der Gleichheit zu tun [86]), wogegen der anderen das Element der Gleichheit nicht zukommt. In der Top wird ein solcher Unterschied nicht gemacht. Vielmehr wird das Merkmal der Gleichheit hier der Gerechtigkeit schlechthin — ohne Andeutung dessen, daß es deren zwei Arten geben könnte — zugeschrieben. Dies und der Umstand, daß — wie oben ausgeführt wurde — Aristoteles in der Top die Gerechtigkeit noch nicht als eine nach außen, sondern vielmehr als eine nach innen gerichtete Tugend ansieht, sprechen stark dafür, daß das Merkmal der Gleichheit der Gerechtigkeit insofern zugeordnet wird, als es das richtige Verhältnis der Seelenteile bewirkt, als es das κατ' ἀναλογίαν ἴσον der drei Seelenbestandteile schafft [87]). Richtig weist v. Arnim [88]) darauf hin, daß Aristoteles, wenn er in der Top die Tugenden noch als ihrer Natur nach einzelnen Seelenteilen zugeordnet ansieht [89]), andererseits zu dieser Zeit noch auf dem Standpunkt der platonischen Dreiteiligkeitslehre steht, die Gerechtigkeit als vierte der alten Kardinaltugenden natürlich auch aus den Seelenteilen hätte ableiten müssen, sie aber — da es nur drei Seelenteile gebe — nicht als spezifische Tugend eines der drei Seelenteile, deren jedem schon seine spezifische Tugend zugeteilt gewesen sei, hätte bestimmen können, sondern „nur im Sinne Platos als das geordnete Zusammenwirken aller drei Seelenteile". Zutreffend deutet v. Arnim [90]) auf die Verwandtschaft dieses ἴσον, dieses Gleichheitselementes, das nach aristotelischer Anschauung ja das μέσον τοῦ πλείονος καὶ τοῦ ἐλάττονος, also das Mittlere zwischen dem Mehr und dem Weniger bedeute, zu dem für seine spätere Ethik grundlegenden Prinzip der rechten Mitte hin. Gegen diese Beziehung der Gleichheit auf den inneren Seelenzustand besagt auch nichts der Umstand, daß Aristoteles auch

---

[86]) NE V 2 1129 a 34 (134).

[87]) Von dieser Seite her hat v. Arnim I S. 13f. versucht, den früharist. G.-Begriff zu entwickeln, wobei er zu gleichen Ergebnis wie die vorliegende Arbeit kommt. [88]) I S. 12f.

[89]) Vgl. oben S. 174 ebenso Arnim I S. 12. [90]) I S. 14.

von einer Gleichheit beim Verteilen spricht[91]), die Gleichheit also nicht auf den inneren Seelenzustand, sondern nach außen hin bezieht. Vielmehr kannte der griechische Sprachgebrauch und u. a. auch bereits Platon eine solche nach außen gerichtete Gleichheit[92]). Daneben spricht Aristoteles — wie bereits vorhin ausgeführt — ausdrücklich von einem die Gleichheit bewirkenden Habitus (ἕξις ἰσότητος ποιητική)[93]), als welcher die Gerechtigkeit definiert werde. Diese Definition ist also von der daneben genannten, nach außen gerichteten Gleichheit im Verteilen (διανεμητική τοῦ ἴσον) verschieden und ist mit großer Wahrscheinlichkeit als innere Gleichheit zu verstehen, die der das richtige Zusammenwirken, das Gleichgewicht der drei Seelenteile bestimmenden (inneren) Gerechtigkeit zukommt — wie bereits oben näher nachgewiesen wurde.

Alle diese Umstände — nämlich das Nichtunterscheiden zwischen verschiedenen Arten der Gerechtigkeit, das Fehlen jeglicher Andeutung über eine solche Unterscheidung, ferner die noch nicht durch die Beziehung der an sich auf sich selbst bezogenen weiteren Tugenden auf den anderen hin gewonnene, sondern allein auf die platonische Gleichgewichtslehre zurückzuführende „Identifizierung" der Gerechtigkeit mit den anderen Kardinaltugenden, ferner das Entbehren jeder Bezugnahme auf den anderen, also der Auffassung der Gerechtigkeit als einer nach außen gerichteten Tugend, und schließlich die Zurückführung der Gerechtigkeit schlechthin auf das Gleichheitselement[94]), das nicht nur nach außen und auf äußere Handlungen gerichtet ist — ergeben mit Gewißheit, daß die von Aristoteles zur Zeit der Top vertretene Auffassung von der Gerechtigkeit von derjenigen zur Zeit der NE[95]) stark abweicht und noch weitgehend unter platonischem Einfluß steht. Sie ergeben ferner mit einer an Gewißheit grenzenden Wahrscheinlichkeit, daß — wenn Aristoteles in der Top, was nach deren ganz anderer Zwecksetzung selbstverständlich ist, auch keine ausdrückliche Definition der Gerechtigkeit gibt — er in der Gerechtigkeit genau so wie Platon vorwiegend die nach innen gerichtete und das innere Gleichgewicht der drei Seelenbestandteile herstellende vierte Kardinaltugend versteht[96]). Dieses Ergebnis findet dadurch seine Bestätigung, daß er — wie bereits gesagt — auch die eine solche Definition notwendig zur Folge habende platonische Lehre von den drei Seelenbestandteilen vertritt, die noch selbständige Seelenteile sind, denen von Natur aus ihre eigentümliche Tugend zukommt. Dabei muß auch folgerichtig die Gerechtigkeit mit diesen Seelenteilen in Ver-

---

91) Top 143 a 15, 145 b 35.
92) Wittmann S. 214, vgl. auch oben S. 21 ff. 93) 143 a 15.
94) Worauf v. Arnim I S. 13 f. als erster hingewiesen hat.
95) Vgl. die vorherigen und die folgenden Ausführungen.
96) Daß A. auch eine nach außen gerichtete Gleichheit kennt, ändert daran nichts, wie bereits oben S. 33 Anm. 92 gesagt wurde.

bindung stehen. Da sie aber als vierte Kardinaltugend keinem speziellen Seelenteil zugeordnet werden kann, muß die Verbindung der Gerechtigkeit mit den Seelenteilen schon notwendig in der Weise erfolgen, daß sie allen drei Seelenteilen zugeordnet wird, was aber nur bei der platonischen Auffassung der Gerechtigkeit als der die richtige Ordnung herstellenden Tugend sinnvoll ist. Das gilt um so mehr, als Aristoteles damals noch selbst ausdrücklich die Tugend von der richtigen Ordnung der Seelenteile her bestimmt, wie bereits dargetan wurde. Dieses von v. Arnim als Vermutung ausgesprochene Ergebnis [97]) kann daher als ein mit größter Wahrscheinlichkeit richtiges angesehen werden.

Dieser früharistotelische Gerechtigkeitsbegriff entbehrt also als ein von Platon übernommener [98]) noch einer selbständigen Bearbeitung seitens Aristoteles'. Auch hier schon erscheint die Gerechtigkeit aber bereits — wie später die allgemeine Gerechtigkeit — als eine Grundtugend. Sie ist nämlich nach dem Vorherstehenden diejenige Tugend, die den verschiedenen Kräften in der Seele des Menschen das richtige Gleichgewicht gibt, die damit eine Wertordnung aufstellt, von welcher aus die grundsätzliche Bestimmung dessen erfolgen kann, was gut ist. Hierdurch gewinnt die Gerechtigkeit auch für die übrigen drei Kardinaltugenden eine entscheidende Bedeutung. Sie gibt nämlich an, welche die herrschenden und welche die gehorchenden sein sollen. Hierin liegt ihre Bedeutung als Grundtugend, ohne welche die anderen Tugenden allein den Menschen nicht zu einem guten zu machen vermögen. Es wird später [99]) noch dargelegt werden, inwiefern auch die spätaristotelische allgemeine Gerechtigkeit als eine Grundtugend angesprochen zu werden vermag und zwar ähnlich wie die früharistotelische Gerechtigkeit auch durch die Eigenart ihrer Stellung zu den anderen Tugenden, jedoch wiederum in einer ganz anderen Bedeutung und ausgedehnt auf alle Tugenden. Trotz des starken Wandels, den der spätaristotelische Gerechtigkeitsbegriff der NE gegenüber dem geschilderten früharistotelischen erfahren hat, wirkt der letztere auch in der NE noch nach, wenn Aristoteles am Ende seiner Untersuchung über die Gerechtigkeit gleichsam anhangsweise noch ausführt, in ähnlicher Weise und in übertragener Bedeutung gebe es ein Recht gegen sich selbst, zwar nicht im eigentlichen Sinn gegen sich selbst, sondern ein Recht einer Seite der Person gegen ihre anderen Seiten [100]). Und zwar meint er hiermit — wie er anschließend fortfährt — den vernünftigen und den unvernünftigen Seelenteil [101]), zwischen denen ein ähnliches Verhältnis bestehe wie zwischen Herrscher und Beherrsch-

[97]) I S. 14. [98]) Vgl. Gohlke I S. 63.

[99]) Vgl. unten S. 81. [100]) NE V 15 1138 b 5ff. (168): κατὰ μεταφορὰν δὲ καὶ ὁμοιότητά ἐστιν οὐκ αὐτῷ πρὸς αὐτὸν δίκαιον ἀλλὰ τῶν αὐτοῦ τισίν.

[101]) 1138 b 8f.: ἐν τούτοις γὰρ τοῖς λόγοις διέστηκε τὸ λόγον ἔχον μέρος τῆς ψυχῆς πρὸς τὸ ἄλογον.

ten[102]). Das Gerechte als innere Gerechtigkeit, welche als Regulativ, als Ordnungsprinzip der Seelenteile erscheint und eine Rang- und Wertordnung unter ihnen herstellt, läßt er also auch damals noch — wenn auch allerdings in nicht ursprünglicher, sondern übertragener, ähnlicher[103]) Bedeutung — gelten. Schließlich ist dieser Umstand, nämlich, daß Aristoteles diesen platonischen Gerechtigkeitsbegriff nicht nur neben seinem selbständig entwickelten und erheblich veränderten eigenen Gerechtigkeitsbegriff erwähnt, sondern ihn auch in seiner Spätzeit noch gelten läßt, ein weiteres starkes Indiz dafür, daß der oben dargelegte früharistotelische Gerechtigkeitsbegriff noch im wesentlichen derjenige Platons war.

Dieses Ergebnis findet eine seinen Gewißheitsgrad noch mehr verstärkende Bestätigung durch die Schrift Virt. Unter ausdrücklicher Berufung auf Platon[104]) wird die Dreiteiligkeit der Seele gelehrt und jedem Seelenteil die ihm entsprechende Kardinaltugend zugeordnet, so die φρόνησις dem λογιστικόν[105]), die Gelassenheit (πραότης) und die Tapferkeit (ἀνδρεία) dem θυμοειδές[106]), das Maßhalten (σωφροσύνη) und die Enthaltsamkeit (ἐγκράτεια) dem ἐπιθυμητικον[107]). Deutlich zeichnet sich hier auch noch der alte φρόνησις-Begriff ab, der sowohl das weisheitsvolle wie das praktische Denken mitumfaßt, denn eine Aufteilung des verständigen Seelenteils ist dem Aristoteles hier noch unbekannt. Ausdrücklich sagt Aristoteles, daß es nicht nur Aufgabe der φρόνησις sei zu beraten (βουλεύσασθαι), sondern auch das Gute und Böse zu beurteilen (τὸ κρῖναι τὰ ἀγαθὰ καὶ τὰ κακά) und überhaupt alles, was im Leben zu begehren und zu meiden sei usw.[108]). Sie hat also nicht nur einen größeren Umfang als der spätere auf das Praktische beschränkte φρόνοσις-Begriff, sondern ist auch noch unmittelbar auf Gut und Böse gerichtet.

Die Gerechtigkeit wird ebenfalls ganz im platonisch-früharistotelischen Sinne der **ganzen** Seele zugeordnet (ὅλης δὲ τῆς ψυχῆς ἥ τε δικαιοσύνη)[109]). Sie wird jedoch weiter definiert als das Gebührende zuteilende (διανεμητικὴ τοῦ κατ' ἀξίαν) Tugend[110]). Es wird also nur die eine Seite der Definition in Top VI 5 143a 15 (διανεμητικὴ τοῦ

---

[102]) 1138 b 11ff.: ὥσπερ οὖν ἄρχοντι καὶ ἀρχομένῳ εἶναι πρὸς ἄλληλα δίκαιόν τικαὶ τούτοις.

[103]) Daß es sich um eine übertragene Bedeutung handelt, läßt sich gar nicht absolut, sondern nur relativ sagen, nämlich je nachdem, welchen Sprachgebrauch man zu Grunde legt, nämlich entweder den Volkssprachgebrauch, auf den sich — wie später S. 48ff. noch dargetan werden wird — A. stützt, oder den philosophischen Sprachgebrauch Platons. Dafür, daß man den Volkssprachgebrauch als den ursprünglichen ansieht, könnte lediglich die größere Quantität der ihn Bildenden und das historisch Frühere desselben sprechen.

[104]) Virt 1 1249 a 31 (1020).

[105]) Virt 1 1249 a 31 b 26 (1020), 2 1250 a 3 (1020).

[106]) Virt 2 1250 a 4—6 (1020f.).

[107]) Virt 2 1250 a 7—10 (1021).

[108]) Virrt 4 1250 a 30ff. (1022).

[109]) Virt 1 1249 b 28 (1020).

[110]) Virt 2 1250 a 12 (1021).

ἴσον) erwähnt, dabei aber der Gedanke der Gleichheit weggelassen. Damit wird die in der MM und NE herausgebildete zweite Art der Gerechtigkeit schon angedeutet, was noch deutlicher dadurch wird, daß die ihr entsprechende Ungerechtigkeit u. a. als die Gewinnsucht (κλεονεξία) bezeichnet wird[111]. Ferner wird es als Aufgabe der Gerechtigkeit dargestellt, die vaterländischen Gewohnheiten und Bräuche zu bewahren (σώζειν τὰ πάτρια ἔθη καὶ τὰ νόμιμα) und die geschriebenen Gesetze (τοὺς γεγραμμένους νόμους) zu befolgen[112], ferner die Wahrheit zu sagen, wo es darauf ankomme[113], und sein Wort zu halten[114]. Sogar die dem griechischen Sprachgebrauch der damaligen Zeit durchaus geläufige Inbeziehungsetzung der Gerechtigkeit zur Frömmigkeit (εὐσέβεια)[115] wird nicht vergessen, wenn die Frömmigkeit als Teil oder als Wirkung der Gerechtigkeit bezeichnet wird[116]. Sogar noch zu weiteren Tätigkeiten der Seele tritt die Gerechtigkeit in Beziehung, wenn von der Ungerechtigkeit außer dem zu dem für die Gerechtigkeit Ausgeführten Endgegensetzten ferner als ihre Folge Verleumdung, Prahlerei, erheuchelte Menschenliebe, Arglist und Ruchlosigkeit geschildert werden[117].

Was die Gerechtigkeit anbelangt, so enthält damit diese Skizze ebenso wie hinsichtlich der anderen in ihr geschilderten Tugenden eine den vielfältigen griechischen Sprachgebrauch zugrundelegende bloße Aufzählung von Bedeutungen des Wortes Gerechtigkeit, als deren erste die platonische auftritt, welche die Gerechtigkeit der ganzen Seele zuordnet. Neben dieser bloßen Aufzählung geht sie hinsichtlich allgemeiner ethischer Fragen über platonische Auffassungen nicht hinaus. Sie steht noch ganz auf dem Boden der Lehre von der Dreiteiligkeit der Seele. Der tugendhafte Zustand wird entsprechend der platonischen und früharistotelischen Auffassung darin gesehen, daß die Tugend alle Teile der Seele in Einklang bringt (συμφωνοῦσαν κατὰ πάντα τὰ μέρη)[118]. Der sittlich gute Zustand der Seele wird sogar ganz im platonischen Sinne mit dem des guten Staates verglichen[119].

Die Frühschriften, welche über die damaligen ethischen Auffassungen des Aristoteles Auskunft geben, bringen also neben einer Bestätigung der äußerst großen Mannigfaltigkeit der Bedeutungen der Gerechtigkeit im griechischen Sprachgebrauch durch die Schrift Virt den Nachweis eines philosophischen Gerechtigkeitsbegriffs, der im

---

111) Virt 7 1251 a 30 (1026). 112) Virt 5 1250 b 17ff. (1023).

113) Virt 5 1250 b 18f. (1023); hiermit verwendet A. einen damals bereits bestehenden Sprachgebrauch, der die G. mit der Wahrheit identifizierte; vgl. hierzu Hirzel II S. 108ff.

114) Virt 5 1250 b 19 (1023); auch diese Bedeutung der G. war eine dem damaligen griechischen Sprachgebrauch durchaus geläufige; vgl. Hirzel II S. 188. 115) Vgl. Hirzel II S. 180 Anm. 3.

116) Virt 5 1250 b 22f. (1023f.).

117) Virt 7 1251 b 2f. (1026). 118) Virt 8 1251 b 28 (1027).

119) Virt 8 1251 b 29f. (1027).

wesentlichen demjenigen Platons entspricht. Unabhängig vom Sprachgebrauch entwickelt sich dieser Gerechtigkeitsbegriff aus der Seelenlehre, die mit der Tugendlehre verbunden wird. Aus dem Begriff des richtig geordneten Menschen werden das Wesen und die Aufgabe der Tugenden bestimmt. Der Begriff der Gerechtigkeit ergibt sich damit nicht aus dem Sprachgebrauch, also durch die Erfahrung, sondern aus dem philosophischen Begriff des Menschen, aus der Vernunft. Der frühäristotelische Begriff der Gerechtigkeit ist demnach genau so wie der platonische ein idealistischer. Wie die frühäristotelischen ethischen Auffassungen nach diesen Frühschriften überhaupt in ihren Grundzügen der platonischen Ethik entsprechen, so gilt dies also insbesondere auch für die Gerechtigkeit, welche dem Aristoteles genau wie Platon als eine Grundtugend erscheint, welche die richtige Ordnung der dreiteiligen menschlichen Seele und damit auch der Werte herstellt.

III. Der spätaristotelische empiristische Gerechtigkeitsbegriff.

Diesen frühen, demjenigen Platons gleichkommenden idealistischen Gerechtigkeitsbegriff gibt Aristoteles nun in seinen Ethiken mitsamt anderen grundlegenden ethischen Auffassungen auf. Durch eine mehr naturwissenschaftlich psychologisch gesehene veränderte Seelenlehre tritt eine Zersplitterung derselben und damit auch der Tugendlehre ein. Demzufolge bestimmt sich die Gerechtigkeit nicht mehr aus dem Begriff des richtig geordneten Menschen, sondern wie dieser mehr erfahrungsmäßig gesehen wird, gewinnt Aristoteles auch den Begriff der Gerechtigkeit nunmehr aus der Erfahrung, nämlich aus dem Sprachgebrauch. An die Stelle des idealistischen tritt ein empiristischer Gerechtigkeitsbegriff.

Im folgenden wird zur Verdeutlichung dessen zunächst dargestellt werden, wie es zu der veränderten Tugendlehre, zu dieser sozusagen psychologistischen Zersplitterung und damit auch zum veränderten Begriff der Gerechtigkeit kommt. Auf diese Schilderung des Übergangs wird dann die Darlegung des endgültigen spätaristotelischen Gerechtigkeitsbegriffs folgen.

1. Der Übergang vom früh- zum spätaristotelischen Gerechtigkeitsbegriff.

Bereits in der Top findet sich das Bestreben [120]), außer den vier Kardinaltugenden auch weitere Tugenden und Laster bzw. überhaupt seelische Vorgänge den einzelnen Seelenteilen zuzuordnen. Dieses mehr den Empiriker und Naturwissenschaftler erkennen lassende Bestreben brachte naturgemäß zahlreiche Einordnungsschwierigkeiten mit sich, die für Aristoteles wahrscheinlich zu einem Hauptbeweggrund für die

[120]) Wie v. Arnim I S. 54ff. im einzelnen nachgewiesen hat.

Aufgabe der Lehre von der Dreiteiligkeit der Seele wurden[121]). In der MM geht Aristoteles an einer einzigen Stelle[122]) noch von der Dreiteiligkeit der Seele im platonischen und früharistotelischen Sinne aus. Bereits einige Sätze weiter, wo Aristoteles ausdrücklich von der Einteilung der Seele spricht, teilt er dieselbe in zwei Teile ein, nämlich in den vernünftigen (λόγον ἔχον) und den vernunftlosen Seelenteil (ἄλογον ἔχον)[123]) oder auch den rationalen und irrationalen Seelenteil. Und zwar entsteht diese Zweiteilung durch die Zusammenfassung des triebhaft begehrenden (ἐπιθυμητικόν) und des fühlenden Seelenteils (θυμοειδές) zu einem vernunftlosen Seelenteil[124]). Andererseits ist Aristoteles aber wieder inkonsequent, wenn er trotzdem noch drei Arten des Begehrungsvermögens (ὄρεξις) nennt, nämlich das triebhafte Begehren (ἐπιθυμία), das Mutgefühl, den Lebensmut (θυμός) und das (absichtsvolle) Wollen (βούλησις)[125]), also die dem triebhaft begehrenden, dem fühlenden und dem verständigen Seelenteil zugeordneten Formen des Begehrungsvermögens. Es zeigt sich hierbei ferner, daß Aristoteles noch von der Selbständigkeit der Seelenteile ausgeht, sonst könnte er nicht jedem Seelenteil, insbesondere nicht dem verständigen Seelenteil, ein selbständiges Begehrungsvermögen zubilligen. Dem vernünftigen Seelenteil ordnet er dann Fähigkeiten wie die φρόνησις[126]), die Weisheit (σοφία), das Erinnerungsvermögen (μνήμη), dem vernunftlosen solche wie das Maßhalten (σωφροσύνη), die Gerechtigkeit (δικαιοσύνη), die Tapferkeit (ἀνδρία) zu, wobei er nur die letzteren, also die dem vernunftlosen Seelenteil zugeordneten Fähigkeiten sogenannte Tugenden (ἀρεταὶ λεγόμεναι) nennt[127]). Es ist also nicht nur die Lehre von der Dreiteiligkeit der Lehre von der Zweiteiligkeit der Seele gewichen[128]), sondern die enge Verbundenheit der Tugenden mit den Seelenteilen wird von einer mehr naturwissenschaftlichen Analyse der Fähigkeiten dieser beiden Seelenteile abgelöst, die natürlich einteilungsmäßig durch die Aufgabe der Dreiteiligkeitslehre sehr erleichtert wird, bei der jedoch die primäre Bedeutung derselben für die Tugend- und Wertlehre verloren geht.

Der vernünftige Seelenteil wird jedoch von Aristoteles wieder in einen wissenden (τὸ ἐπιστη μονικόν) und in einen überlegenden (τὸ βουλευτικὸν oder auch τὸ προαιρετικὸν) eingeteilt[129]). Beides zusammen ergibt den vernünftigen Seelenteil, der gelegentlich auch noch mit dem früharistotelischen oder platonischen Ausdruck τὸ λογιστικὸν bezeichnet wird[130]).

---

[121]) Wie v. Arnim I S. 54 wohl mit Recht vermutet.
[122]) MM I 4 1185 a 21 (923). [123]) MM I 5 1185 b 3ff. (924): ἔστι δ' ἡ ψυχή, ὡς φαμέν, εἰς δύο μέρη διῃρημένη, εἴς τε λόγον ἔχον καὶ ἄλογον.
[124]) Arnim I S. 7. [125]) MM I 12 1187 b 36f. (931).
[126]) Über deren Bedeutung in den Ethiken vgl. unten S. 39f.
[127]) MM I 5 1185 b 5ff. (924). [128]) Vgl. auch v. Arnim I S. 7.
[129]) MM I 35 1196 b 16f., 27 (960f.). [130]) MM II 10 1208 a 10 (998).

Ebenso findet sich in der MM bereits die Andeutung einer Zweiteilung des vernunftlosen Seelenteils, insofern Aristoteles von einem das Wachstum fördernden Prinzip (θρεπτικόν) spricht, das er als für die Tugendlehre unbrauchbar nachweist, weil ihm weder Begehren (ὁρμή) noch Tätigkeit (ἐνέργεια) und daher keine Glückseligkeit zukomme[131]), und das dadurch konkludent zu demjenigen Teil des vernunftlosen Seelenteils in Gegensatz gestellt wird, dem diese Fähigkeiten zukommen.

Entsprechend dieser stark veränderten Lehre von den Seelenteilen wandelt sich auch die Tugendlehre. Dem vernünftigen Seelenteil werden die Wissenschaft (ἐπιστήμη), die φρόνησις, die Vernunft (νοῦς), die Weisheit (σοφία) und das Mutmaßen (ὑπόληψις) zugeordnet[132]). Es fällt hierbei und insbesondere in den weiteren Ausführungen auf, daß sich der Begriff der φρόνησις stark gewandelt hat. Umfaßt er in der Top noch sowohl die ἐπιστήμη im platonischen Sinne wie auch das praktische Denken[133]), so versteht Aristoteles nunmehr unter dem Begriff der φρόνησις nur mehr die auf das Praktische (τὰ πρακτά) gerichtete Tätigkeit des vernünftigen und folglich noch genauer des überlegenden Seelenteils[134]), während die ἐπιστήμη nur auf das Gewußte (ἐπιστητόν) gerichtet und damit sowohl scharf von der φρόνησις getrennt, als auch notwendigerweise einem anderen Teil des vernünftigen Seelenteils, nämlich dem wissenden (ἐπιστημονικόν), zugeordnet ist[135]). Daß die φρόνησις nur einer Seite des vernünftigen Seelenteils (gemeint ist damit notwendig das βουλευτικόν, die überlegende Seite) angehört, sagt Aristoteles ausdrücklich[136]). Die σοφία (die Weisheit, das weisheitsvolle, auf das Ewige und Göttliche gerichtete Denken[137])) gehört dagegen der wissenden Seite des vernünftigen Seelenteils (dem ἐπιστημονικόν) an. Sie wird ausdrücklich zur φρόνησις in Gegensatz gestellt, als das auf das Ewige und Göttliche (τὸ ἀΐδιον καὶ τὸ θεῖον) gerichtete Denken[138]), während die φρόνησις auf das für den Menschen Zweckmäßige (τὸ συμφέρον ἀνθρώπῳ) gerichtet ist[139]). Von der σοφία wird ausdrücklich gesagt, daß sie etwas Besseres als die φρόνησις sei[140])[141]).

Gegenüber der einheitlicheren Auffassung von der dem denkenden Seelenteil zugeordneten Tugend, die in erster Linie auf das Ideenhafte gerichtet war, gleichzeitig aber auch das praktische Denken mitumfaßte, wie es bei dem früharistotelischen φρόνησις-Begriff der Fall war, findet sich also bereits zur Zeit der MM ein stark herabgesun-

[131]) I 4 1185 a 14—35 (922f.). [132]) MM I 35 1196 b 36f. (961).
[133]) Vgl. oben S. 27f. [134]) MM I 35 1197 a 1 (961).
[135]) MM I 35 1196 b 38 (961). [136]) MM I 35 1197 b 5ff. (963).
[137]) MM I 35 1197 b 8ff. (963). [138]) MM I 35 1197 b 8 (963).
[139]) MM I 35 1197 b 9 (964).
[140]) MM I 35 1198 b 10 (967), 1197 b 6f. (963).
[141]) Zum spätarist. φρόνησις-Begriff vgl. auch Loening S. 27ff.

kener und auf das praktische Denken beschränkter φρόνησις-Begriff. Die ursprünglich primäre Bedeutung seines Begriffs, das weisheitsvolle, das moralische Denken, wird nunmehr durch den Ausdruck σοφία bezeichnet. Entsprechend diesem bedeutungsmäßigen Herabsinken gehört er auch nur mehr der überlegenden Seite des vernünftigen Seelenteils an. Das in der Frühauffassung noch seinem Wesen nach zum triebhaft begehrenden Seelenteil gehörige Maßhalten und die früher zum fühlenden Seelenteil gehörige Tapferkeit sowie schließlich auch die ursprünglich auf alle Seelenteile bezogene Gerechtigkeit werden nunmehr unterschiedslos dem vernunftlosen Seelenteil zugeordnet [142]).

Wie trotz dieser starken Wandlungen Ähnlichkeiten mit der platonischen Lehre fortbestehen z. B. in der Lehre von der Selbständigkeit der Seelenteile [143]), so wird auch in der MM noch die Lehre von dem hierarchischen Verhältnis der Seelenteile vertreten, so z. B. wenn gesagt wird, daß der vernunftlose Seelenteil nur dann und deswegen Lob verdiene, wenn er dem vernünftigen gehorche [144]) oder daß der vernünftige Seelenteil nicht durch den vernunftlosen in seiner Tätigkeit gehindert werden dürfe [145]), daß er der vorzüglichere gegenüber dem geringeren sei [146]) und ferner daß die nicht von der Vernunft, also nicht von dem vernünftigen Seelenteil geleiteten Triebe und Begehrungen nach Handlungen der Tapferkeit, der Gerechtigkeit und der übrigen Tugenden [147]), daß also die nicht von der Vernunft geleitete „natürliche" Tugend (ἡ φυσικὴ ἀρετὴ αὔτη ἡ ἄνιυ λόγου) [148]) erst verbunden mit der Vernunft zur vollkommenen Tugend werden (... μετὰ λόγου οὖσαι τελεως ἀρεταί...) [149]). Er setzt hinzu, daß umgekehrt die Vernunft und der Vorsatz allein noch nicht die vollkommene Tugend ausmachten, sondern das natürliche Begehren (ἡ φυσικὴ ὁρμή) hinzukommen müsse [150]). Es ist demnach noch wie in der platonischen Lehre eine Wertordnung zwischen den beiden Seelenteilen ersichtlich. Die Funktion dieser Wertordnung als Erzeugerin der richtigen Ordnung, der moralischen Gesundheit des Menschen, — wie sie bei Platon und dem Aristoteles der Top aufgefaßt wurde — ist aber bereits erheblich beeinträchtigt. Ein wesentliches Wirkelement dieser Wertordnung, das θυμοαιδές, das Fühlen, ist ununterschieden mit dem untersten Element, dem ἐπιθυμητικόν, dem triebhaften Wollen, zusammengewürfelt. Die Beachtung dieser Wertordnung läuft schon mehr auf eine mehr empiristische, naturwissenschaftlich feststellende Beobachtung dessen hinaus, welche Elemente die Tugend ausmachen. Die Wertordnung der MM ist — abgesehen davon, daß

---

[142]) MM I 5 1185 b 7 f. (924). [143]) Vgl. oben S. 38.
[144]) MM I 5 1185 b 12 f. (924). [145]) MM II 10 1208 a 9 ff. (998).
[146]) MM II 10 1208 a 12 ff. (998). [147]) MM I 35 1197 b 39—1198 a 1 (965). [148]) MM I 35 1198 a 3 f. (965).
[149]) MM I 35 1198 a 2 f. (965). [150]) MM I 35 1198 a 8 f. (965).

sie eines wesentliches Elementes beraubt ist — eben schon mehr eine passive Bewertung, sie ist nicht mehr das wirkende, die seelische, die moralische Gesundheit des Menschen erzeugende Prinzip. Diese Wertordnung büßt dadurch — beiläufig gesagt — überhaupt auch ihre Bedeutung für eine dem Universum zugrundeliegende Werthierarchie ein.

Ist dem aber so, ist also aus der Wertordnung eine bloße Bewertung geworden, so muß Aristoteles sich als Kriterium des guten Menschen bzw. — wie er es bestimmt — als Kriterium der den guten bzw. glückseligen Menschen bewirkenden Tugenden ein anderes suchen. Hierzu führt er den schematischen Begriff der Mitte (μεσότης) ein[151]). Er sieht in der Tugend — bezeichnenderweise wieder in sehr naturwissenschaftlicher Sicht — eine Mitte zwischen den Erregungen[152]) und zwar eine Mitte zwischen dem Zuviel und dem Zuwenig in den Erregungen (ἡ μεσότης ἐνδείας καὶ ὑπερ βολῆς τῆς τῶν παθῶν.....)[153]). So ist das Maßhalten (σωφροσύνη) die Mitte zwischen der Zuchtlosigkeit und der Gefühllosigkeit in der Lust (μεσότης ἀκολασίας καὶ ἀναισθησίας τῆς περὶ τὰς ἡδονάς)[154]), die Gelassenheit (πραότητος) die Mitte zwischen der Zornmütigkeit und der Zornlosigkeit (μέσον ὀργιλότητος καὶ ἀοργησίας)[155]), die Freigebigkeit (ἐλευθεριότης) diejenige zwischen Geiz und Verschwendung (μεσότης ἀσωτίας καὶ ἀνελευθερίας)[156]) usw.

Aber auch eine weitere bedeutsame Folge mußte dieses Herabsinken der die moralische Gesundheit bewirkenden Wertordnung zur bloßen Bewertung schließlich notwendig haben, nämlich einen Bedeutungswandel der sie verkörpernden Tugend, der frühareistotelischen und platonischen Gerechtigkeit. So findet sich in der MM demnach auch tatsächlich der früharistotelische idealistische, dem platonischen entsprechende Gerechtigkeitsbegriff nicht mehr wieder. Zwar erscheint die Gerechtigkeit auch hier wieder u. a. sozusagen als eine Grundtugend, indem sie wieder in Beziehung zu den anderen Tugenden tritt, aber ihre Bedeutung ist eine ganz andere geworden, nämlich im wesentlichen bereits diejenige, die auch das letzte und bedeutendste System der aristotelischen Ethik, die NE aufweist.

Das Recht und damit die Gerechtigkeit hat — so sagt Aristoteles eingangs — eine Doppelbedeutung[157]). Einerseits ist Recht das Gesetzliche, das dem Gesetz Angemessene (... τὸ μέν ἐστι κατὰ νόμον)[158]). Für Recht werde ja erklärt, das Gesetz auszuüben (ὁ νόμος προστάττει)[159]). Das Gesetz aber gebiete, Tapferkeit, Maßhalten und überhaupt alle Tugenden auszuüben[160]). Daher — so fährt Aristoteles

---

151) MM I 7 1186 a 26f. (926), vgl. auch oben S. 14.
152) MM I 8 1186 a 33f. (927), I 9 1186 b 33f. (928), II 3 1200 a 31 (973).
153) MM II 3 1200 a 33f. (973). 154) MM I 22 1191 a 32f. (942f.).
155) MM I 23 1191 b 24f. (944). 156) MM I 24 1191 b 39 (944).
157) MM I 34 1193 b 2 (950). 158) MM I 34 1193 b 2f. (950).
159) MM I 34 1193 b 3 (950).
160) MM I 34 1193 b 3—5 (950): ὁ δὲ νόμος κελεύει τἀνδρεῖα πράττειν κα τὰ σώφρονα, καὶ ἁπλῶς ἅπαντα ὅσα κατὰ τὰς ἀρετὰς λέγεται.

fort — werde die Gerechtigkeit als eine Art vollendeter Tugend bestimmt[161]). Diese Schlußfolgerung erläutert er noch ausführlicher, indem er folgert: Wenn Recht sei, was das Gesetz zu tun gebiete, das Gesetz aber die Ausübung jeder Tugend vorschreibe, so werde folglich derjenige, der das im Gesetz enthaltene Recht beobachte, vollkommen tugendhaft und mithin die Gerechtigkeit eine Art vollkommener Tugend sein[162]). Diese eine Art von Gerechtigkeit könne aber dem Menschen in seinem Verhältnis zu sich selbst (καθ' ἑαυτόν) zukommen[163]), wie er auch in seinem Verhältnis zu sich selbst die Tugenden des Maßhaltens, der Tapferkeit und der Enthaltsamkeit besitzen könne[164]). Diese dem Menschen in seinem Verhältnis zu sich selbst zukommende eine Art der Gerechtigkeit wird ausdrücklich in Gegensatz gestellt zu der anderen Art der Gerechtigkeit, welche die Gleichheit im Verkehr der Menschen untereinander zum Gegenstand hat[165]) und daher notwendig auf den anderen (πρὸς ἕτερον) bezogen sei[166]) und dem Menschen nicht in seinem Verhältnis zu sich selbst zukommen könne[167]).

Die Gerechtigkeit ist also nicht mehr die den harmonischen Seelenzustand, die richtige Wertordnung, die moralische Gesundheit bewirkende Tugend, sondern sie ist vielmehr die Befolgung des νόμος[168]), und daher die Ausübung jeglicher anderer Tugend, insofern sie durch den νόμος geboten wird. Insoweit sie somit die Befolgung aller anderen Tugenden gebietet, als Summe, als Vereinigung aller Tugenden, ist sie die vollkommene Tugend. Da es sich bei dieser Gerechtigkeit aber um die Befolgung des νόμος und der durch ihn gebotenen Tugenden handelt, diese aber nicht notwendig einen Verkehr irgendeiner Art mit anderen Menschen verlangen, z. B. das Maßhalten geübt werden kann, ohne daß ein anderer daran als Objekt oder Subjekt beteiligt ist, ohne daß der Mäßige zu einem anderen in Beziehung tritt, erfordert sie insoweit nicht notwendig die Beziehung zu einem anderen (πρὸς ἕτερον), sondern kann vom Menschen in seinem Verhältnis zu sich selbst (καθ' ἑαυτόν) ausgeübt werden.

Es sind also — kurz gesagt — drei Kerngedanken, welche diesen an die Stelle der früharistotelischen Auffassung getretenen Gerechtigkeitsbegriff ausmachen.

1. Aus der inneren, die richtige Seelenordnung bewirkenden Gerechtigkeit ist eine ganz andere, nämlich die die νόμος-Befolgung anordnende Tugend geworden.
2. Insofern sie die Ausübung der Summe sämtlicher durch den νόμος angeordneter Tugenden darstellt, ist sie die vollkommene Tugend.

---

161) MM I 34 1193 b 5f. (950). 162) MM I 34 1193 b 6—10 (950).
163) MM I 34 1193 b 13 (950). 164) MM I 34 1193 b 14f. (950).
165) MM I 34 1193 b 24 (950). 166) MM I 34 1193 b 15f. (950).
167) MM I 34 1193 b 16ff. (950).
168) Über den Begriff νομός vgl. unten S. 54ff.

3. Für ihre handlungsmäßige Ausübung ist ein anderer als Objekt nicht begrifflich notwendig, sondern ein einzelner Mensch kann sie hinsichtlich ihrer handlungsmäßigen Ausübung genau so wie die durch sie befohlenen Tugenden ohne Bezugnahme auf einen anderen, vielmehr in seinem Verhältnis zu sich allein (καθ' ἑαυτόν) betätigen.

Zu diesem aus dem griechischen Sprachgebrauch entwickelten veränderten aristotelischen Gerechtigkeitsbegriff tritt in der MM noch ein weiterer. Bereits in der Top [169]) hatte Aristoteles die Gerechtigkeit als einen Gleichheit beim Verteilen bewirkenden Habitus definiert. Damit schließt er sich nicht nur an eine schon von Platon neben seiner primären Definition der Gerechtigkeit erkannten Seite der Gerechtigkeit an [170]), sondern vielmehr an eine im griechischen Sprachgebrauch bereits durchaus gebräuchliche [171]) Art des so vielfältigen Gerechtigkeitsbegriffs, welche die Gerechtigkeit mit der Gleichheit in Verbindung brachte.

Dies wird von Aristoteles in der MM [172]) weiter ausgebaut. Neben die beschriebene ausübungsmäßig vom Menschen in seinem Verhältnis zu sich mögliche Art der Gerechtigkeit tritt eine andere, von ihr verschiedene, nämlich diejenige Gerechtigkeit und dasjenige Recht, welche die Beziehung zum anderen (πρὸς ἕτερον) zur Voraussetzung haben [173]). Sie wird mit der Gleichheit (τὸ ἴσον) gleichgesetzt [174]), und zwar handelt es sich dabei — wie schon ausgeführt — um die Gleichheit im Verkehr [175]). Hieraus folgt, daß diese Art der Gerechtigkeit für ihre Ausübung immer das Vorhandensein eines anderen erfordert. Es müssen zumindest zwei [176]), es muß ein Verhältnis von Personen gegeben sein [177]).

Diese mit der Gleichheit zusammenhängende Gerechtigkeit besteht nun darin, daß man sich selbst Gleiches zuteilt, nämlich weder den größeren Teil der Güter, noch den kleineren der Übel [178]), daß man also das Gleiche beansprucht [179]). Sie stellt sich also als die den eigenen Gewinnbetrieb (πλεονεξία) betreffende Tugend dar, was auch dadurch bekräftigt wird, daß sie auf die Mitte zwischen einem Zuviel und einem Zuwenig geht [180]).

---

[169]) Vgl. oben S. 32.
[170]) Vgl. oben S. 33 Anm. 92.
[171]) Vgl. oben S. 21ff.
[172]) MM I 34 1193 b 19ff. (950ff.).
[173]) MM I 34 1193 b 15f. (950).
[174]) MM I 34 1193 b 19f. (950).
[175]) Vgl. oben S. 42 Anm. 165.
[176]) MM I 34 1193 b 30f. (951).
[177]) MM I 34 1193 b 35f. (951).
[178]) MM I 34 1193 b 20—23 (950).
[179]) MM I 34 1193 b 30 (951).
[180]) MM I 34 1193 b 25f. (951); vgl. auch Arnim I S. 19ff. Wie v. Arnim I S. 21 richtig bemerkt, wird diese Auffassung der Gerechtigkeit als Regelung des eigenen Gewinntriebs auch in der Darstellung dieser G. im Staat in MM I 34 1193 b 37 (951) bis 1194 a 25 (952) nicht aufgegeben. Überdies ist dieser Abschnitt, welcher eigentlich nur die praktische Verwendung dieser G. im wirtschaftlichen Verkehr zeigt, ein weiterer Beweis

Damit wird zur inhaltlichen Bestimmung dieser Gerechtigkeit der in der MM neu eigeführte Begriff der Mitte verwandt, die sich nach dem schon früher Ausgeführten als eine solche zwischen dem Zuviel und dem Zuwenig in den Erregungen darstellt[181]). Auch dies ist ein Beweis dafür, daß diese Art der Gerechtigkeit in der MM als die Mitte innerhalb des πάθος des Gewinnbetriebs erscheint. Die Mitte wird nun von Aristoteles in der Gleichheit gesehen[182]), und zwar geht er dabei von einem verhältnismäßig Gleichen (ἀνάλογον ἴσον) aus[183]). Aus den hierfür verwandten Beispielen, nämlich daß es verhältnismäßig sei, wenn der Reiche hohe Steuern zahle, der Arme niedrige, und ferner wenn derjenige, welcher viel geleistet habe, viel, derjenige, welcher wenig geleistet habe, wenig empfange[184]), geht hervor, daß Aristoteles nicht die Personen einfach gleichsetzt, sondern es vielmehr auf sachliche Gesichtspunkte, nämlich bei den Steuern auf das Vermögen, bei den Bezahlungen oder Löhnen auf die Leistung abstellt. Ein Beispiel dafür, daß es einmal auf die Person als solche ankommt, fehlt dagegen, wie Aristoteles damit auch eine dementsprechende, die Personen als solche gleichsetzende Gerechtigkeit hier noch nicht kennt.

Diese Gerechtigkeit wird von Aristoteles als die dem Wirtschaftsverkehr zugrundeliegende geschildert[185]) und dies u. a. an dem Beispiel des Schusters und des Baumeisters gezeigt, zwischen denen — wie überall im Wirtschaftsverkehr — ein Austausch ihrer Leistungen stattfinde. Dabei werde, weil diese Leistungen als einmalige gesehen verschiedenen Wert hätten, wie z. B. ein Haus wertvoller sei als ein Paar Schuhe, durch die das verhältnismäßig Gleiche schaffende Gerechtigkeit die Gleichheit hergestellt[186]).

Als in dieser Art der Gerechtigkeit enthalten wird schließlich das Recht der Wiedervergeltung (τὸ ἀντιπεπονθός) dargetan[187]). Dieses sei zwar unrichtig in der Fassung der Pythagoreer, die es als Recht angesehen hätten, daß jemand das, was er tue, auch wieder leiden müsse[188]). Diese Wiedervergeltung sei aber nur dann Recht, wenn sie verhältnismäßig erfolge. So müsse der einen Freien schlagende Sklave um so viel mehr Schläge erhalten als der einen Sklaven schlagende Freie, als der Freie besser sei, als der Sklave[189]). Aristoteles verwirft also auch hier wieder eine einfache Gleichsetzung der Personen und fordert vielmehr eine Gleichsetzung nach sachlichen Gesichtspunkten, eine verhältnismäßige Gleichheit.

---

dafür, daß sich das πρός ἕτ auf die handlungsmäßige, äußere Ausübung dieser Tugend bezieht. [181]) Vgl. oben S. 41 Anm. 152.

[182]) MM I 34 1193 b 28 f. (951). [183]) MM I 34 1193 b 37 (951).

[184]) MM I 34 1193 b 39 (951) bis 1194 a 3 (951).

[185]) MM I 34 1194 a 6—25 (952). [186]) MM I 34 1194 a 18 ff. (952).

[187]) MM I 34 1194 a 28 (953).

[188]) MM I 34 1194 a 29 f. (953); vgl. auch oben S. 22 Anm. 28.

[189]) MM I 34 1194 a 31 ff. (951).

Zusammengefaßt ergibt sich also folgendes: Neben die die Gesetzesbefolgung anordnende Gerechtigkeit tritt eine weitere, für welche folgende Punkte kennzeichnend sind:

1. Sie ist die den eigenen Gewinnbetrieb regelnde Tugend und liegt damit dem gesamten Verkehr der Menschen untereinander und mit dem Staate zugrunde.
2. Sie erfordert für ihre handlungsmäßige Ausübung die Beziehung zum anderen als begriffliche Notwendigkeit.
3. Inhaltlich wird sie bestimmt durch die Mitte, welche sich als verhältnismäßige Gleichheit darstellt und sich nach sachlichen Gesichtspunkten, nicht schlechthin nach einer Gleichheit der Personen richtet.
4. Als eine solche verhältnismäßige Gleichheit ist auch die Wiedervergeltung, die auf strafrechtlichem Gebiet angewandt wird, anzuwenden.
5. Einzelne Arten dieser Gerechtigkeit werden nicht unterschieden.

Aristoteles kehrt damit von der spezifisch philosophischen idealistischen Definition der Gerechtigkeit seiner Frühzeit, welche erstmalig Platon entwickelt hatte, zu der bereits oben [190]) nachgewiesenen im griechischen Sprachgebrauch verbreiteten Auffassung von der Gerechtigkeit zurück, welche in ihr den Gehorsam gegen die Gesetze und eine die Gleichheit im Verkehr bewirkende Tugend sah. Beide Begriffe der Gerechtigkeit entsprechen im wesentlichen bereits denjenigen der NE. Sie können daher zusammen mit der letzteren behandelt werden, zumal die bestehenden Abweichungen von dieser erst durch das Ingegensatzstellen deutlich werden.

Die den spätaristotelischen Gerechtigkeitsbegriff erstmalig in aller Ausführlichkeit behandelnde EE stimmt in ihrem Buch IV genau mit Buch V der NE überein, so daß beides im folgenden Teil zusammen erörtert werden kann.

Was im übrigen an der EE für die vorliegende Untersuchung als bedeutsam hervorgehoben werden kann, ist folgendes:

Die EE fährt auf dem durch die MM beschrittenen Weg fort. Auch in ihr findet sich an Stelle der noch in der Top und in der Schrift Virt vertretenen Lehre von der Dreiteiligkeit die in der MM entwickelte Lehre von der Zweiteilung der Seele [191]). Deutlicher als in der MM wird hier hervorgehoben, daß der vernunftlose Seelenteil seinerseits zwei Seiten hat [192]), wovon die eine als an dem vernünftigen Seelenteil teilhabende (λόγου μετέχον) bezeichnet wird, nämlich insofern, als ihr von dem vernünftigen Seelenteil befohlen wird und sie ihm ge-

---

[190]) Vgl. oben S. 21 Anm. 17, S. 22ff.
[191]) EE II 1 1219 b 28 (767), 1220 a 8 ff. (768), II 4 1221 b 28 ff. (775).
[192]) Was v. Arnim I S. 6f. richtig hervorhebt.

horcht[193]). Die andere Seite des vernunftlosen Seelenteils — die einige Zeilen vorher kurz gestreift wurde nämlich das das Wachstum fördernde Prinzip (τὸ θρεπτικόν)[194] —, die in einem anderen Sinn vernunftlos ist, nämlich insofern sie an dem vernünftigen Seelenteil noch nicht einmal teilnimmt, soll nach des Aristoteles Worten nicht weiter behandelt werden[195]. Daß auch der vernünftige Seelenteil in der EE in zwei Seiten unterteilt wird (nämlich in die wissende oder theoretische — ἐπιστημονικόν, θεωρητικόν, νοῦς — und die überlegende oder praktische — βουλευτικόν, προαιρετικόν —) hat v. Arnim trotz des in den hierfür wichtigen Stellen verdorbenen Textes überzeugend nachgewiesen[196].

Findet sich insoweit gegenüber der MM keine Abweichung, so zeigt bereits der Umstand, daß die eine Seite des vernunftlosen Seelenteils als an dem vernünftigen Seelenteil teilhabende (λόγου μετέχου) bezeichnet wird, daß die früharistotelische und auch noch in der MM herrschende Auffassung von der Selbständigkeit der Seelenteile, die mit dem Begehrungs- auch das nötige Vorstellungsvermögen verbanden, hier eine erste Einschränkung erfährt. Denn der Umstand, daß dieser Seite des vernunftlosen Seelenteils (ἄλογον ἔχον λόγου μετέχου) die Vernunft nur insofern zukommt, als sie — also der vernünftige Seelenteil (λόγον ἔχον) — ihr befiehlt, zeigt, daß Aristoteles — entsprechend der bereits festgestellten Tatsache des Herabsinkens der Wertordnung der Seelenteile zu einer bloßen Bewertung — mit einer gewissen Wahrscheinlichkeit dem vernunftlosen Seelenteil kein eigenes Vorstellungsvermögen mehr zubilligt[197]), denn gerade nur insofern dieses vorstellende Element, die Vernunft, dieser Seite des vernunftlosen Seelenteils befiehlt, nimmt die letztere ja nach des Aristoteles Worten an der Vernunft teil.

Diese Einschränkung wird dann auch besonders deutlich, wenn Aristoteles Zweifel daran erkennen läßt, ob die Seele aus Teilen be-

---

[193]) EE II 1 1219 b 28 ff. (767). [194]) EE II 1 1219 b 21 (767).

[195]) EE II 1 1219 b 31 f. (767), vgl. auch EE II 1 1219 b 37 (768).

[196]) I S. 11, 27 ff., 38.

[197]) Andererseits folgert v. Arnim I S. 11 aus der genannten Stelle EE 1219 b 28 ff., daß der Umstand, daß der vernünftige Seelenteil der einen Seite des vernunftlosen befehle, voraussetze, daß er das Gute nicht nur erkenne, sondern auch wolle. Wenn dieser Schluß auch nicht zwingend ist, weil die Möglichkeit offen bleibt, daß das wollende, begehrende Element jeder Tätigkeit dem vernunftlosen Seelenteil entspringt und der vernünftige Seelenteil nur insoweit „befiehlt", als er dem aus dem vernunftlosen Seelenteil entstammenden Wollen durch sein Vorstellungsvermögen die rechte Richtung gibt, so spricht doch der Umstand für ihn, daß A. nichts dergleichen sagt und insbes. nicht sagt — was hiernach erforderlich wäre —, daß der vernünftige Seelenteil umgekehrt an dem vernunftlosen teilnehme, insofern er dessen Wollen benutze.

stehe oder ob sie nur verschiedene Kräfte, Vermögen (δυνάμεις) besitze[198]).

Das Herabsinken der φρόνησις zu einer auf die bloß praktische Vernunft gerichteten Tätigkeit, das bereits in der MM festgestellt werden konnte, trifft auch für die EE zu[199]).

Die MM und die EE zeigen also deutlich, wie sich die ethischen Auffassungen des Aristoteles in erheblichen Punkten ändern und insbesondere wie sich dadurch der Gerechtigkeitsbegriff wandelt. Die empirische Methode des Aristoteles führt zu einer nahezu naturwissenschaftlichen und psychologistischen Seelenlehre. An die Stelle der Dreiteiligkeitslehre tritt die Lehre von der Zweiteiligkeit der Seele, wobei zuletzt keine selbständigen Seelenteile, sondern nur mehr bloße Vermögen angenommen werden. Hinzu treten noch weitere Unterteilungen. Mit dieser naturwissenschaftlichen Sezierung der Seele wird die Grundlage der platonischen Tugendlehre zerstört, welche auf einer weniger naturwissenschaftlichen, sondern primär ethisch wertmäßigen, aus dem ideenhaften Denken geschaffenen Seelenlehre beruhte. Damit geht auch die Bedeutung der platonischen Ordnung der Werte weitgehend verloren, welche zu einer bloßen Bewertung dessen herabsinkt, welche dieser Seelenvermögen zusammenwirken müssen, wenn ein tugendhaftes Verhalten entstehen soll.

Zwangsläufig ändert sich damit auch die Tugendlehre. Hatte das wiederum empirisch ausgerichtete Bemühen, die zahlreichen verschiedenen seelischen Vorgänge und die Vielzahl der im griechischen Sprachgebrauch vorhandenen Tugenden sämtlich in der Seelenlehre unterzubringen, zur Aufgabe der platonischen Seelenlehre beigetragen, so vermag sich umgekehrt die Tugendlehre inhaltlich nunmehr auch nicht mehr hinreichend aus der Seelenlehre zu bestimmen. Das zeigt sich deutlich am Bedeutungswandel des φρόνησις-Begriffs, der mit der naturwissenschaftlichen Zersplitterung der Seelenlehre notwendig nicht mehr als der alte einheitliche und umfassende erscheinen, sondern nur mehr eine eingeschränkte Bedeutung haben kann. Ganz besonders gilt dies aber für die Gerechtigkeit. Die an die Stelle der platonischen ethisch wertmäßig gesehenen getretene naturwissenschaftliche Seelenlehre läßt eine Bestimmung der Gerechtigkeit aus der Idee nicht mehr zu. Es muß auf den Sprachgebrauch und damit auf die Erfahrung zurückgegriffen werden. Aus dem platonischen und früharistotelischen idealistischen Gerechtigkeitsbegriff ist der empiristische geworden.

2. Die spätaristotelische Gerechtigkeit.

Dieser empiristische Gerechtigkeitsbegriff, dessen Wurzeln schon in der aristotelischen Frühzeit anzutreffen waren und der übergangs-

---

198) EE II 1 1219 b 32 (767); vgl. auch Arnim I S. 7 ff.

199) Wie v. Arnim I S. 27 ff. in Auseinandersetzung mit Jaeger neuerdings nachgewiesen hat.

mäßig in der MM bereits in seinen Grundzügen erwachsen war, wird nun in der EE und in der NE in voller Breite ausgearbeitet. Es handelt sich hierbei um den Gerechtigkeitsbegriff, der üblich unter Übersehen der verschiedenen Entwicklungsperioden allein als der aristotelische angesehen wird [200]).

Für diesen spätaristotelischen Gerechtigkeitsbegriff gilt nun das oben über das allgemeine Wesen des Begriffs der Gerechtigkeit Gesagte nicht nur insoweit, daß die Gerechtigkeit eine Tugend ist, sondern im vollen Umfang auch hinsichtlich der Begründung und allgemeinen Inhaltsbestimmung der Tugendlehre. Obwohl das genus proximum des früharistotelischen Gerechtigkeitsbegriff das gleiche ist wie dasjenige des spätaristotelischen, nämlich daß die Gerechtigkeit eine Tugend ist, so handelt es sich doch nämlich nunmehr um die eingangs näher dargelegte spätaristotelische Tugendlehre, die zwar auf dem Boden des philosophischen Realismus steht, aber in empirischer Weise sich unmittelbar nur aus der immanenten Idee begründet.

Ganz besonders wirkt sich der Empirismus aber auf die hier zu erörternde spezifische Definition der Gerechtigkeit, auf die Bestimmung ihrer differentia specifica aus.

Hatte Aristoteles bereits in der Übergangszeit der MM den idealistischen [201]) Gerechtigkeitsbegriff seiner Frühzeit und Platons aufgegeben und induktiv empirisch den mannigfaltigen griechischen Sprachgebrauch als Grundlage der Begriffsbestimmung herangezogen, so geschieht dies nunmehr in der NE auch ausdrücklich, wenn er hervorhebt, daß die Ausdrücke Gerechtigkeit und Ungerechtigkeit in verschiedenen Bedeutungen gebraucht würden [202]). Δικαιοσύνη hat näm-

---

[200]) So z. B. legt die jüngste Bearbeitung des G.-Begriffs des A. durch Sal. auch nur diesen spätarist. G.-Begriff zugrunde. Es wird S. 134 ff. lediglich der G.-Begriff der Übergangszeit, nämlich der MM, mit dem der NE in einem Zusatz verglichen. Dabei werden aber weder die auch hier vorhandenen Unterschiede in vollem Umfang erkannt, noch — indem die Frage nach dem Verhältnis der Schriften offen gelassen wird — diese entwicklungsgeschichtlich erörtert. Die arist. Frühschriften und der früharist. G.-Begriff wird von Sal. gar nicht erwähnt.

[201]) Baumgarten S. 11 würde von einem aprioristischen im Gegensatz zum empiristischen G.-Begriff sprechen.

[202]) NE V 2 1129 a 26 ff. (133). Bereits Top I 15 106 b 29 ff. (664) hatte A. auf die Mehrdeutigkeit des Wortes δικαίως hingewiesen; vgl. auch NE II 7 1108 b 7 ff. (60). Wenn Sal. S. 10 hervorhebt, daß entweder die 1129 a 27 hervorgehobene Homonymität oder aber die 1130 a 33 ebenfalls für die G. ausgesagte Synonymität richtig sei, nicht aber beides zugleich zutreffen könne, so ist dies nicht richtig. Wie Sal. selbst S. 10 richtig ausführt unter Berufung auf Kat 1 a 1 (9), versteht A. — was auch aus NE 1129 a 27 hervorgeht — unter Homonymie die Gemeinsamkeit der Bezeichnung bei Verschiedenartigkeit des Seinssinns. Homonymität ist also Gleichnamigkeit verschiedener Begriffe. Ferner erkennt Sal. S. 10 richtig, daß Synonymität nach Kat 1 a 6 (9 f.) und Top I 15 106 a 9 ff. (661) Gemeinsamkeit der Bezeichnung, aber auch Gleichheit des Begriffs hat. Sal.

lich nach Aristoteles eine Doppelbedeutung[203]), die bereits im griechischen Sprachgebrauch vorhanden war[204]). Und zwar geht Aristoteles in entgegengesetzter Weise von der sprachlichen Bedeutung nicht der Tugend der Gerechtigkeit, sondern des Lasters der Ungerechtigkeit aus, indem er den Begriff des ἄδικος, des Ungerechten, zu bestimmen sucht[205]).

Abgesehen von dem sich hierbei zunächst bildenden Ergebnis der Unterteilung der Gerechtigkeit in zwei verschiedene Arten, kommt Aristoteles im Verlaufe der Untersuchung dieser beiden Arten zu einer für beide gemeinschaftlich zutreffenden Definition, welche als solche der Erörterung dieser einzelnen Arten voranzuziehen ist und welche die dem Wandel vom idealistischen zum empiristischen Gerechtigkeitsbegriff parallellaufende Entwicklung von einer gleichsam inneren zu einer gleichsam äußeren Gerechtigkeit beleuchtet.

Das für die Gerechtigkeit überhaupt zur Abgrenzung gegenüber den anderen Tugenden charakteristische Begriffsmerkmal ist nämlich die Beziehung πρὸς ἕτερον, das Verhältnis zum anderen, zum Mitmenschen. Beide Arten der Ungerechtigkeit[206]) — sowohl die allgemeine wie die besondere[207]) — tragen nämlich deshalb denselben Namen, sind synonym (συνώνυμος)[208]), weil sie definitionsmäßig derselben Gattung angehören (ὅτι ὁ ὁρισμὸς ἐν τῷ αὐτῷ γένει)[209]). Sie gehören aber beide der gleichen Gattung an, weil beide Bedeutung haben für das Verhältnis zum anderen (ἄμφω γὰρ ἐν τῷ πρὸς ἕτερον ἔχουσι τὴν δύναμιν)[210]). Dies geschieht allerdings — wie Aristoteles anschließend sagt — bei beiden in verschiedener Weise[211]), was im folgenden noch

---

übersieht aber, daß diese letztere Gleichartigkeit des Begriffs sich auf die Identität des γένος, also der Gattung, bezieht, wie es auch gerade NE 1130 a 33—1130 b 1 zeigt. Gerade die von Sal. zitierten Stelle der Kat beweisen nun, daß ein und dasselbe Wort (ζῷον) sowohl homonym als auch synonym sein kann. Ersteres ist es, insofern es bei Gleichnamigkeit sowohl Mensch wie Gemälde (gemalter Mensch), also verschiedene Begriffe bedeutet, letzteres, insofern es bei Gleichnamigkeit sowohl Mensch wie Ochse bedeuten kann, also der Gattung als Lebewesen nach gleiche Begriffe. Ebenso ist auch nach des A. Ausführungen — entgegen den Ausführungen Sal'. — das Wort δικαιοσύνη sowohl homonym, insofern es bei Gleichnamigkeit sowohl die allgemeine wie die besondere G. bedeutet, also verschiedene Begriffe, als ferner andererseits aber auch synonym, insofern es bei Gleichnamigkeit sowohl bei der allgemeinen wie bei der besonderen G. in ihrer gattungsmäßig gesehen bei beiden vorliegenden Hinwendung zum anderen, also der Gattung nach, begriffsidentisch ist, was im einzelnen noch nachgewiesen werden wird.

203) NE II 7 1108 b 8 (60); NE V 2 1129 a 32ff. (134); so auch bereits MM I 34 1193 b 2 (950).

204) Vgl. oben S. 5ff.; Arnim I S. 15.

205) NE V 2 1129 a 32 (134).

206) A. untersucht hier wieder den Begriff der G. von seiner negativen Seite, der Ungerechtigkeit, aus.

207) NE V 4 1130 a 32f. (137).

208) Vgl. oben S. 48 Anm. 202.

209) NE V 4 1130 a 33 bis b 1 (137).

210) NE V 4 1130 b 1f. (137).

211) NE V 4 1130 b 2ff. (137).

näher ausgeführt werden wird. Der Sinn dieser Stelle ist hierbei ganz einfach der, daß die Ungerechtigkeit und folglich auch die Gerechtigkeit beider Arten das Vorhandensein von Mitmenschen, das Vorhandensein einer menschlichen Gemeinschaft voraussetzt. Während der Mensch viele Tugenden ohne jegliche Beziehung zu einem Mitmenschen oder zu einer menschlichen Gemeinschaft ausüben kann, wie er z. B. mutig sein kann gegenüber Naturgefahren z. B. Raubtieren oder wie er mäßig sein kann, auch wenn er Zeit seines Lebens als einsamer Inselbewohner leben müßte, so erfordert die Tugend der Gerechtigkeit und zwar die beider Arten [212]) in irgendeiner Weise die Beziehung zum anderen, sei es, daß diese zur unmittelbaren handlungsmäßigen Betätigung einer gerechten Handlung (z. B. Erfüllung einer Verbindlichkeit) notwendig ist wie bei der besonderen Gerechtigkeit, sei es, daß sie in den für eine bestimmte menschliche Gemeinschaft geltenden Gesetzen wiedererscheint, wie es bei der allgemeinen Gerechtigkeit der Fall ist. In irgendeiner Weise ist das Verhältnis zum anderen, das Begriffselement πρὸς ἕτερον, immer wieder für die Gerechtigkeit von Bedeutung, gleichgültig um welche Art der Gerechtigkeit es sich handelt, gleichgültig aber auch, in welcher Weise das Begriffselement πρὸς ἕτερον nun gerade auf die Gerechtigkeit einwirkt. Für beide Arten der Gerechtigkeit aber — und das will Aristoteles an der bezeichneten Stelle ausdrücken — handelt es sich aber bei dem Merkmal πρὸς ἕτερον um ein notwendiges Begriffsmerkmal, welches sogar beide Arten der Gerechtigkeit als unter einer Gattung (ἐν τῷ αὐτῷ γένει) stehend erscheinen läßt [213]).

---

[212]) Es wird hierbei von A. natürlich nur an die von ihm definierten beiden Arten der G., die allg. und bes. G. gedacht, nicht z. B. an die innere G., die er im übertragenen Sinne auch noch in der NE — vgl. oben S. 34 Anm. 100 — gelten läßt.

[213]) Dieses für beide Arten der G. geltende Begriffsmerkmal ist von Sal. S. 77 ff. mit Recht deutlich herausgestellt worden. Sal. weist dort zutreffend nach, daß die Beziehung zum anderen für die verschiedenen Tugenden in verschiedener Weise von Bedeutung wird und daß die Betrachtung der von A. beschriebenen Tugenden „unter dem Gesichtswinkel der Beziehung πρὸς ἕτερον“ verschiedene Gruppen von Tugenden und insb. verschiedene „Wertreihen“ ergibt. So fehle bei der ersten Gruppe mit den Tugenden der Tapferkeit, des Maßhaltens und der μεγαλοψυχία (etwa die in größeren Angelegenheiten gezeigte Großzügigkeit) jede Beziehung zum Nebenmenschen. Diese Tugenden seien ichbezogen und ein anderer spiele bei der Bewertung eines solchen Verhaltens keine Rolle (S. 77 f.). Bei der zweiten Gruppe, welcher Tugenden, wie die „Freiheit von krämerhafter Gesinnung“ (ἐλευθεριότης) und die „Freiheit vom Benehmen des kleinen Mannes“ (μεγαλοπρέπεια) angehörten, werde der andere schon mitgedacht, insofern das bei beiden Tugenden wesentliche Element des Gebens bereits die Frage des Wem aufwerfe und dieser Umstand eine Definition „aus dem Gemeinschaftsleben heraus“ nach sich ziehe. Der andere werde hier aber nur insofern von Bedeutung, als diese Tugenden „die Richtung auf den anderen, nicht jedoch die Richtung vom anderen rückwärts auf den einen“ nähmen. Der andere trete nur als „Folie oder Hintergrund“ auf und er-

Daran, daß Aristoteles für *beide* Arten der Gerechtigkeit also das

---

schöpfe sich „in diesem So — sein"; er interessiere sonst nicht (S. 78—80). Die dritte Gruppe der Tugenden beschäftige sich „mit der Art und Weise, in der man sich im Zusammensein des täglichen Lebens" gebe. Dieser einen Wertreihe von drei Tugendgruppen, bei welcher der andere in verschiedener bzw. gar keiner Weise in Beziehung zu dem die Tugend Ausübenden trat, tritt nun — wie Sal. S. 81 ff. ausführt — eine zweite Wertreihe gegenüber, die sich von der ersteren durch die Art ihrer Beziehung zum anderen unterscheide. Während es bei der ersten Wertreihe nämlich „die eigene — rechte — Beschaffenheit, das τοιοῦτος εἶναι" (NE IV 12 1126 b 24 f. (125), NE IV 13 1127 b 3 (127)) sei, das den Menschen zu seinem Verhalten treibe (S. 81), sei es bei der zweiten Wertreihe, welcher die φιλία (grob gesagt Freundschaft) und das Recht angehörten, „die reflexive Sympathie", „das richtige Affiziertwerden", wenn es z. B. NE IV 12 1122 b 22 f. (125) heiße, daß bei der φιλία im Gegensatz zu den „Umgangstugenden" der ersten Wertreihe πάθος und στέργειν, also Erregung und Liebe, den Menschen zu seinem Verhalten treibe. Die Tugenden der ersten Wertreihe seien „gewissermaßen <von sich aus> gesehen". Man komme so „zu einer Ethik für Adam und für Robinson". Werde der andere „mit hereingezogen", so „spiele" er in Wahrheit doch nicht mit, er bleibe „Zuschauer, Kulisse" und sei gerade nur insoweit Mensch, als erforderlich sei, damit sich ein bestimmtes So — sein von ihm abheben und als solches bestimmen lasse (S. 82). Bei der zweiten Wertreihe sei dagegen die Beziehung zum anderen gleichzeitig auch die Beziehung vom anderen her, es werde nicht der eine oder der andere, sondern das Band zwischen beiden betrachtet. Der andere sei hier wirklich der andere, weil er zugleich auch der eine sein könne (S. 82). Dies ergebe sich für die φιλία aus NE VIII 7 1157 b 33 ff. (239), wonach jeder im Freund das für ihn Gute liebe (S. 82).

Aus diesen Ausführungen Sal'. ergibt sich, daß „die Beziehung zum anderen" für die Tugenden in sehr verschiedener Weise von Bedeutung zu werden vermag und daß diese Beziehung die wesentlichste Bedeutung für die φιλία annimmt. Es wird hiermit von Sal. zutreffend nachgewiesen, daß diese Beziehung bei der φιλία den bloßen Objektscharakter verliert und einen sozialen Charakter annimmt, indem der Mitmensch als Persönlichkeit von Bedeutung wird. Insb. ist das für die wertvollste Art der φιλία, die auf der Tugend beruhende Freundschaft, der Fall (vgl. Sal. S. 85).

Für die hier allein interessierende G. folgert Sal. S. 85 das Gleiche nun aus einer Gleichsetzung der G. mit der φιλία, obwohl — wie er selbst zugibt (S. 85) — von A. selbst diese Folgerungen nicht ausdrücklich gezogen sind. Einen zwingenden Beweis für diese Gleichsetzung der G. überhaupt mit der φιλία und insb. mit der auf die Tugend gegründeten φιλία (S. 85) bringt Sal. keineswegs, sondern er führt nur einfach aus (S. 85), daß es gar nicht zweifelhaft sein könne, daß nur die φιλία ἡ τῶν ἀγαθῶν die Verknüpfung mit der δικαιοσύνη in der uns bekannten Weise vornehmen könne. Dies kann durchaus zweifelhaft sein. A. zieht zwar Parallelen zur φιλία und es ergeben sich auch systematisch weitere solcher Parallelen. Dafür, daß A. an eine *solche* Verknüpfung der G. mit der auf die Tugend gegründeten Freundschaft gedacht hat, ergeben sich jedoch keinerlei Anhaltspunkte. Ebensowenig ist dies bzgl. der G. schlechthin in systematischer Hinsicht der Fall, denn daß beispielsweise die bes. G., die sich u. a. z. B. auf Kaufverträge oder auf Diebstahl, Ehebruch usw., z. B. bei der richterlichen Tätigkeit, bezieht — NE V 5 1131 a 3 ff. (139) —, in der Weise auf den anderen bezogen ist, daß sie im anderen das für ihn Gute liebe, ist nicht gut anzunehmen. Die — von Sal. S. 85 zugegebene — Tatsache, daß bei A. diese „Folgerung" für die G. nicht ausdrücklich gezogen ist, spricht

Element πρὸς ἕτερον als Begriffsmerkmal ansieht[214]) und zwar entwicklungsgeschichtlich gleichzeitig (da beides in der NE), kann demnach kein Zweifel bestehen. Auch im einzelnen hat Aristoteles das ausgesprochen, nämlich sowohl für die allgemeine wie die besondere Gerechtigkeit[215]).

Daß das beiden Arten der empiristischen Gerechtigkeit gemeinsame notwendige Begriffsmerkmal gerade in der Beziehung zum anderen (πρὸς ἕτερον) besteht, kennzeichnet wiederum ganz deutlich den Wandel von der früheren gleichsam inneren[216]) zu einer äußeren Gerechtigkeit. Worin die Bedeutung der Beziehung zum anderen bei beiden Arten der Gerechtigkeit nun im einzelnen zu finden ist, wird sich bei der folgenden Untersuchung der verschiedenen Arten der Ge-

---

daher auch viel eher dafür, daß A. an solche Folgerungen nicht gedacht und daß er die G. schlechthin nicht so aufgefaßt hat. Vielmehr spricht die Tatsache, daß A. über die Definition des Begriffselements πρὸς ἕτ. in den verschiedenen Ethiken verschiedene Aussagen gemacht hat — vgl. unten S. 60ff. —, viel eher dafür, daß die von Sal. in die arist. Lehre hineingelegte Gleichsetzung des Elements πρὸς ἕτ. der G. mit der für die auf die Tugend begründete Freundschaft (φιλία ἡ τῶν ἀγαθῶν) kennzeichnenden Beziehung zum anderen unzutreffend ist und jeder Grundlage entbehrt.

Unrichtig ist ferner auch die von Sal. S. 85 gezogene Folgerung, daß durch die Verknüpfung der G. mit dieser Form der φιλία „das Recht jeder Begründung durch Lust und Nutzen entzogen" und „eine rein ethische Basis hergestellt" werde. Erstens ist — wie oben dargetan — der Vordersatz dieses Schlusses (Verknüpfung) unzutreffend. Zweitens wird aber die G. ebensowenig wie die auf die Tugend begründete Art der φιλία jeder Begründung durch Lust und Nutzen entzogen. Wie oben S. 12 Anm. 73 ausgeführt wurde, sind vielmehr alle Tugenden auf die Lust gerichtet. Gerade sie in Verbindung mit dem Eudämonismus ist eines der wesentlichsten Elemente der arist. Ethik. Sie stellt allerdings nur eine Seite der Begründung der Tugend dar. Einige Zeilen weiter (S. 85) macht Sal. dann auch wieder Einschränkungen, wenn er ausführt, damit ständen Lust und Nutzen jedoch nicht abseits jeder ethischen Betrachtungsmöglichkeit. Drittens ist es schließlich unrichtig, daß gerade durch diese Verknüpfung „eine rein ethische Basis" hergestellt wird. Alle Tugenden als solche haben eine „rein ethische Basis", ohne daß dafür die der wertvollsten Art der φιλία eigentümliche Beziehung zum Mitmenschen vorhanden zu sein braucht. Auch die ohne Beziehung zum Mitmenschen möglichen Tugenden haben eine „rein ethische Basis".

Richtig ist an diesen Ausführungen Sal'. daher lediglich die starke Betonung des Elements πρὸς ἕτ. für die G. und der Nachweis, in welch verschiedener Weise der Mitmensch, der andere, für die verschiedenen Tugenden von Bedeutung zu werden vermag, was weitgehend auch in psychologischer Hinsicht von Bedeutung ist. Die Bedeutung, die er dem Begriffsmerkmal πρὸς ἕτ. für die G. beilegt (nämlich Gleichsetzung mit der für die φιλία ἡ τῶν ἀγαθῶν eigentümlichen Beziehung zum anderen; Geltung des Rechts nicht, weil es nützlich oder angenehm ist, sondern nur, insofern es ethischen Wert hat), entspricht jedoch keineswegs der arist. Auffassung.

[214]) Auch Thomas v. Aquin definiert die G. S. Th. II, II, qu. 58, a 1 zunächst begrifflich als Beziehung zum anderen („iustitia est ad alterum").

[215]) Vgl. oben S. 30 Anm. 79. [216]) Vgl. oben S. 30ff.

rechtigkeit ergeben. Hierbei wird neben die allgemeine und die besondere Gerechtigkeit als dritte Unterart der Gerechtigkeit die Billigkeit treten.

a) Die allgemeine Gerechtigkeit.

In Anlehnung an den bereits früher erörterten griechischen Sprachgebrauch[217]), der auch in der Schrift Virt bereits zum Ausdruck kam und erstmalig in der MM näher bearbeitet wurde, entwickelt Aristoteles die erste Art der Gerechtigkeit, die insofern mit der früharistotelischen und platonischen Gerechtigkeit als verwandt erscheint, als sie wiederum eine Beziehung zu anderen Tugenden enthält und deshalb wiederum — wenn auch in einem ganz anderen Sinne — als Grundtugend bezeichnet werden darf. Bevor diese Unterschiedlichkeit im Vergleich zum früheren Gerechtigkeitsbegriff bewertet und überhaupt zur rechtsphilosophischen Bedeutung dieser ersten Art der Gerechtigkeit Stellung genommen werden kann, ist zunächst das Wesen derselben an Hand der NE begrifflich zu klären.

1. Das Wesen der allgemeinen Gerechtigkeit.

Das Wesen der allgemeinen Gerechtigkeit ergibt sich zunächst aus ihrer eigentlichen begrifflichen Definition und schließlich aus ihrer ethisch teleologischen Begründung, aus welcher sie erst ihre endgültige Erklärung findet. Im folgenden ist daher beides zu erörtern.

aa) Der die Bezugnahme auf den Mitmenschen enthaltende und die Befolgung des νόμος und der Individualtugenden anordnende Begriff der allgemeinen Gerechtigkeit.

Die allgemeine Gerechtigkeit, die —was als für die späteren Untersuchungen bedeutsam hier nochmals hervorgehoben werden muß — genau so wie alle anderen Tugenden selbst auch eine Tugend ist[218]) und daher den Regeln der allgemeinen Tugendlehre unterliegt, wird nun negativ aus der einen Bedeutung des Wortes Ungerechter als eines παράνομος, eines Übertreters des νόμος, abgeleitet[219]). Hieraus entwickelt Aristoteles im einzelnen den Begriff der einen Art der Gerechtigkeit, der allgemeinen Gerechtigkeit, die von ihm teilweise als

---

[217]) Vgl. oben S. 21 Anm. 17.

[218]) Daß die allg. G. eine Tugend ist, geht schon aus NE II 7 hervor, wo A. — nachdem er vorher die Tugend im allgemeinen definiert hat — 1107 a 28ff. (56) — nunmehr die Tugenden im einzelnen historisch aufzählt — 1107 a 33ff. (56) —, u. a. dabei die G. in ihren beiden Arten — 1108 b 7ff. (60) —. Dasselbe geschieht in ausführlicherer Weise NE III 8 und 9ff. — 1114 b 26 (81), 1115 a 4ff. (82) —. Ausdrücklich als Tugend wird die allg. G. z. B. bezeichnet NE V 3 1129 b 26 (135).

[219]) NE V 2 1129 a 32 (134); bereits Top VI 12 149 b (889) hatte A. auf den Sprachgebrauch hingewiesen, der die G. als Erhalterin der Gesetze definierte.

ἀρετὴ τελεία[220]), also als vollendete, vollkommene Tugend, oder als ὅλη ἀρετή[221]), also als ganze Tugend, bezeichnet wird. Es findet sich auch die Gegenüberstellung ὅλον ἄδικον und ἄδικόν τι ἐν μέρει[222]), also die ganze, die allgemeine Ungerechtigkeit und die Ungerechtigkeit als Teil der ganzen Ungerechtigkeit, entsprechend also auch der ganzen oder auch allgemeinen Gerechtigkeit und der Gerechtigkeit als Teil der ganzen Gerechtigkeit[223]). Im folgenden wird zu ihrer Bezeichnung der zumeist gebrauchte[224]) Ausdruck allgemeine Gerechtigkeit im Gegensatz zur besonderen Gerechtigkeit gebraucht[225]).

Entsprechend der negativen Bezeichnung des παράνομος, des Gesetzesübertreters[226]), ist die eine Bedeutung des Wortes Gerechter (ὁ δίκαιος), die des „Gesetzlichen", des das „Gesetz" Befolgenden (νόμιμος)[227]), sowie die des Wortes Recht (δίκαιον)[228]) die des dem „Gesetz" Entsprechenden (νόμιμον)[229]).

Die Bedeutung dieser Definition läßt sich exakt nur durch eine Klärung der Bedeutung des Wortes νόμος ermitteln. Daß νόμος nicht ohne weiteres dem deutschen Gesetz gleichzusetzen ist, zeigt sich daran, daß Aristoteles sagt, der νόμος gebiete alle Tugenden[230]). Eine solche in das Gebiet der Ethik hineinragende Bedeutung hat nämlich weder der formelle, noch der materielle deutsche Gesetzesbegriff. Es ergibt sich dies weiter daraus, daß Aristoteles einen ἄγραφος νόμος, also ein ungeschriebenes Gesetz, kennt[231]). Zur Klärung des Begriffs νόμος kann nun auf die eingehenden und zahlreich belegten Untersuchungen Hirzels[232]) Bezug genommen werden. Wie Hirzel feststellt, zeigt das Wort νόμος wie so häufig in zeitlicher Hinsicht eine begriffliche Entwicklung. Die alten Epiker (z. B. Hesiod) verstanden unter dem νόμος noch eine von Zeus sowohl den Menschen wie auch den Tieren verliehene „gewisse Weise des Lebens, die zur eigentümlichen Natur der einzelnen Arten lebender Wesen gehört und sie charakterisiert"[233]). Bei den Menschen bestand dieser νόμος in der eigentümlichen Lebensweise, wie sie z. B. in einer Stadt üblich war und sich in Sitten und Gewohnheiten offenbarte[234]). Die νόμοι enthielten daher den Charakter eines durch die Gewohnheiten gebildeten Ordnungsprinzips des menschlichen Zusammenlebens. Gesetze in ihrem heutigen Sinn, z. B. wie sie damals Solon gegeben hatte, waren keine

---

220) 3 1129 b 26 (135). 221) 3 1130 a 9 (136).
222) 4 1130 a 23 (137). 223) Oder wie Sal. S. 15 sagt: G. im weiteren und G. im engeren Sinne. 224) Vgl. z. B. Wittmann S. 209.
225) Thomas v. Aquin spricht von iustitia legalis.
226) NE V 2 1129 a 32 (134). 227) NE V 2 1129 a 33 (134).
228) NE V 5 1130 b 9 (138).
229) Der Gehorsam gegenüber dem νόμος als Ziel des Staatsmanns wird bereits NE I 13 1102 a 9 f. (40) angedeutet.
230) NE V 3 1129 b 19—24 (135). 231) Vgl. unten S. 143 ff.
232) II S. 359 ff. 233) Hirzel II S. 366 f. 234) II S. 367 f.

νόμοι, sondern hießen θεσμοί. Erst dadurch, daß sie im Laufe fast eines Jahrhunderts mit den Lebensgewohnheiten des athenischen Volkes verwuchsen, wurden sie zu νόμοι, zu Sitten und Gewohnheiten[235]. Die stärkere Hervorkehrung der πόλις hat dann die Vorstellung zur Folge, daß zu jeder πόλις ein bestimmter νόμος gehört[236]. Nicht nur die Geschlechter und Familien hatten ihre νόμοι; ihre πάτρια, sondern auch die gesamte πόλις. Dies hatte zur Folge, daß die für die gesamte πόλις erlassenen Gesetze als die im Gegensatz zu den für eine andere πόλις bestehenden für sie eigentümlichen auch als νόμοι bezeichnet wurden[237]. Auch die geschriebenen Gesetze werden jetzt erstmalig νόμοι genannt, was etwa erst seit Kleisthenes der Fall war[238]. Damit beginnt ein allmählicher Bedeutungswandel des Wortes νόμος. Er wird immer mehr zum Gesetz, das Befehls- und Zwangsgewalt besitzt[239], das schließlich sogar als Tyrann über die Hellenen gebietet[240]. Die Zeit des Aristoteles nun lag noch im Zwischenstadium dieser Entwicklung. Sowohl Platon wie Aristoteles kennen beide Begriffsbedeutungen des Wortes νόμος[241].

Es folgt hieraus, daß das Wort νόμος nicht ohne weiteres mit dem deutschen Wort Gesetz gleichzusetzen ist. Seine begriffliche Bedeutung in der aristotelischen ist vielmehr eine weitere, einerseits nämlich die alte im Sinne von Sitte und Gewohnheit und andererseits die neue im Sinne eines mit Zwangsgewalt verbundenen Gesetzes[242], so daß νόμος sogar ganz weit jede staatliche Ordnung bedeutet[243].

Welche Bedeutung des Wortes νόμος nun Aristoteles meint, wenn er den Gerechten als den νόμιμος bezeichnet, ergibt sich aus den im folgenden Kapitel enthaltenen Erläuterungen, wonach der νόμος die Handlungen der Tapferkeit, des Maßhaltens, der Gelassenheit und überhaupt die aller Tugenden befiehlt[244]. Es geht hieraus hervor, daß Aristoteles hier an einen sehr weiten νόμος-Begriff denkt und nicht nur den neuen meint, der in dem erlassenen und mit Rechtszwang ausgestatteten Gesetz besteht, sondern vielmehr an einen solchen, der neben letzterem auch noch Sitte und Gewohnheit umfaßt, denn nur aus diesen konnte ein so umfassendes Gebot herstammen. Es folgt das Gleiche auch daraus, daß eine Beschränkung dessen, was Aristoteles als den den νόμος Befolgenden und damit als Gerechten bezeichnet, auf bloß eine Seite dessen, was man unter νόμος verstand, unerklärlich wäre und vielmehr der als νόμιμος Gerechte selbst-

---

235) II S. 373. 236) II S. 374. 237) II S. 375.
238) Hirzel I S. 49. 239) II S. 376. 240) II S. 380.
241) II S. 376.
242) Das Wort νόμος in dieser neuen Bedeutung findet sich z. B. NE X 10 1180 a 21 (319), wo dem νόμος ausdrücklich zwingende Kraft beigelegt wird. 243) So sagt A. z. B. ausdrücklich Pol III 16 1287 a 18 (491).
244) NE V 3 1129 b 19ff. (135).

verständlich den νόμος im weitesten Sinne befolgte[245]). Νόμος in diesem Zusammenhang bedeutet daher ähnlich wie in Pol III 16 1287 a 18 (491) jede das Gemeinschaftsleben regelnde Ordnungsnorm, also sowohl das von Gesetzgebungsinstanzen erlassene Gesetz, als auch Sitte und Gewohnheit, die als nicht gesetztes Recht sprachlich eigentlich nicht als Gesetz bezeichnet werden dürfen[246]). Νόμος erhält so nahezu die gleiche Bedeutung wie Gesetz im Sinne des Art. 2 EGBGB (und damit des gesamten BGB), wo es heißt: „Gesetz im Sinne des Bürgerlichen Gesetzbuchs und dieses Gesetzes ist jede Rechtsnorm" und wodurch „Gesetz" in dieser Bedeutung sowohl Gesetze im formellen Sinne, wie Rechtsverordnungen, wie Gewohnheitsrecht, wie Observanz usw. umfaßt[247]).

Diese Definition des Wortes νόμος in seiner Bedeutung für den νόμιμος wird nicht dadurch beeinträchtigt, daß Aristoteles von mehr oder weniger gut abgefaßten νόμοι spricht[248]), denn der νόμος-Begriff in der oben dargelegten Weise umfaßt ja auch die vom Gesetzgeber erlassenen Gesetze, andererseits brauchen auch Gewohnheit und Sitte nicht notwendig immer das ethisch Beste zu enthalten, zumal beides sich häufig — wie bereits oben festgestellt[249]) — auch auf einen Gesetzgeber zurückführt[250]) [251]). Überhaupt scheint Aristoteles in der NE weniger von den augenblicklich herrschenden staatlichen Verhältnissen auszugehen, sondern vielmehr in ganz allgemeiner Weise zu sprechen. Denn wie er Pol VII 14 1333 b 5 ff. (687) ausführt, sind selbst in den damaligen als besten geltenden Staatsverfassungen weder

---

[245]) Mit Recht weist daher auch Sal. S. 12 auf die weite Bedeutung des Begriffs νόμος hin, der „ebensowohl das Gesetz in dem uns heute geläufigen Sinne, wie Sitte, Anstand, Lebensform, Brauchtum" umfasse.

[246]) Es ist daher etwas eng, wenn Fechner S. 27 νόμος bloß mit Gesetz übersetzt, und wenn von Arnim I S. 17 in diesem Zusammenhang bloß von „positiven Gesetzen", ferner Wittmann S. 208 lediglich von „Staatsgesetzen" sprechen. [247]) Palandt Anm. 1 zu Art. 2 EGBGB.

[248]) NE V 3 1129 b 24 f. (135).

[249]) Vgl. oben S. 54; entsprechend wird Apostelgeschichte das von Moses herstammende Gesetz (νόμος) 6, 13 kurz darauf 6, 14 als Bräuche (τὰ ἔθη) bezeichnet, nachdem ersteres durch die Jahrhunderte zur Gewohnheit geworden war, worauf Hirzel II S. 373 Anm. 6 zutreffend hinweist.

[250]) Sal. S. 13 kommt mit Recht zu dem gleichen Ergebnis. Jedoch bezieht er sich dabei auf die Stelle NE V 14 1137 b 13 ff. (164 f.), wo A. dem allgemeinen, in Einzelfällen nicht immer passenden Gesetz die Billigkeit als eine Verbesserung desselben gegenüberstellt. Es fragt sich jedoch sehr, ob A. 1129 b 24 f. dies gemeint hat. 1137 b 13 ff. meint er nämlich das seiner Natur als allgemeine Rechtsnorm nach fehlerhafte, nicht aber auf eine schlechte Abfassung durch den Gesetzgeber zurückzuführende Gesetz — wie er 1137 b 17 ff. (165) ausdrücklich hervorhebt —, wogegen er 1129 b 24 f. ausdrücklich von gut oder weniger gut abgefaßten Gesetzen spricht.

[251]) Diesen Gedanken der weniger gut abgefaßten νόμοι hatte A. MM I 34 1139 b 2 ff. (950) noch nicht gehabt.

die Gesetze noch die Erziehung auf die Entwicklung aller Tugenden berechnet.

Die allgemeine Gerechtigkeit ist demnach — genau so wie es bereits in der MM[252]) gesagt und in Virt angedeutet[253]) wurde — diejenige Art der Gerechtigkeit, welche die Befolgung jeder das Gemeinschaftsleben regelnden Rechtsnorm anordnet.

Als Inhalt dieses νόμος bezeichnet Aristoteles nun in erster Linie die Tugenden. Der νόμος gebietet so sagt Aristoteles nämlich[254]) — Handlungen der Tapferkeit, des Maßhaltens, der Gelassenheit und die übrigen Tugenden. Als fraglich erscheint hier, welche übrigen Tugenden gemeint sind. Denn weil nach Aristoteles die νόμοι das gemeinsame Beste bezwecken[255]), liegt der Gedanke nahe, daß die νόμοι nur die Tugenden gebieten, die sich auf das Gemeinschaftsleben beziehen. Dies schließt z. B. Wittmann[256]) aus der zitierten Stelle. Das Gleiche schließt von Arnim[257]) aus den anschließenden Worten, daß in dem einen Sinn gerecht genannt werde, was einem politischen Ganzen die Glückseligkeit bewirken und bewahren könne[258]), und hebt hervor, daß diese Beschränkung in der MM noch nicht zum Ausdruck komme[259]). Sal. folgert — ohne eine besondere Stelle zu zitieren — aus der Bedeutung des Wortes Recht, daß das Recht nur die Tugend umfassen könne, welche mit ihm die grundsätzliche Einstellung teile, „also die Wendung hin zum anderen“[260]). Nun ist aber gerade die Frage, was die Wendung zum anderen hin exakt bedeutet, wie sich auch gerade aus den hierzu eingehenden Ausführungen Sal.[261]) ergibt, keineswegs einfach zu beantworten, insofern hier zahlreiche Bedeutungen in Betracht kommen. Ferner ergeben sich bei einer solchen Folgerung, so nahe sie auch liegt, Widersprüche. Sal. hebt nämlich besonders hervor[262]), daß bei der Tugend der Tapferkeit jede Beziehung zum Nebenmenschen fehle. Demnach könnte aber in Verbindung mit dem oben geschilderten Satz das Recht die („die Wendung hin zum anderen“ nicht besitzende) Tapferkeit nicht umfassen. Daß der νόμος die Tapferkeit befehle, hebt Aristoteles aber als erstes bei Aufzählung der vom νόμος befohlenen Tugenden hervor[263]). Bereits MM[264]) hatte Aristoteles gesagt, der νόμος gebiete Tapferkeit und Maßhalten, also zwei nach Sal.[265]) jeglicher Beziehung auf den anderen entbehrende Tugenden, und überhaupt alle Tugenden (...ἁπλῶς ἅπαντα ὅσα κατὰ τὰς ἀρετὰς λέγεται). Das Gleiche wird in der NE[266]) — wenn

---

252) Vgl. oben S. 41 ff. 253) Vgl. oben S. 36 Anm. 112.
254) NE V 3 1129 b 19 ff. (135). 255) NE V 3 1129 b 14 ff. (135).
256) S. 209; das von Wittmann ferner gebrachte Zitat 1130 a 11 muß als mit der zur Erörterung stehenden Frage zusammenhanglos auf einem Irrtum beruhen. 257) I S. 16. 258) NE V 3 1129 b 17 ff. (135).
259) I S. 16. 260) S. 83. 261) S. 77 ff. vgl. oben S. 82 Anm. 2.
262) S. 77. 263) 1129 b 19 f. 264) I 34 1193 b 4 (950).
265) S. 77. 266) Vgl. Anm. 263.

auch nicht mit genau den gleichen Worten (τὰς ἄλλας ἀρετὰς — also die anderen, die übrigen, anstatt alle Tugenden) — wiederholt. Der νόμος gebietet, jede Tugend (... ἑκάστην γὰρ ἀρετὴν ...) zu üben und umgekehrt jedes Laster zu meiden, sagt Aristoteles an anderer Stelle ausdrücklich[267]), sowie ferner, die allgemeine Gerechtigkeit beziehe sich auf alles (ἅπαντα), was der Tugendhafte tue[268]). Er rügt ausdrücklich, daß die hellenischen Staatsverfassungen die νόμοι lediglich auf die Förderung der nützlich scheinenden und gewinnbringenden, nicht aber auf die Entwicklung aller Tugenden (... πρὸς πάσας τὰς ἀρετὰς) gerichtet hätten[269]).

Alle diese Stellen lassen eine Beschränkung auf gewisse Tugenden vermissen, sondern beziehen vielmehr ausdrücklich alle übrigen Tugenden außer derjenigen der allgemeinen Gerechtigkeit. Dies in Verbindung mit den von Aristoteles ausdrücklich genannten Tugenden bezw. negativ Lastern (Tapferkeit[270]), Maßhalten[271]), Gelassenheit[272]), die teilweise zunächst jede Beziehung auf das Gemeinschaftsleben vermissen lassen, jedenfalls aber teilweise ohne Vorhandensein eines Mitmenschen ausgeübt werden können, ergibt, daß Aristoteles nicht an eine Beschränkung auf gewisse Tugenden denkt, sondern vielmehr alle Tugenden als durch den νόμος und damit durch die allgemeine Gerechtigkeit angeordnet ansieht.

Andererseits erwähnt Aristoteles keine Beispiele anderer Bestimmungen des νόμος, die nicht Tugenden befehlen, obwohl er die Befolgung alles durch die Gesetzgebung bestimmten[273]) als gerecht bezeichnet[274]), demnach also auch der für den ethischen Bereich irrelevanten und keine Tugenden enthaltenden Bestimmungen[275]). Diese Unterscheidung macht Aristoteles jedoch nicht ausdrücklich, obwohl sie sich auch bei ihm andeutet, wenn er hervorhebt, daß der größte Teil des gesetzlich Gebotenen zugleich das der ganzen Tugend gemäße sei[276]), damit aber konkludent auch einen Teil des νόμος kennt, der nichts mit der Tugend gemein hat, also ethisch irrelevante νόμοι. Die allgemeine Gerechtigkeit umfaßt daher — was später noch von

---

[267]) NE V 5 1130 b 23f. (138).

[268]) NE V 4 1130 b 4f. (137). [269]) Pol VII 14 1333 b 5ff. (387).

[270]) NE V 3 1129 b 19f. (135); MM I 34 1193 b 4 (950); NE V 4 1130 a 18 (137) für die Feigheit.

[271]) NE V 3 1129 b 21 (135); MM I 34 1193 b 4 (950).

[272]) NE V 3 1129 b 22 (135).

[273]) Sal. S. 12f. führt zutreffend aus, daß der νομοθέτης nicht notwendig der Gesetzgeber als gesetzgebende Instanz, also der des formellen Gesetzes sei, sondern nur „symbolische Bedeutung" habe, so z. B. als wenn wir heutzutage vom Schöpfer einer Sitte sprechen oder uns auf den Willen des — nicht notwendig eine reale Existenz habenden — „Gesetzgebers" berufen. [274]) NE V 3 1129 b 13f. (135).

[275]) Das Befolgen ethisch irrelevanter gesetzlicher Bestimmungen ist auch eine gerechte Handlung, falls es aus dem entsprechenden Habitus heraus geschieht. [276]) NE V 5 1130 b 22f. (138).

Bedeutung sein wird — auch die Befolgung von ethisch irrelevanten Normen. Aristoteles behandelt aber primär nur den νόμος, insoweit er die Ausübung aller Tugenden anordnet.

Mit dieser Erstreckung des Bereiches des νόμος und damit der Tugend der allgemeinen Gerechtigkeit auf den Bereich aller übrigen Tugenden erhebt sich die Frage, ob sich die allgemeine Gerechtigkeit überhaupt von den anderen Tugenden unterscheidet, wenn sie sich auf sie erstreckt, beider (der allgemeinen Gerechtigkeit und der übrigen Tugenden) Bereiche sich also decken. Es taucht also das Problem der „Identität" der allgemeinen Gerechtigkeit mit den anderen Tugenden auf[277]).

Das Unterscheidungsmerkmal beider Gerechtigkeitsarten gegenüber den anderen Tugenden ist oben[278]) bereits in dem Begriffselement πρὸς ἕτερον ermittelt worden. Folgerichtig ist dieses Begriffsmerkmal auch das Unterscheidungsmerkmal der allgemeinen Gerechtigkeit gegenüber den anderen Tugenden[279]). Das sagt Aristoteles nun auch ausdrücklich, wenn er ausführt, vollkommen sei die Gerechtigkeit deshalb, weil der sie Besitzende die Tugend auch πρὸς ἕτερον (also auf den anderen hin, in Beziehung auf den anderen[280]) ausüben könne, und nicht μόνον καθ' αὑτόν (bloß für sich, also in seiner Existenz als einzelnes Individuum). Die allgemeine Gerechtigkeit unterscheidet sich also von den übrigen Tugenden durch ihre Bezugnahme auf den anderen. An anderer Stelle[281]) sagt er, die allgemeine Gerechtigkeit sei zwar nicht an sich, nicht ohne weiteres (ἀλλ' οὐχ ἁπλῶς), die Tugend (gemeint sind die übrigen Tugenden, alle Tugenden), sondern erst in ihrer Richtung auf den anderen hin, in ihrer Beziehung auf den anderen (ἀλλὰ πρὸς ἕτερον). Er unterscheidet ausdrücklich[282]), daß viele zwar die Tugend in ihrem Privatsein (τοῖς οἰκείοις) ausüben können, daß sie aber unvermögend sind, sie in Beziehung auf den anderen (πρὸς ἕτερον) auszuüben. Gerade deshalb scheint die Gerechtigkeit ein fremdes Gut (ἀλλότριον ἀγαθόν) zu sein, weil sie in Beziehung auf den anderen steht (ὅτι πρὸς ἕτερόν ἐστιν), was bei keiner der anderen Tugenden der Fall ist[283]). Zum Abschluß der Untersuchung der allgemeinen Gerechtigkeit wird nochmals ausdrücklich hervorgehoben, daß die der ganzen Tugend zugeordnete Gerechtigkeit (κατὰ τὴν ὅλην ἀρετὴν τεταγμένη δικαιοσύνη) die Anwendung der ganzen Tugend in Beziehung auf den anderen (πρὸς ἄλλον) ist[284]).

Das die allgemeine Gerechtigkeit, die — wie oben festgestellt — denselben Bereich wie die übrigen Tugenden hat, von den übrigen

---

[277]) Vgl. oben S. 29f. [278]) S. 49ff. [279]) NE V 3 1129 b 31—33 (136).
[280]) Das „gegen" der Rieckherschen Übersetzung ist zu eng und wird auch sprachlich der umfassenderen Grundbedeutung der Präposition πρὸς nicht gerecht. [281]) NE V 3 1129 b 26f. (135).
[282]) NE V 3 1129 b 33—1130 a 1 (136). [283]) NE V 3 1130 a 3f. (136).
[284]) NE V 5 1130 b 18ff. (138).

Tugenden unterscheidende Begriffselement ist also das des „πρὸς ἕτερον". Was nun aber mit diesem πρὸς ἕτερον, mit diesem „auf den anderen hin", „in Beziehung auf den anderen", gemeint ist, ist damit noch immer nicht ohne weiteres ersichtlich. Das πρὸς ἕτερον der MM [285]) kann nicht damit gleichgesetzt werden, denn dort hieß es gerade von der allgemeinen Gerechtigkeit, daß sie genau so wie die Tugenden des Maßhaltens, der Tapferkeit und der Enthaltsamkeit dem Menschen in seinem Verhältnis zu sich selbst zukommen könne [286]) im Gegensatz zur die Gleichheit im Verkehr der Menschen untereinander zum Gegenstand habenden besonderen Gerechtigkeit, die daher notwendig auf den anderen bezogen sei [287]). Dieses πρὸς ἕτερον der MM bezieht sich — wie der Zusammenhang deutlich ergibt und wie oben bereits festgestellt wurde [288]) — auf die unmittelbare handlungsmäßige Ausübung der gerechten Handlung. Diese setzt einen anderen, einen Mitmenschen voraus, denn ohne daß Mitmenschen vorhanden sind, kann man mit ihnen beispielsweise nicht in Geschäftsverkehr treten. Man kann aber ohne Mitmenschen andere Tugenden wie z. B. Maßhalten und Tapferkeit ausüben und damit ebenso — dies ergibt sich aus dem γὰρ (denn), mit dem Aristoteles das καθ' ἑαυτὸν (im Verhältnis zu sich selbst) der allgemeinen Gerechtigkeit durch die Bezugnahme auf die Tapferkeit usw. begründet [289]) — rein ausübungmäßig gesehen die allgemeine Gerechtigkeit. Das so verstandene πρὸς ἕτερον ist zur Unterscheidung der allgemeinen von der besonderen Gerechtigkeit auch durchaus geeignet, denn es ist besonders für die besondere Gerechtigkeit charakteristisch, daß ihre Ausübung im ständigen Verkehr mit den Mitmenschen erfolgt.

Dieses rein ausübungsmäßig gesehene πρὸς ἕτερον ist in der NE nicht gemeint, denn während in der MM gerade das gegensätzliche καθ' ἑαυτὸν gemeinschaftlich sowohl von der allgemeinen Gerechtigkeit wie von den anderen Tugenden ausgesagt wurde, wird im doppelten Gegensatz zur MM nunmehr das πρὸς ἕτερον gerade als Unterscheidungsmerkmal der allgemeinen Gerechtigkeit gegenüber den anderen Tugenden benutzt. Daß Aristoteles dieses πρὸς ἕτερον nicht mehr ausübungsmäßig sieht, liegt demnach auf der Hand. Es ergibt sich dies aber auch schon aus sich, denn die durch die allgemeine Gerechtigkeit befohlenen Tugenden bedürfen — wie dies in den oben zitierten MM-Stellen auch richtig gesagt wurde — teilweise zu ihrer Ausübung keines anderen, so z. B. das Maßhalten. Es wäre unsinnig, die allgemeine Gerechtigkeit auf die Tugenden oder auf die Sachverhalte zu beschränken, die oder bei denen ein anderer für die handlungsmäßige Ausübung der Tugend erforderlich ist, also bei denen er z. B. als Objekt dient (z. B. die Tapferkeit nur insoweit, als

---

[285]) Vgl. oben S. 42 Anm. 166.
[286]) Vgl. oben S. 42 Anm. 163, 164. [287]) Vgl. oben S. 42 Anm. 165, 166, 167. [288]) Vgl. S. 42. [289]) MM I 34 1193 b 14 (950).

sie gegen einen angreifenden Menschen ausgeübt wird). Abgesehen davon, daß eine solche Unterscheidung (also das πρὸς ἕτερον als Erfordernis eines anderen in ausübungsmäßiger Hinsicht) zur Abgrenzung der allgemeinen Gerechtigkeit von den in ihr befohlenen anderen Tugenden ungeeignet und ferner aber auch ohne wesentliche, jedenfalls ohne ethische Bedeutung wäre, wäre damit der Bereich der allgemeinen Gerechtigkeit nicht nur äußerst stark und in einer von Aristoteles nicht vorgenommenen Weise eingeengt — denn alle den anderen als Objekt nicht erfordernde Tugenden schieden aus —, sondern ferner auch sinnlos, denn warum sollte eine durch den νόμος befohlene, einen anderen als Objekt nicht erfordernde Handlung nicht (allgemein) gerecht sein, wohl dagegen aber eine solche, die einen anderen als Objekt fordert.

Es ergibt sich hieraus mit Notwendigkeit, daß das für die allgemeine Gerechtigkeit der NE bezeichnende Begriffsmerkmal πρὸς ἕτερον von demjenigen der MM verschieden ist und nicht ein für die unmittelbare handlungsmäßige Ausübung der allgemeinen Gerechtigkeit begrifflich notwendiges Vorhandensein eines anderen, eines Mitmenschen, meint. Die Bedeutung des nikomachischen πρὸς ἕτερον ist eine andere. Sie ergibt sich auch hier aus dem Zusammenhang. Denn wenn die allgemeine Gerechtigkeit sich von den durch sie über den νόμος als soziales Ordnungs-, als Rechtsprinzip befohlenen anderen Tugenden durch ihre Beziehung auf den anderen unterscheidet, dann kann diese Beziehung auf den anderen, dieses πρὸς ἕτερον nur die Bedeutung haben, daß diese Beziehung der innere Grund der allgemeinen Gerechtigkeit ist, daß also die menschliche Gemeinschaft, die unter dem in Frage stehenden νόμος steht, die Ausübung der durch den νόμος befohlenen (an sich auch vom einzelnen Individuum in seinem Verhältnis zu sich selbst ausübungsmäßig möglichen) anderen Tugenden fordert. Zu dem bereits für das einzelne Individuum als solches (καθ' αὑτόν) bestehenden Tugendgebot tritt ein weiteres — das Gleiche, nämlich die anderen Tugenden, befehlendes — hinzu, das durch die Inbeziehungsetzung des Individuums zum anderen (πρὸς ἕτερον), zur menschlichen Gemeinschaft entsteht. Der Mensch soll also nicht nur als Einzelindividuum tugendhaft sein, sondern auch als Mitglied der menschlichen Gemeinschaft [290]). Ergibt sich diese Bedeutung des πρὸς ἕτερον somit sowohl aus dem Zusammenhang als auch aus der Gegenüberstellung zur MM, so ist andererseits eine andere Bedeutung auch nicht denkbar, denn die Beziehung zum oder auf den anderen (πρὸς ἕτερον) als Erfordernis des Mitmenschen als Objekt der handlungsmäßigen Ausübung anzusehen, wäre — wie schon oben ausgeführt — widersinnig [291]).

---

[290]) Warum neben das individuelle Tugendgebot noch ein soziales tritt, ist eine zweite, weiter unten S. 69ff. erörterte Frage.

[291]) Vgl. auch unten Anm. 293.

Es folgt hieraus, daß zwischen der MM — nach welcher die allgemeine Gerechtigkeit in der gleichen Weise wie die durch sie befohlenen Tugenden dem Menschen in seinem Verhältnis zu sich selbst zukommt (καθ' ἑαυτόν) [292]) — und der NE — nach welcher die allgemeine Gerechtigkeit sich von den durch sie befohlenen Tugenden durch ihre Beziehung zum anderen (πρὸς ἕτερον) unterscheidet — gar kein Widerspruch besteht. Denn das Gegensatzpaar καθ' ἑαυτὸν — πρὸς ἕτερον hat in der NE eine andere Bedeutung als in der MM. Bezog es sich in letzterer auf ein Erfordernis für die unmittelbare handlungsmäßige Ausübung der Tugend, so betrifft es in ersterer die innere Begründung der Tugend, die Frage, ob man tugendhaft sein soll, weil man Einzelmensch oder weil man Mitglied einer menschlichen Gemeinschaft ist [293]).

[292]) Vgl. oben S. 42 Anm. 163, 164; S. 60 Anm. 286.

[293]) Daß es sich trotz des darauf hindeutenden Wortlauts in Wahrheit gar nicht um einen Widerspruch handelt, ist mehrfach verkannt und damit auch die Bedeutung des πρὸς ἕτ. — zumindest teilweise — mißverstanden worden, soweit dieser dem Wortlaut nach bestehende Widerspruch überhaupt bemerkt wurde. Fechner S. 29 f. sagt nicht klar, welche Bedeutung er dem Gegensatz καθ' ἑαυτὸν — πρὸς ἕτ. beilegt. Er sucht den Widerspruch dadurch zu beseitigen, daß die allg. G. beide Gegensätze in sich enthalte, daß die MM lediglich die eine Seite einseitig hervorhebe. Das hiermit von Fechner gemeinte Ergebnis, nämlich daß die allg. G. sowohl das Allgemeinwohl als auch das Wohl des Individuums bezwecke ist zutreffend, vgl. unten S. 66 f., jedoch meint A. in der MM mit dem καθ' ἑαυτὸν nicht das Wohl des Individuums. Richtig ist es auch nicht, wenn Fechner in diesem „Widerspruch" einen Beleg dafür sieht, daß die MM und NE nicht ein und demselben Verfasser beizulegen seien; vgl. hierzu die folgenden Ausführungen.

Sal. S. 134 f. versteht das Gegensatzpaar πρὸς ἕτ. — καθ' ἑαυτὸν in beiden Ethiken gleich und identifiziert es mit dem Gegensatz des νόμος als Motivation und des Verhältnisses zur Idee der Gleichheit als Handlung. Sal. meint damit, πρὸς ἕτ. sei das Recht von seiner Begründung (Motivation) durch den νόμος her gesehen, καθ' ἑαυτὸν dagegen sei es als Handlung, in seinem Verhältnis zur Idee der Gleichheit gesehen. Abgesehen davon, daß hier eine noch später S. 75 Anm. 371 zu behandelnde unrichtige Auffassung vom Verhältnis der allg. zur bes. G. zugrunde liegt, entspricht dies nicht der oben entwickelten arist. Auffassung und verkennt das, was A. mit einfachen Worten und in einer daraus unmittelbar (ohne bei A. nicht zu findende und in den betreffenden Worten nicht enthaltene Konstruktionen) zu entnehmenden Bedeutung meint. Insb. hat die Idee der Gleichheit mit diesem Gegensatzpaar keineswegs etwas zu tun. V. Arnim I S. 15 sagt hierzu richtig, zwischen Gesetzeserfüllung und Gleichheitsprinzip sei kein innerer Zusammenhang erkennbar (allerdings ist ein Zusammenhang in anderer Richtung gegeben; vgl. unten S. 75 Anm. 371 sowie Hirzel II S. 228 Anm. 4). Unrichtig ist daher auch, wenn Sal. S. 135 der allg. G. der MM — weil hier kein Verhalten πρὸς ἕτ. vorliege — den Charakter des Rechts abspricht und dann ohne Lösung des vermeintlichen Widerspruchs die — bei A. gar nicht vorhandene und nur durch das Mißverständnis des πρὸς ἕτ. entstandene — „Beschränkung (gemeint ist die des Rechts) auf oder vielmehr die Identifizierung mit der ἰσότης" als willkürlich und ungebührliche Einschränkung des Problemgebiets bewertet.

Entwicklungsgeschichtlich zeigt dies, daß der bereits im griechischen Sprachgebrauch vorhandene, in Virt angedeutete und in der MM erstmalig kurz bearbeitete Begriff der allgemeinen Gerechtigkeit in der NE eine erhebliche philosophische Vertiefung erfährt [294] und zwar dadurch, daß der in der MM als bloß äußeres Unterscheidungskriterium verwandte Ausdruck πρὸς ἕτερον nunmehr als ganz anderer, wesentlich vertiefter Begriff erscheint, nämlich als Begründung des Tugendgebots der allgemeinen Gerechtigkeit in der Beziehung zum anderen [295]).

Aus diesem Begriffselement heraus löst sich auch das oben angeschnittene Problem der Identität. Befiehlt die allgemeine Gerechtigkeit nichts anderes [296]), als was die anderen Tugenden als Individualtugenden bereits befehlen, so spricht dies zwar dafür, daß die allgemeine Gerechtigkeit mit den anderen Tugenden identisch ist. Sagt Aristoteles doch selbst mehrfach, die allgemeine Gerechtigkeit sei die ganze Tugend (... ὅλη ἀρετή ἐστιν) [297]) oder sie beziehe sich auf alles, was der Tugendhafte tue [298]). Entsprechend setzt er später in der Pol einfach die Begriffspaare Gut und Böse, Recht und Unrecht nebeneinander [299]). Teilweise wird daher die aristotelische allgemeine Gerechtigkeit mit der ganzen Tugend identifiziert [300]).

Dies trifft aber nicht zu. Gerade hinter der oben [301]) zuerst zitierten Stelle, nach welcher die allgemeine Gerechtigkeit nicht ein Teil der Tugend ist, sondern die ganze Tugend, sagt Aristoteles weiter, nachdem er die Frage der Unterscheidung der allgemeinen Gerechtigkeit von der Tugend (gemeint sind die anderen Tugenden) aufgeworfen

---

V. Arnim I S. 15f. legt — aus dem Bestreben heraus, aus den Widersprüchen die MM als echt, aber historisch früher zu erweisen — dem Gegensatzpaar καθ' ἑαυτὸν — πρὸς ἕτ. in beiden Ethiken den gleichen Sinn bei und kommt dadurch zu einem „offenbaren Widerspruch". Obwohl dies aber nach den obigen Ergebnissen nicht zutreffend ist, ist die Folgerung v. Arnims trotzdem richtig, denn — wenn auch nicht der „offenbare Widerspruch" — auch der vermeintliche Widerspruch ist ein Indiz für die Echtheit und zeitliche Priorität der MM. Sehr deutlich wird die unrichtige Auffassung des πρὸς ἕτ. seitens v. Arnims I S. 16f., wo er es rein ausübungsmäßig auffaßt, dabei aber ganz klar und zutreffend erkennt, daß das πρὸς ἕτ. in dieser — von ihm fälschlich dem A. beigelegten — Bedeutung unbrauchbar ist.

[294]) Was sich wiederum als Indiz dafür erweist, daß die MM einem gegenüber der NE früher gelegenen Entwicklungsstadium angehört.

[295]) Eine noch tiefere Begründung der allg. G. durch Aristoteles wird unten S. 66ff. noch behandelt werden.

[296]) Abgesehen von den von A. nicht eigens behandelten, nicht mit der Tugend zusammenfallenden Bestimmungen des νόμος; vgl. oben S. 58.

[297]) NE V 3 1130 a 8f. (136), NE V 5 1130 b 6f. (137f.), NE V 5 1130 b 15 (138), NE V 5 1130 b 18f. (138) usw.

[298]) NE V 4 1130 b 4f. (137).

[299]) I 2 1253 a 16f. (357).

[300]) Z. B. Goed. II S. 71; vorsichtiger Wittmann S. 208: das Gerechte decke sich mit dem Gesetzmäßigen.

[301]) Vgl. oben Anm. 297.

hat[302]) beide seien dasselbe, nicht aber in ihrem Sein (ἔστι μὲν γὰρ ἡ αὐτή, τὸ δ' εἶναι οὐ τὸ αὐτό)[303]). Dabei verweist Aristoteles auf die unmittelbar vorher gemachten Ausführungen[304]), in welchen er als Unterscheidungsmerkmal den Begriff des πρὸς ἕτερον herausgearbeitet hat[305]). Inwiefern aber die allgemeine Gerechtigkeit mit der Tugend dasselbe ist, ergibt sich bereits aus dem Begriff der allgemeinen Gerechtigkeit, nämlich insofern, als die gesamte äußere Handlung sowohl der allgemeinen Gerechtigkeit wie der durch sie befohlenen Tugend identisch ist, was Aristoteles bereits — was bereits mehrfach dargetan wurde[306]) und wodurch sich das Bild rundet — in der MM gesagt hatte, wo er das ausübungs-, das erscheinungsmäßig Gleiche der allgemeinen Gerechtigkeit und der durch sie befohlenen Tugend hervorgehoben hatte[307]). In der äußeren Erscheinungsform, in der handlungsmäßigen Ausübung, in der Betätigung deckt sich die allgemeine Gerechtigkeit mit den anderen Tugenden, seinsmäßig ist sie von ihnen verschieden[308]). Lediglich von einer empirischen Anschauung her gesehen ist die allgemeine Gerechtigkeit mit den anderen Tugenden identisch, ontologisch gesehen ist sie von ihnen verschieden, weil sie ein bei den anderen Tugenden nicht vorhandenes, zusätzliches immaterielles und daher empirisch nicht unmittelbar wahrnehmbares notwendiges Begriffsmerkmal enthält[309])[310]).

Weil die allgemeine Gerechtigkeit demnach ihre Begründung in der Beziehung zum Mitmenschen findet, weil nicht mehr das Einzelindividuum, sondern die menschliche Gemeinschaft Grundlage der Tugend ist, bezeichnet Aristoteles sie als die vollkommene Tugend (ἀρετὴ τελεία)[311]), von der er sagt, daß sie oft als bewundernswerter als Morgen- und Abendstern erscheine[312]), und als vorzüglichste (κρα-

---

302) NE V 3 1130 a 10f. (136).
303) NE V 3 1130 a 12 (136).
304) NE V 3 1130 a 11 (136).
305) NE V 3 1129 b 25 (135)—1130 a 8 (136); vgl. auch oben S. 59.
306) Vgl. oben S. 42f., insb. S. 59f.
307) Vgl. oben S. 42 Anm. 163, 164; S. 59 Anm. 280, 283.
308) Vgl. auch Sal. S. 21f.
309) NE V 4 1130 a 24ff. (137) zeigt A., daß eine erscheinungsmäßige Identität bei seinsmäßiger Verschiedenheit auch sogar zwischen der bes. Ungerechtigkeit und irgend einem anderen Laster bestehen kann, z. B. wenn jemand um eines Gewinnes willen einen Ehebruch begeht, so daß er sich dafür bezahlen lasse, wogegen ein anderer äußerlich dasselbe und trotzdem ein anderes Laster begehe, indem er Ehebruch aus Wollust begehe und sogar noch Geld dafür ausgebe. Der erstere begeht das Laster der bes. Ungerechtigkeit, der zweite dasjenige der Zuchtlosigkeit, obwohl erscheinungsmäßig das gleiche vorliegt. Dieser im Prinzip gleichgelagerte Fall bestätigt die für die allg. G. — weil dort immer und notwendig auftauchende — von A. angeschnittene Frage der „Identität".
310) Die von A. NE V 5 1130 b 26ff. (138f.) angeschnittene Frage, ob die die Individualtugenden bewirkende Erziehung der Staatskunst angehöre, weil es vielleicht nicht dasselbe sei, ein tugendhafter Mensch und ein guter Bürger zu sein, deckt sich mit dem oben dargelegten Gegensatz zwischen Individual- und Sozialtugenden; vgl. hierzu auch Sal. S. 22f.
311) NE V 3 1129 b 26 (135).
312) NE V 3 1129 b 28 (135).

τίστη) Tugend[313]). Ausdrücklich sagt Aristoteles, sie sei deshalb die vollendete Tugend (ἀρετὴ τελεία), weil der sie Besitzende die Tugend nicht als Einzelindividuum ausübe, sondern πρὸς ἕτερον, also als Mitglied einer menschlichen Gemeinschaft[314]). Zur Verdeutlichung zitiert Aristoteles den Ausspruch des Bias: „Das Amt muß den Mann zeigen". Denn der im Amt Befindliche stehe in einer Beziehung und in Gemeinschaft zum anderen[315]). Aristoteles erkennt hier sehr richtig, daß derjenige, welcher eine leitende Stelle innerhalb einer menschlichen Gemeinschaft einnimmt, ganz besonders die Tugend der allgemeinen Gerechtigkeit besitzen, nämlich den Grund seines richtigen, seines tugendhaften Handelns insbesondere in seiner die Beziehung zur Gemeinschaft, das Element πρὸς ἕτερον besonders deutlich verkörpernden Stellung suchen muß. Daß verantwortungsbewußte Menschen an leitender Stelle irgendwelcher menschlicher Gemeinschaften gerade ihre gemeinschaftsbezogene Aufgabe zum primären Grund ihres tugendhaften Handelns machten und damit ganz evident „allgemein gerecht" im aristotelischen Sinne waren, findet sich immer wieder in der Geschichte. Neben diesem lehrreichen Beispiel weist Aristoteles in diesem Zusammenhang weiter darauf hin, daß es schwerer sei, allgemein gerecht, nämlich des anderen wegen, tugendhaft zu handeln, als bloß als Einzelindividuum, indem er ersteres ein ἔργον χαλεπόν, eine schwere Aufgabe nennt[316]). Das Begriffsmerkmal πρὸς ἕτερον ist es also, welches die allgemeine Gerechtigkeit zu einer ἀρετὴ τελεία, zur vollkommenen Tugend macht.

Auch in den früheren Schriften des Aristoteles findet sich bereits ein Wertvergleich der Gerechtigkeit bzw. der allgemeinen Gerechtigkeit mit den anderen Tugenden. So hatte er bereits in der Top[317]) die Gerechtigkeit für wünschenswerter als die Tapferkeit erklärt, weil erstere immer nützlich sei, die Tapferkeit jedoch nur zu gewissen Zeiten. In der MM[318]) taucht dagegen erstmalig der Begriff der vollkommenen Tugend (ἀρετὴ τελείος) auf. Als solche wird hier bereits die allgemeine Gerechtigkeit bezeichnet. Der Grund für diese Bewertung ist aber nicht der vorher für die NE dargelegte, sondern — wie bereits oben nachgewiesen wurde[319]) — der, daß die allgemeine Gerechtigkeit alle Tugenden auszuüben befiehlt. Als die Tugend, welche die Gesamtheit aller Tugenden befiehlt, als Summe der Tugend war sie dort die vollkommene Tugend. Dagegen erscheint sie in der NE insofern als vollkommene Tugend, als sie die an sich als Individualtugenden möglichen Tugenden in die Sphäre der Sozialtugenden heraufhebt. War die Bewertung als vollkommene Tugend in der MM mithin noch durch den Auswirkungsbereich bedingt, so ist sie nun-

313) NE V 3 1129 b 27 (135).
314) NE V 3 1129 b 31 f.
315) NE V 3 1130 a 1 f. (136).
316) NE V 3 1130 a 8 (136).
317) III 2 117 a 35 ff. (721).
318) I 34 1193 b 5 f. (950).
319) S. 42 Anm. 161, 42 Anm. 162.

mehr tiefer aus dem Wesen der allgemeinen Gerechtigkeit, aus dem entscheidenden Begriffselement πρὸς ἕτερον heraus begründet. Auch dieser Umstand beweist umgekehrt wiederum, daß sich der Begriff des πρὸς ἕτερον in der NE gegenüber demjenigen der MM geändert hat. Andererseits ist er ein Indiz für die früher im einzelnen dargestellte Entwicklung des aristotelischen Gerechtigkeitsbegriffs, denn die Begründung für die Vorrangstellung der Gerechtigkeit charakterisiert gleichzeitig den jeweiligen aristotelischen Gerechtigkeitsbegriff. Die ursprünglich im platonischen Sinne verstandene innere Gerechtigkeit, die als Grundtugend deshalb erschien, weil sie das Verhältnis der Seelenteile und die Rangordnung der Tugenden regelte, hat sich in der MM bereits zur späteren allgemeinen Gerechtigkeit entwickelt, bei der aber eine tiefere philosophische Durcharbeitung noch fehlt und die daher und wohl nicht zuletzt als Anklang an die früharistotelische und platonische Auffassung ihre Bedeutung als vollkommene, als Grundtugend noch aus ihrer Bedeutung für die anderen Tugenden her erlangt. Diese gleichsam platonischen Reste in dem — obgleich von Aristoteles unabhängig entwickelten — Begriff der allgemeinen Gerechtigkeit sind später ganz beseitigt. Nicht mehr die Bedeutung für die anderen Tugenden, sondern das Element πρὸς ἕτερον macht nunmehr die Gerechtigkeit zur vollkommenen Tugend.

Die spätaristotelische allgemeine Gerechtigkeit stellt demnach eine auch hinsichtlich ihrer begrifflichen Definition gegenüber derjenigen der MM vertiefte dar. Aus der früharistotelischen inneren Gerechtigkeit ist eine äußere Gerechtigkeit geworden, die sich von den anderen Tugenden durch ihre Beziehung zum anderen unterscheidet, gegenüber der besonderen Gerechtigkeit aber dadurch, daß sie in der Erfüllung des νόμος und des Individualtugendgebots besteht und in der erwähnten Beziehung zum anderen ihren Grund findet. Weil sie — die erscheinungsmäßig mit den anderen Tugenden identisch, seinsmäßig aber von ihnen verschieden ist — den Grund der Tugend aus der Individualsphäre heraus in die menschliche Gemeinschaft verlagert, ist sie die vollkommene Tugend.

bb) Die ethische Begründung der allgemeinen Gerechtigkeit in der Sozialeudämonie.

Hatte sich im vorherigen Abschnitt die begriffliche Bestimmung der spätaristotelischen allgemeinen Gerechtigkeit als eines die νόμος-Befolgung anordnenden und die Bezugnahme auf den Mitmenschen enthaltenden Tugendgebotes ergeben, so ist nun im folgenden die eigentlich ethische Begründung der allgemeinen Gerechtigkeit darzustellen.

Da die allgemeine Gerechtigkeit zunächst genau so wie die anderen Tugenden als Tugend erscheint[320]), gilt für ihre ethische Begrün-

[320]) Vgl. oben S. 53 Anm. 218.

dung in erster Linie grundsätzlich die ethische Begründung der allgemeinen Tugendlehre. Sie ordnet sich also in die ethische Teleologie ein, welche die Erreichung des menschlichen Guts, nämlich der Individualeudämonie und damit des sittlichen Guts bezweckt [321]). Auch der Zweck der allgemeinen Gerechtigkeit ist es, den sie ausübenden Menschen glückselig zu machen. An diesem Grundsatz ändert auch die Tatsache nichts, daß die allgemeine Gerechtigkeit ihre Begründung in der menschlichen Gemeinschaft findet, denn es würde dem gesamten System der aristotelischen Ethik widersprechen, wollte man den grundlegenden Individualeudämonismus auf die Tugend der allgemeinen Gerechtigkeit nicht anwenden. Sie wäre dann gar keine Tugend mehr. Hätte Aristoteles überhaupt etwas derartiges beabsichtigt, so wäre eine solch grundsätzliche Abweichung sicherlich irgendwie angedeutet worden. Insbesondere ist aber der Umstand, daß gerade die allgemeine Gerechtigkeit für den anderen, für die menschliche Gemeinschaft, in mannigfachen Formen nützlich ist, keineswegs geeignet, die allgemeine Gerechtigkeit von der Lehre des Individualeudämonismus auszuschließen. Dies ergibt sich schon gedanklich daraus, daß auch andere Tugenden wie z. B. die Freigebigkeit anderen nützlich sind, ohne daß dadurch der Zweck der Erlangung der eigenen Glückseligkeit verloren ginge. Aber auch ausdrücklich führt Aristoteles in der MM aus, daß der Umstand, daß der Tugendhafte auf die nützlichen Güter zu Gunsten des Freundes verzichte, nicht ausschlöße, daß er dabei sich selbst in gewisser Hinsicht am meisten liebe, nämlich in Beziehung auf das sittlich Schöne und Gute [322]).

Ist die allgemeine Gerechtigkeit demnach wie alle anderen Tugenden eine die Glückseligkeit des Einzelindividuums bezweckende und dessen Sittlichkeit bewirkende Tugend, so verfolgt sie andererseits über diese Individualtugenden hinausgehend — wie es das Begriffsmerkmal πρὸς ἕτερον auch notwendig zur Folge bzw. zur Voraussetzung hat — weitergehende Zwecke.

Wie Aristoteles bekanntlich in seiner Pol im einzelnen darlegt [323]), ist der Mensch von Natur ein gesellschaftliches Wesen (... καὶ ὅτι ἄνθρωπος φύσει πολιτικὸν ζῷον) [324]). Dieser bedeutsame Grundsatz wird von verschiedenen Seiten her entwickelt, zunächst (beispielsweise von

---

[321]) Vgl. oben S. 5ff.

[322]) MM II 14 1212 b 8—20 (1014); so auch zutreffend Fechner S. 28 Anm. 4, dessen Zitate jedoch weitgehend nicht zutreffen. Insofern hat Fechner auch ansatzmäßig Recht, wenn er den vermeintlichen Widerspruch zwischen MM und NE — vgl. oben S. 62 — dadurch zu lösen versucht, daß die allg. G. insofern καθ' αὑτὸν sei, als sie auch die Glückseligkeit des einzelnen bezwecke.

[323]) I 2 1252 a 24ff. (354).

[324]) Pol I 2 1253 a 2f. (357), NE IX 9 1169 b 18f. (281), NE VIII 14 1162 a 17f. (254), vgl. auch mit näheren Einzelheiten Sal. S. 102, Goed. II S. 13f.

der Zweckmäßigkeit der Sprache her)[325] aus psychologischer und anthropologischer Sicht[326]), dann aber auch von metaphysischer Seite her, nämlich aus dem Satz heraus, daß der Staat als Ganzes früher sei als der Einzelne als Teil[327]). Der Mensch wird in einem ungleich stärkeren Maße als heute mit der πόλις, mit dem Staat als wesensmäßig verbunden betrachtet[328]).

Infolge dieser dem Menschen von Natur aus eigentümlichen Veranlagung verbindet er sich zur Familie, Hausgemeinschaft, zur Dorfgemeinde und schließlich zur πόλις, zum Staat[329]). Dieser ist die vollendete menschliche Gemeinschaft[330]), weil er das Ziel der Selbstgenügsamkeit (αὐτάρκεια) erreicht hat[331]).

Demnach ist nach Aristoteles die Verbindung zu menschlichen Gemeinschaften und insbesondere zur πόλις, zum Staat, eine naturgegebene Notwendigkeit.

Das Ziel dieses Staates nun hat Aristoteles bei der Schilderung der besten Staatsverfassung[332]) behandelt. Es besteht in Parallele zum Ziel des Einzelindividuums in einem tugendhaften Leben[333]). Beider Endzwecke sind also die gleichen[334]). Auch in empirischer Sicht sind die Endzwecke des Staates und des einzelnen die gleichen[335]), denn auch der Staat bezweckt die Glückseligkeit. Das Erreichen eines tugendhaften Lebens und damit der Glückseligkeit ist sogar nicht nur der höchste Endzweck des Staates, sondern jeder menschlichen Gesellschaft und schlechthin jeder Gemeinschaft[336]). Diese Glückseligkeit des Staates[337]) hat wiederum den Zweck, daß der Staatsbürger sich auf Grund der aus diesem besten Staat entspringenden Vorteile am wohlsten fühlt[338]). Der Staat verschafft die äußeren Mittel, welche die tugendhaften Handlungen ermöglichen[339]). Nicht das bloße Zusammenleben[340]), sondern ein vollkommenes und autarkes, sich selbst genügendes Leben[341]) und damit die sittlich schönen Handlungen[342]) und die Glückseligkeit der Staatsbürger sind der Zweck des Staates[343]). Die Glückseligkeit des Staates besteht aber gerade darin, daß alle

---

[325]) Pol I 2 1253 a 7ff. (357). [326]) Vgl. auch Goed. II S. 14.
[327]) Pol I 2 1253 a 18ff. (357f.); vgl. auch Goed. II S. 14.
[328]) Vgl. hierzu im einzelnen Wittmann S. 5ff. und insb. Hirzel II S. 423ff., Binder S. 367.
[329]) Vgl. Anm. 1. [330]) Pol I 2 1252 b 27f. (356).
[331]) Pol I 2 1252 b 28f. (356). [332]) Pol VII 1323 a 14ff. (647).
[333]) Pol VII 1 1323 b 40—1324 a 2 (652).
[334]) NE I 1 1094 b 7f. (17). [335]) Pol VII 2 1324 a 5ff. (652).
[336]) Pol VII 2 1325 a 7ff. (655f.).
[337]) Dafür, daß A. an eine Volksseele im strengen Wortsinn etwa wie bei Hegel oder Steinthal dachte, ergeben sich keinerlei Anhaltspunkte; vgl. unten Anm. 13 sowie ferner Hirzel II S. 425, Sauter S. 43.
[338]) Pol VII 1 1323 a 17ff. (648), Pol III 6 1278 b 21ff. (460).
[339]) Pol VII 1 1324 a 1 (652). [340]) Pol III 9 1281 a 3f. (468).
[341]) Pol III 9 1280 b 40—1281 a 1 (468).
[342]) Pol III 9 1281 a 2f. (468). [343]) Pol III 9 1281 a 2 (468).

Staatsbürger und nicht nur einige sie besitzen. Eine Glückseligkeit des Staates ohne die der Staatsbürger ist undenkbar [344]).

Aristoteles sieht mithin im Staat nicht nur die höchste aller menschlichen Gemeinschaften, sondern er läßt ihn auch tief in die Sphäre des Einzelindividuums hineingreifen. Das geschieht allerdings in einer ganz anderen Weise als bei den modernen Staaten. Einerseits erfolgt dieser Eingriff in einer heute zumindest dem Ausmaß nach ungewohnten Weise durch die Zuordnung ethischer Zwecke an den Staat, denn — wie oben ausgeführt — dient auch die äußere Wohlfahrt dem Endzweck der Glückseligkeit und des tugendhaften Lebens. Ferner geschieht dieser Eingriff in einer heute ebenfalls ungewohnten Weise ganz betont von der Aufgabenseite her. Im Gegensatz zur liberalistischen Beschränkung des Staates auf die utilitaristisch notwendigsten und die Privatsphäre des Individuums unberührt lassenden öffentlichen Tätigkeiten und weiter ganz im Gegensatz zu der für den modernen Staat charakteristischen praktisch primären Betonung seiner Rechte, umfaßt der aristotelische beste Staat nicht nur die ethische Vervollkommnung des Individuums, sondern hat sie sogar zum primären Zweck, und dies wird primär als Pflicht des Staates angesehen. Daß das Individuum trotzdem nicht nur als Staatsmitglied, als Staatsbürger, erscheint, ergibt sich schon daraus, daß der Staat zum Endzweck das gute und glückselige Leben des Individuums hat [345]). Demnach hat auch der Satz, daß das Gut des Staates gegenüber demjenigen des Individuum das größere und vollkommener sowie herrlichere und göttlichere ist [346]), obgleich es für beide dasselbe ist [347]), nur die Bedeutung, daß es wegen der größeren Quantität und wegen der Gemeinschaftlichkeit dem letzteren vorzuziehen ist, nicht aber, daß der Staat wie etwa im Hegelschen Sinne — erst dem Individuum sittlichen Wert gibt, daß er der sittliche Endzweck ist. Der Zusammenschluß zum guten und glückseligen Staat ist zwar Zweck des Menschen, aber nur insofern, als dadurch die Sittlichkeit und die Glückseligkeit des Individuums sich am höchsten und zahlreichsten entwickeln kann [348]). Die Hineinbeziehung der Staatslehre in die Ethik [349]), die starke Betonung der in dieser Richtung gelegenen Staatspflichten [350]), welche beide Tatsachen dem Zweck dienen, vermittelst der staatlichen Gemeinschaft das sittlich Gute und die Glückseligkeit des Individuums möglichst vollkommen zu erreichen, bilden das ethische Korrelat zum von Natur gesellschaftlichen Wesen des Menschen.

---

[344]) Pol II 5 1264 b 17ff. (399). [345]) Vgl. auch Wittmann S. 6f.
[346]) NE I 1 1094 b 8ff. (17). [347]) NE I 1 1094 b 7 (17).
[348]) Wittmann S. 6f., Goed. II S. 13.
[349]) Oder auch umgekehrt der Ethik in die Politik; vgl. Wittmann S. 5f.
[350]) Dies zeigt sich auch praktisch beispielsweise deutlich allein darin, wieviel Aufmerksamkeit A. der Erziehung der Jugend widmet, indem er über diese stark ein ganzes Buch seiner Staatslehre schreibt; vgl. insb. Pol VIII 1337 a 11ff. (701).

Diese der Lehre vom höchsten Gut des Einzelindividuums parallellaufende Lehre vom Zweck und höchsten Gut des Staates und überhaupt menschlicher Gemeinschaften — wie sie sich in Aristoteles' Pol findet — verbindet sich nun folgerichtig mit dem Begriff der allgemeinen Gerechtigkeit. Dasjenige, was zum Besten der Gesamtheit dient, ist nämlich das Recht (τὸ δίκαιον), es ist das politische Gut (πολιτικὸν ἀγαθόν)[351]). Tugendhaft und damit glückselig wird ein Staat nur dadurch, daß die an der staatlichen Tätigkeit teilhabenden[352]) — und das sind nach ihm alle — Bürger ihrerseits tugendhaft sind[353]). Folgerichtig muß demnach der einzelne Staatsbürger auch deshalb tugendhaft sein, damit es die staatliche Gemeinschaft ist. Gerade dies liegt aber — wie sich oben ergeben hatte — im Begriff der allgemeinen Gerechtigkeit, denn diese befahl die an sich als Individualtugenden denkbaren Tugenden dem Menschen deshalb, weil er in einer Gemeinschaft stand, sie begründete die Tugend aus dem Begriffselement πρὸς ἕτερον, aus der Beziehung zum Mitmenschen, zur menschlichen Gemeinschaft. Daher sagt Aristoteles auch von der allgemeinen Gerechtigkeit, sie erzeuge und bewahre die Glückseligkeit eines politischen Ganzen[354]), sie tue das dem anderen Nützliche[355]). Deshalb nennt er sie ein fremdes Gut, ein ἀλλότριον ἀγαθόν[356]). In folgerichtiger Entwicklung ergibt sich demnach, daß der höchste Zweck der staatlichen Gemeinschaft, der gegenüber dem gleichartigen des Einzelindividuums sich allerdings wie Mittel zum Zweck verhält, das sittliche Gute und die Glückseligkeit ist, daß dies aber erreicht wird durch die Ausübung der Tugend und daß damit schließlich notwendigerweise ein Gebot bestehen muß, welches die Ausübung der gesamten Tugend der Gemeinschaft wegen befiehlt. Dieses Gebot aber ist — wie sich schon analytisch aus ihrem Begriff ergeben hatte — die allgemeine Gerechtigkeit. Daß Aristoteles von ihr nun ausdrücklich sagt, sie bewirke und bewahre die Glückseligkeit eines politischen Ganzen, ist demnach eine folgerichtige Bestätigung dieser begrifflichen Beziehungen.

Hieraus erklärt sich nun auch, wenn Aristoteles sagt, die Gerech-

---

[351]) Pol III 12 1282 b 16ff. (474). [352]) Vgl. hierzu Sal. S. 101.

[353]) Pol VII 13 1332 a 32ff. (683).

[354]) NE V 3 1129 b 17ff. (135). [355]) NE V 3 1130 a 4f. (136).

[356]) NE V 3 1130 a 3 (136); ob NE V 10 1134 b 5 (153), wo die G. ebenfalls als fremdes Gut bezeichnet wird, auch die allg. G. gemeint ist, ist fraglich. In jedem Fall meint A. die bes. G. Es ist aber — da die allg. G. die bes. G. mit umfaßt, wie noch ausgeführt werden wird — auch durchaus denkbar, daß A. an beide Arten der G. denkt. Darauf deutet hin einerseits die Bezeichnung des Herrschers als Wächter des Rechts (φύλαΖ τοῦ δικαίον) — 1134 b 1f. —, was auf derselben Stufe wie νόμιμος (der das Gesetz Befolgende) steht, andererseits der Ausdruck εἴπερ — 1134 b 3 —, der Hinweis auf die „andere" Art der G. sein könnte, und schließlich die Verweisung auf die Stelle 1130 a 3—1134 b 6, an der eindeutig die allg. G. gemeint ist.

tigkeit sei die staatliche, die Staatstugend (ἡ δὲ δικαιοσύνη πολιτικόν)[357]), und insbesondere, die die bürgerliche Gesellschaft kennzeichnende Tugend sei die Gerechtigkeit, aus welcher alle übrigen Tugenden folgten[358]).

Das zunächst rein begrifflich geschilderte Definitionselement πρὸς ἕτερον erhält damit seine ethisch relevante Begründung im Staatseudämonismus. Die Eudämonie einer menschlichen Gemeinschaft insbesondere aber der staatlichen Gemeinschaft ist das bei Aristoteles in dem Element πρὸς ἕτερον begrifflich zum Ausdruck kommende Sollensprinzip der allgemeinen Gerechtigkeit. Diese ist zwar an sich ebenso eine Tugend wie die anderen, insofern sie die Individualeudämonie bezweckt. Sie tut dies — wie sich aus dem teleologischen Verhältnis des Staates zum Individuum wie Mittel zum Zweck[359]), ferner aus der Tatsache, daß eine für den späteren Begriff der Volksseele denkbare unpersönliche (dem Individuum nicht unmittelbar zukommende) und überpersönliche Staatseudämonie für die aristotelische Vorstellung nicht in Betracht kommen kann[360]), und schließlich auch aus der Behandlung des gleichgelagerten Problems bei der Freundschaft[361]) ergibt — sogar in erster Linie oder — anders ausgedrückt — ist dies ihr höherer Zweck.

Dies hat in grundsätzlicher Form Aristoteles bereits in der Top[362]) ausgesprochen, wo er kritisiert, daß man bei der Definition etwas als wünschenswert erkläre, weil es wegen eines anderen wünschenswert sei, obwohl es dies bereits seiner selbst wegen sei, und als Beispiel die Gerechtigkeit gebraucht, die deswegen für wünschenswert erklärt werde, weil sie die Gesetze erhalte, obwohl sie ihrer selbst wegen bereits wünschenswert sei. Er wirft dann, ohne sich in der Top bereits zu entscheiden, die Frage auf, ob ein seiner selbst wegen Wünschenswertes auch ein eines anderen wegen Wünschenswertes sein könne, und sagt, daß in jedem Falle das seiner selbst wegen Wünschenswerte irgendeines Dinges als am meisten in seinem Wesen liegendes gegenüber dem eines anderen wegen Wünschenswerten des gleichen Dinges das Beste des Dinges sei, weshalb auch zunächst dieses, also das seiner selbst wegen Wünschenswerte, in erster Linie zur Definition benutzt werden solle. Aristoteles hält es demnach bereits in der Top für möglich, daß die Gerechtigkeit sowohl ihrer selbst wegen als aber auch eines anderen wegen wünschenswert ist. Daß dem im Prinzip gerade hinsichtlich der Gerechtigkeit so ist, nämlich daß sie sowohl eine Individualeudämonie als auch eine Staatseudämonie bezweckt (die ja beide etwas Wünschenswertes dar-

---

357) Pol I 2 1253 a 37 (358).
358) Pol III 13 1283 a 38 ff. (477).
359) Vgl. oben S. 68 Anm. 338, 343, S. 69 Anm. 345.
360) Vgl. oben S. 68 Anm. 337. 361) Vgl. oben S. 67 Anm. 322.
362) VI 12 149 b 31 ff. (889 f.).

stellen), ergibt die spätaristotelische Auffassung von der allgemeinen Gerechtigkeit. Aber nicht nur auf die Möglichkeit einer solchen doppelten Eudämonie weist diese Top-Stelle bereits hin, sondern sie bestätigt auch von einem rein deduktiven, definitionsmäßigen Standpunkt aus das obige anderweitig gefundene Ergebnis, daß die Individualeudämonie gegenüber der Staatseudämonie der primäre Zweck der allgemeinen Gerechtigkeit ist. Da nämlich das am meisten im Wesen eines Dinges liegende das Beste ist, ist es auch die Individualeudämonie gegenüber der Staatseudämonie, denn erstere kommt dem grundsätzlicheren Wesen der allgemeinen Gerechtigkeit, nämlich bereits dem genus proximum als Tugend zu, die letztere dagegen erst der nicht so grundsätzlichen begrifflichen Unterscheidung gegenüber den anderen Tugenden, nämlich erst der differentia specifica durch das Element πρὸς ἕτερον. Zu diesem primären und bereits aus ihrem Wesen als Tugend zu folgernden Zweck der Individualeudämonie der allgemeinen Gerechtigkeit tritt aber als sekundärer und ihr besonderes, in Unterscheidung gegenüber den anderen Tugenden bestehendes Wesen ausmachender Zweck derjenige der Erreichung der Staatseudämonie hinzu, der die ethische Erklärung, das Sollensprinzip des πρὸς ἕτερον darstellt.

Dieser für die allgemeine Gerechtigkeit charakteristische Zweck der Staatseudämonie bringt sie in Verwandtschaft zur Tugend der φιλία, zur Freundschaft und Liebe, denn auch diese ist auf den anderen gerichtet und zwar bei der vollkommenen Freundschaft (τελεία φιλία) in der Weise, daß die Freunde einander gleichmäßig das Gute wünschen [363]). Gerade in diesem Punkt, nämlich in der Begründung durch den Mitmenschen, in dem in den Mitmenschen verlegten und dessen Tugend und Eudämonie bewirkenden Sollensprinzip decken sich allgemeine Gerechtigkeit und φιλία. Zwar gibt es weitgehende Unterschiede. Die allgemeine Gerechtigkeit gilt nur innerhalb einer bestehenden menschlichen Gemeinschaft, innerhalb eines Staates, während die φιλία sich auch auf Menschen fremder Länder erstrecken kann [364]). Die allgemeine Gerechtigkeit beschränkt sich auf das durch den νόμος Gebotene, während sich die φιλία in allen möglichen dem Freund zugute kommenden Handlungen äußern kann. Andererseits ist die allgemeine Gerechtigkeit in ihrem tiefsten Kern, nämlich insofern sie die Ausübung des νόμος und der Tugend des anderen wegen befiehlt, schließlich nichts anderes als φιλία, die Liebe und Freundschaft zum Mitmenschen. Zwar gehört die φιλία noch nicht zu den antiken Kardinaltugenden. Sie tritt erst mit dem Christentum

---

[363]) NE VIII 4 1156 b 6ff. (234); Auf diese enge Verwandtschaft weist bereits Fechner S. 23ff. zutreffend hin; vgl. auch Sal. S. 85, der jedoch — wie bereits oben S. 50 Anm. 213 ausgeführt wurde — in nicht zutreffender Weise die G. mit der auf der Tugend beruhenden Freundschaft verknüpft.

[364]) NE VIII 1 155 a 21f. (230).

in Form der Gottes- und Nächstenliebe in den Vordergrund. Trotzdem entdeckt auch Aristoteles bereits die enge Verwandtschaft zwischen allgemeiner Gerechtigkeit und φιλία, wenn er sagt, bei Vorhandensein der φιλία sei die Gerechtigkeit entbehrlich, nicht aber umgekehrt, und ferner insbesondere, das Recht im höchsten Sinne scheine es unter Freunden zu geben[365]). Er hebt sogar hervor, daß es dem Gesetzgeber noch mehr um die φιλία als um die Gerechtigkeit zu tun sei, weil sie als das die Staaten zusammenhaltende Band erscheine[366]). Eine natürliche Folge und eine Bestätigung des Gesagten ist es daher, wenn Aristoteles bei der Behandlung der φιλία zahlreiche Parallelen zur Gerechtigkeit entdeckt[367]). Die allgemeine Gerechtigkeit kommt demnach in ihrer höchsten Form der φιλία nahe.

Damit erweist sich die allgemeine Gerechtigkeit gleichzeitig als Sozialtugend, und zwar nicht nur in der Weise, daß sie allein für sich als gänzlich neue Tugend auf den anderen gerichtet ist, sondern vielmehr in der Art, daß sie alle anderen Tugenden wieder aufgreift und sie durch die Begründung in der Sozialeudämonie einfach von Individual- zu Sozialtugenden macht.

Schließlich liegen Wesenszüge der allgemeinen Gerechtigkeit der bekannten sogenannten goldenen Regel der Moral „Quod tibi non vis fieri, ne facias alteri" („Was du nicht willst, daß man dir tu, das füg' auch keinem andern zu") zugrunde. Auch diese Regel befiehlt wie die allgemeine Gerechtigkeit das des Mitmenschen wegen richtige Verhalten, und es wird ähnlich wie bei ihr das dem Individuum Gute auf die soziale Sphäre ausgedehnt.

2. Die allgemeine Gerechtigkeit als die den Bereich der Sozialethik schaffende Tugend.

Die nach dem vorherigen Abschnitt begrifflich die νόμος- und die Tugendbefolgung anordnende und die Bezugnahme auf den Mitmenschen enthaltende sowie ethisch teleologisch in der Sozialeudämonie begründete allgemeine Gerechtigkeit stellt damit methodologisch gesehen eine ebenso einfache wie bedeutungsvolle und geschickte Hineinbeziehung und Einordnung der menschlichen Gemeinschaften in den Bereich der Ethik dar. Aristoteles stellt nicht besondere neue Sozialtugenden auf, welche neben den Individualtugenden stehen, sondern er läßt die äußerlich gleichen Tugendhandlungen einerseits als Individual-, andererseits durch das Mittel der allgemeinen Gerechtigkeit als Sozialtugenden erscheinen. Dadurch werden einerseits sämtliche Tugenden auch als Sozialtugenden bedeutsam, die Totalität der gesamten Ethik hilft auch bei der Er-

---

365) NE VIII 1 1155 a 26ff. (230).
366) NE VIII 1 1155 a 22ff. (230).
367) NE VIII 9 1158 b 29ff. (243); vgl. auch Fechner S. 23ff.

zeugung der Staatseudämonie mit, andererseits geschieht dies durch ein ganz einfaches methodisches Mittel, nämlich durch das Begriffselement πρὸς ἕτερον, welches die Begründung der einerseits als Individualtugenden gegebenen Tugenden in den Mitmenschen und die menschliche Gemeinschaft verlegt und deren Eudämonie — also sozusagen die Gemeinschafts- und insbesondere die Staatseudämonie — zur causa finalis hat. Durch die Hinzufügung dieses Begriffselements werden aus den Individual- Sozialtugenden, so daß die allgemeine Gerechtigkeit die Individualtugenden gleichsam auf eine andere Ebene, in eine höhere Dimension hebt.

Es entsteht daher, weil das Individualtugendgebot die gleiche äußere Handlung befiehlt wie das Sozialtugendgebot der allgemeinen Gerechtigkeit, sozusagen eine Gebotskonkurrenz. Da es sich bei dem den tatbestandlichen Unterschied ausmachenden Begriffselement πρὸς ἕτερον, um ein subjektives Tatbestandselement handelt, hängt es von der προαίρεσις[368]), von dem sittlichen Vorsatz des Handelnden ab, ob er das Individual- oder Sozialtugendgebot oder beide befolgt, also z. B. ob er καθ' αὑτὸν oder πρὸς ἕτερον oder in beiderlei Hinsicht tapfer ist. Es können also beide Tugendgebote gleichzeitig erfüllt sein. Diese Konkurrenz zeigt sich z. B. bei Nichterfüllung beider Gebote. Wenn nämlich jemand nicht tugendhaft ist, z. B. ein Soldat feige, so verstößt er damit sowohl gegen das Individual- als auch gegen das Sozialgebot der Tapferkeit, also sowohl gegen das Gebot der Tapferkeit als auch gegen das der allgemeinen Gerechtigkeit, so daß er also sowohl feige wie ungerecht ist. Es tritt damit sozusagen eine „Idealkonkurrenz" beider Tugendgebote ein. Auch bei Aristoteles selbst kommt dies schon deutlich zum Ausdruck, wenn er ausführt[369]), daß der Selbstmörder gegen sich selbst kein Unrecht begehe, weil dieses infolge Einwilligung wegfalle, daß aber das Unrecht gegen den Staat, das im Selbstmord liege, erhalten bleibe, so daß der Staat den Selbstmord bestrafe. Die an sich gegebenen Verstöße gegen das Individual- und das Sozialtugendgebot werden also auf den letzteren beschränkt, weil der erstere wegen Einwilligung wegfällt.

Dementsprechend kann dieselbe äußere Handlung auch gleichzeitig eine solche der besonderen und eine solche der allgemeinen Gerechtigkeit sein. Wer einen Vertrag erfüllt und nicht den anderen durch Nichterfüllung übervorteilt, begeht eine Handlung der besonderen Gerechtigkeit[370]). Wenn er aber damit gleichzeitig den νόμος erfüllt und des anderen wegen und zum Zwecke der Erreichung der Gemeinschaftseudämonie handelt, so erfüllt er ferner damit das Gebot der allgemeinen Gerechtigkeit. Daß beides sich nicht notwendig deckt,

---

[368]) Zu diesem Begriff vgl. Wittmann S. 101 ff.
[369]) NE V 15 1138 a 9—14 (166).
[370]) Was unten S. 89 ff. noch näher ausgeführt werden wird.

ergibt sich schon daraus, daß man Handlungen der besonderen Gerechtigkeit gegenüber jedermann und über den Bereich staatlicher Gemeinschaften hinaus betätigen kann, z. B. wenn ein Grieche einen mit einem Perser abgeschlossenen Vertrag erfüllt, daß Handlungen der allgemeinen Gerechtigkeit dagegen nur innerhalb der von der Familie bis zur πόλις, zum Staat, reichenden menschlichen Gemeinschaften möglich sind[371]).

[371]) Weitgehend nicht zutreffend ist das Verhältnis der allg. G. zu bes. G. von Sal. behandelt worden. In dem Bestreben, innere Zusammenhänge zwischen beiden und das „in der systematischen Einordnung der beiden ⟨Arten⟩ bestehende richtige Verhältnis (S. 20) zu schaffen und damit noch mehr System in die arist. G.-Lehre zu bringen, sieht er die allg. G. und die bes. G. nicht als „zwei ⟨Arten⟩ von G." an (S. 22), sondern hält beide für „nur zwei Seiten einer und derselben Sache" (S. 19). Es gebe bei A. „nur einen einzigen Begriff oder Wert ⟨Recht⟩" (S. 18). Die bes. G., die ἰσότης (Gleichheit), ermögliche es erst, die allg. G., die νόμος-G. „vollinhaltlich und nach jeder Richtung hin zu erfassen" (S. 17). Erst wenn man das ἴσον des Vorgangs oder des Geschehnisses oder der allgemeinen Regel sich klar gemacht habe, könne man wirklich sagen, „die νόμος-G. durchblickt zu haben" (S. 17). Mehr leiste die ἰσότης aber auch nicht. Sie erschlösse „uns nur eine einzige Seite" der νόμος-G. (S. 17). Die „wechselseitige Beziehung der beiden Rechtsarten bei Aristoteles", der von einem Verhältnis der bes. zur allg. G. wie eines Teiles zu einem Ganzen spreche, lasse sich nur so auffassen, daß sich νόμος und ἰσότης „wie materielle Fülle und äußere Erscheinungsweise" verhielten (S. 17). G. sei „ihrem Wesen und Gehalt nach Übereinstimmung mit dem νόμος". (S. 17f.). Sie trete „uns in Methodik und Arbeitsweise entgegen als Gleichheit" (S. 18). Die Gleichheit schaffe sich den νόμος und arbeite und wirke in ihm, und der νόμος entfalte „sein Leben und seine Kraft in den Formen der Gleichheit" (S. 18). Diese „Trennung zweier Ansatzpunkte für die philosophische Arbeit" im Begriff der G. sei „methodisch von größter Bedeutung", schaffe „damit aber nicht eine Zweiheit von Erkenntnisgegenständen" (S. 19f.). Allg. und bes. G. erfaßten „den gleichen Gegenstand, aber ... von verschiedenen Seiten und in unterschiedlicher Methodik" (S. 19).

Diese Ausführungen Sal'. sind sachlich unzutreffend. Nach der obigen Darstellung des arist. Begriffs der allg. G. trifft es nämlich nicht zu, daß allg. und bes. G. „nur zwei Seiten einer und derselben Sache" sind, sondern die allg. G. ist vielmehr die Tugend, welche sämtliche anderen, nämlich alle Individualtugenden durch ihre ethisch teleologische Begründung in der menschlichen Gemeinschaft zu Sozialtugenden macht. Zu diesen anderen Tugenden zählt auch die bes. G. Deshalb sagt A. NE V 5 1130 b 11f. sowie entsprechend 1130 b 14ff., die bes. G. sei nur ein Teil der allg. G. bzw. erstere verhalte sich zur letzteren wie der Teil zum Ganzen. Unzutreffend behauptet Sal. S. 17 jedoch auf Grund dessen: „Ein solches Verhältnis eines Teiles und eines Ganzen liegt nur vor, wenn wir es mit dem zu tun haben, was man (ungenau genug) als Inhalt und Form scheidet. Und nur so läßt sich die wechselseitige Beziehung der beiden Rechtsarten bei Aristoteles auffassen. Es verhalten sich νόμος und ἰσότης wie materielle Fülle und äußere Erscheinungsweise". Abgesehen davon, daß A. nicht die geringsten Anhaltspunkte für eine derartige Auffassung bietet und sie selbst gar nicht geäußert hat, so daß es folglich auch an Belegen hierfür bei Sal. fehlt, ist es einerseits unrichtig, daß das Verhältnis Teil zum Ganzen „nur" bei der Sal.-schen Auffassung vorliege und daß sich die

Die besondere Gerechtigkeit verhält sich mithin ebenso wie die anderen Tugenden zur allgemeinen Gerechtigkeit wie der Teil zum

---

Beziehung beider Rechtsarten „nur" im Sal.-schen Sinne auffassen lasse, denn es ist auch die oben dargelegte im arist. Text selbst liegende Auffassung möglich. Andererseits ist es unrichtig, daß das Verhältnis Teil zum Ganzen nur vorliege, wenn man es mit dem zu tun habe, „was man (ungenau genug) als Inhalt und Form scheidet". Die nach Sal'. eigenen Worten ungenaue Unterscheidung Inhalt und Form kann keinesfalls derjenigen von Teil und Ganzes gleichgesetzt werden, denn sie sind — was ohne weiteres einleuchtet — begrifflich gänzlich verschieden. Diese inhaltlich nicht haltbare, begrifflich unrichtige, ferner im Ansatzpunkt nicht zwingende und schließlich völlig unbelegte Hineindeutung eines ganz anderen Inhaltes in die arist. Worte widerlegt sich auch aus ihren Ergebnissen. Nach der Sal.-schen Auffassung müßte der Gerechte also von einer Seite betrachtet allg.-gerecht, von der anderen her gesehen bes.-gerecht, jedenfalls aber immer beides, also Befolger des νόμος und der Gleichheit sein. Nun ist aber z. B. derjenige, der nicht aus Feigheit den Schild wegwirft, also der Tapfere, gerecht, nämlich gerecht im allg. Sinne — vgl. NE V 4 1130 a 18 (137). — Nach Sal. müßte er nun gleichzeitig von der anderen Seite her betrachtet gerecht im bes. Sinne, also Befolger der Gleichheit sein. Inwiefern dies bei dem Tapferen überhaupt der Fall sein kann, ist nicht nur rätselhaft, sondern A. führt 1130 a 16—22 (136 f.) ausdrücklich aus, daß der Tapfere bezw. negativ der Feige eine andere Tugend bezw. ein anderes Laster, nicht aber die bes. G. bzw. die bes. Ungerechtigkeit ausübe. Gerade im Anschluß hieran sagt A. 1130 a 22—24 (137), es gebe also noch eine zweite Ungerechtigkeit als Teil des allg. Unrechts, nämlich des gesetzwidrigen. Er bringt also selbst ausdrücklich Fälle, in denen wohl eine allg. G. möglich, die bes. G. dagegen eindeutig geradezu unmöglich ist. Wie sich demnach aus diesen Folgerungen der Sal.-schen Auffassung und aus des A'. eigenen Worten ergibt, kann die Sal.-sche Auffassung, nach welcher allg. und bes. G. als lediglich zwei Seiten ein und derselben Sache notwendig immer zugleich vorliegen, nicht richtig sein.

Es ist überdies nicht recht verständlich, inwiefern man erst dann sagen kann, „die νόμος-Gerechtigkeit durchblickt zu haben", wenn man „das ἴσον des Vorgangs oder des Geschehnisses oder der allgemeinen Regel sich klar gemacht" habe (S. 17). Soweit der νόμος und damit die allg. G. andere Tugenden als die der bes. G., z. B. Mäßigkeit oder Tapferkeit, befiehlt, hat die allg. G. mit der ἰσότης gar nichts zu tun. Es bleibt unklar, was Sal. in diesem Zusammenhang überhaupt unter dem ἴσον versteht. Richtig sagt v. Arnim I S. 15, zwischen der Gesetzerfüllung und dem Gleichheitsprinzip sei kein innerer Zusammenhang erkennbar. Zwar hat A. MM I 34 1194 b 8—10 (953 f.), NE V 10 1134 b 13—15 (153) und NE VIII 13 1161 b 6 f. (252) hervorgehoben, daß es ein Recht nur zwischen von Natur hinsichtlich des Befehlens und Gehorchens gleichgeordneten Personen geben könne (vgl. auch Hirzel II S. 228 Anm. 4). Dies hat aber mit der von Sal. geäußerten Auffassung von der Bedeutung des ἴσον in keiner Weise etwas zu tun, so daß auch diese — von Sal. gar nicht zitierten Stellen — keineswegs etwas für seine Auffassung besagen, sondern höchstens zeigen, daß A. der Gleichheit abgesehen von der bes. G. nur insofern eine Bedeutung für das Recht und den νόμος zukommen läßt, als es nach seiner Ansicht ein πολιτικὸν δίκαιον, ein staatliches Recht, nur zwischen Gleichen, nämlich freien Bürgern geben kann.

Sal. widerlegt sich ferner auch selbst, wenn er S. 19 meint, daß man für das Verhältnis der allg. zur bes. G. in seinem Sinne weder die Be-

Ganzen. Und zwar entsteht dieses Verhältnis durch das methodologische Mittel des Aristoteles, dadurch die Sozialtugenden zu schaffen,

---

zeichnung homonym noch synonym im Sinne der von A. gegebenen Definition anwenden dürfe, auch wenn A. auf beide hinweise. Die Tatsache, daß A. aber diese beiden Bezeichnungen verwendet und daß sie außerdem auch zutreffen — was bereits oben S. 48 Anm. 202 nachgewiesen wurde — stellen die Sal.-sche Auffassung als unrichtig hin.

Ferner ist auch die von Sal. S. 22 zitierte Stelle NE V 4 1130 b 1 (137) nicht — wie Sal. meint — ein weiterer Beweis dafür, daß man es „nicht mit zwei <Arten> von Gerechtigkeit zu tun" habe. Denn der Umstand, daß das Begriffselement πρὸς ἕτ. beiden Arten der G. gemeinsam ist, schließt keineswegs aus, daß es sich um zwei Arten der G. in dem hier dargelegten Sinne handelt — vgl. auch oben S. 49 Anm. 209, 210, 211 —. Die im übrigen weitgehend rhetorisch gehaltenen Ausführungen Sal'. z. B. insb. S. 16 und 18 stellen keine Beweise für die von ihm gebrachte Auslegung dar, da es sich im wesentlichen um Sätze handelt, welche die rhetorisch gehaltene Frage enthalten, ob es anders als gemäß der Sal.-schen Auffassung sein könnte.

Die von Sal. gebrachte Auslegung des Begriffs der allg. G. paßt auch nicht mit der der MM überein, in welcher ebenfalls der Begriff der Gleichheit lediglich für die bes. G. verwandt wird — MM I 34 1193 b 19 (950) —. Auch dies spricht deutlich gegen die von Sal. geäußerte Auffassung, daß die Gleichheit eine Seite der gesamten G. sei, und läßt sich nicht — wie Sal. S. 141 meint — dadurch erklären, daß „wohl eine gewisse Freude an der Gleichsetzung der Gerechtigkeit mit dem Begriff der Gleichheit schuld daran" gewesen sein möge, „daß der weiterreichende Gedanke des νόμος zurückgedrängt wird".

Demnach kann die Sal.-sche Auffassung vom Verhältnis der allg. zur bes. G. und infolgedessen teilweise auch des Wesens beider Arten der G. selbst nicht als die arist. angesehen werden, so daß auch die Bemerkung Sal'. S. 19; „Daß man bis jetzt an dem wahren Verhältnis der Gerechtigkeit im weiteren und im engeren Sinne vorbeigehen konnte, ist erstaunlich genug" als unberechtigt hingestellt werden muß.

Unrichtig versteht Sauter S. 38 die deutlich auf den Unterschied der allg. und bes. G. hinweisende und die Erörterung der bes. G. beginnende Stelle NE V 5 1130 b 5f. (137f.) unter Übersehen der eindeutigen Ausgangsstelle NE V 2 1129 a 32ff. (134) dahin, daß der weitere Begriff der G. alle Tugenden umfasse (also die allg. G.), der engere dagegen die staatlichen und gesellschaftlichen Tugenden, welche in Gesetzesbeobachtung und Gleichheitserfüllung bestünden. Er wirft damit den bereits als fälschlich dargestellten verengten Begriff der allg. G. mit dem der bes. G. in einer der arist. Auffassung stark widersprechenden Weise zusammen.

Auch von Binder S. 369f. ist das Verhältnis der allg. zur bes. G. unter spärlichen und die Richtigkeit seiner Auffassung nicht erweisenden Zitaten nicht deutlich und nicht zutreffend geschildert worden. In einer den Sinn aber auch die Möglichkeit einer praktischen Verwirklichung sehr in Frage stellenden Weise sieht er das Verhältnis der beiden Prinzipien Gesetzlichkeit und Gleichheit, also der allg. und bes. G., darin, daß es auf die Einhaltung der „mittleren Linie" ankomme, nämlich auf die Gleichheit, die „Ausgleichung der Gegensätze". Abgesehen davon, daß A. das Prinzip der rechten Mitte insb. in Form der Anwendung auf die bes. Gerechtigkeit, nämlich als Gleichheit, bei der allg. G. gar nicht angewandt hat, weil es den von dieser erfaßten Tugenden bereits zugrundeliegt, wird auch gar nicht klar, inwiefern durch diese für beide Arten gemeinsam gemachte über-

daß er durch das Hinzufügen eines begrifflichen Hilfsmittels die Individualtugenden gleichsam zu Sozialtugenden umschaltet, so daß also die Sozialtugenden infolgedessen im Gegensatz zu den Individualtugenden durch eine Tugend, nämlich die der allgemeinen Gerechtigkeit, verkörpert werden [372]).

Hinsichtlich der inhaltlichen Bestimmung der allgemeinen Gerechtigkeit, also dessen, was im Einzelfall allgemein gerecht ist, verwendet Aristoteles nun auf den ersten Blick auffallenderweise nicht den Begriff der μεσότης, der Mitte. Zwar hatte er bereits eingangs der NE [373]) angekündigt, da die Gerechtigkeit einen doppelten Sinn habe, werde sie später in ihre zwei Seiten zerlegt und von jeder nachgewiesen werden, inwiefern sie eine Mitte sei. Was Aristoteles hiermit gemeint hat, nämlich die beiden Arten allgemeine und besondere Gerechtigkeit oder die beiden Unterarten der besonderen Gerechtigkeit, nämlich die ausgleichende und die austeilende, ist nicht ganz klar. Daher kann aus dieser Stelle auch nicht zwingend gefolgert werden, daß Aristoteles die Bestimmungsmethode der μεσότης auch auf die allgemeine Gerechtigkeit hat anwenden wollen. Bei der eigentlichen Darstellung der Gerechtigkeit wird das Kriterium der μεσότης auf die allgemeine nämlich nicht angewandt. Vielmehr wird der Begriff der μεσότης, im Zusammenhang mit dem der ἰσοτης, der Gleichheit, bereits in der MM [374]) ausdrücklich nur mit der besonderen Gerechtigkeit verbunden. Das Gleiche ist in der NE trotz der einleitenden Ankündigung, hinsichtlich der Gerechtigkeit sei zu untersuchen, was für eine Mitte sie sei und in was das Recht die Mitte bilde [375]), der Fall [376]).

---

einstimmende Aussage deren unterschiedliches Verhältnis erklärt werden soll. Noch unklarer und der arist. Auffassung widersprechender ist es, wenn Binder ohne Rücksicht auf und ohne Zusammenhang mit der bzw. die schon vorher gemachten Unterteilung in das Gesetzlichkeits- und Gleichheitsprinzip nochmals einen weiteren und einen engeren Begriff der G. unterscheidet und ohne jede Berücksichtigung des Gleichheitsprinzips den ersteren mit der allgemeinen Sittlichkeit identifiziert und den letzteren S. 370 als die G. im politischen Sinn anspricht. Diese Auffassung ist demnach nicht nur undeutlich, sondern sie widerspricht auch stark der arist. Lehre.

[372]) Daß die allg. G. außerdem auch ethische irrelevante Gebote umfaßt, wurde oben S. 58 Anm. 274, 275, 276 bereits hervorgehoben. Dies ist bei der Ableitung des Begriffs der allg. G. aus dem auf die Befolgung aller, also auch der ethisch irrelevanten Gebote des νόμος gerichteten griechischen Sprachgebrauch auch erklärlich. Andererseits ist es selbstverständlich, daß A. in einer ethischen Abhandlung primär die ethisch bei weitem bedeutsamsten Seiten der allg. G., nämlich soweit sie sich auf die anderen Tugenden bezieht, behandelt. Hinzukommt ferner, daß nach des A'. Auffassung die νόμοι auf die Entwicklung der Tugend gerichtet sein sollen und er in der NE mehr von den νόμοι ausgeht, wie sie sein sollen, und die Darstellung der damals tatsächlich geltenden Staatsverfassungen der Pol vorbehält; vgl. oben S. 57. [373]) II 7 1108 b 7—9 (60).

[374]) MM I 34 1193 b 20, 25f. 32f. (950). [375]) NE V 1 1129 a 3—5 (132).

[376]) Zum Begriff der μεσότης im Zusammenhang mit der Gerechtigkeit vgl. unten S. 105ff.; vgl. auch Sal. S. 94f.

Demnach hat Aristoteles als Kriterium der allgemeinen Gerechtigkeit den Begriff der μεσότης nicht verwandt. Es erscheint dies nach der oben dargelegten Bedeutung des Begriffs der allgemeinen Gerechtigkeit bei Aristoteles aber andererseits auch sebstverständlich. War die allgemeine Gerechtigkeit methodologisch gesehen lediglich das Hilfsmittel, welches die Individualtugenden in die Sphäre der Sozialtugenden erhob, und umfaßt sie daher wie ein Ganzes die Teile, nämlich die anderen Tugenden, die erst durch das Hilfsmittel der allgemeinen Gerechtigkeit zu Sozialtugenden wurden, so hat sie damit alle anderen Tugenden zum Inhalt. Was sie als neues bringt, ist lediglich die ethisch teleologische Begründung in der menschlichen Gemeinschaft. Gerade darin besteht ja die Einfachheit der aristotelischen Methode, daß sie den gesamten Bereich der Sozialtugenden unter Benutzung der (bereits vorhandenen) Individualtugenden einzig und allein durch die bloße Hinzufügung eines Begriffselements in vollem Umfang erfaßt.

Infolgedessen sind in der allgemeinen Gerechtigkeit die anderen Tugenden bereits enthalten und damit auch das Prinzip der μεσότης, denn die Anwendung desselben hat Aristoteles bei den Individualtugenden dargestellt. Da demnach die allgemeine Gerechtigkeit, insofern sie die von Aristoteles aufgestellten Individualtugenden verwertet, dadurch notwendig bereits das Prinzip der rechten Mitte umfaßt und ihrerseits lediglich das noch fehlende, die Individual- zu Sozialtugenden wandelnde Begriffselement hinzufügt, bedarf sie selbstverständlich nicht einer erneuten Anwendung des Prinzips der rechten Mitte. Dieses käme sonst ja doppelt zur Anwendung. Es ist daher selbstverständlich, daß Aristoteles das Prinzip der rechten Mitte bei der allgemeinen Gerechtigkeit in seiner Anwendung nicht erneut erörtert.

Andererseits erfolgt ja auch eine ausdrückliche inhaltliche Bestimmung der allgemeinen Gerechtigkeit. Allgemein gerecht ist ja die Befolgung des im νόμος Befohlenen[377]). Der νόμος ist also das Inhaltskriterium der allgemeinen Gerechtigkeit. Da Aristoteles im νόμος in seiner Bedeutung für die allgemeine Gerechtigkeit primär das Gebot der Individualtugenden sieht[378]), stellt also primär das Individualtugendgebot das Inhaltskriterium der allgemeinen Gerechtigkeit dar. Dadurch wird aber — wie zuvor geschildert — das Prinzip der rechten Mitte bereits mitumfaßt[379]).

---

377) Vgl. oben S. 54 Anm. 226, 227.

378) Vgl. oben S. 56 Anm. 254, 58 Anm. 274, 275, 276.

379) Zutreffend weist Sal. S. 95 darauf hin, daß die Stelle NE V 14 1138 a 1ff. (165f.) die Frage der Inhaltsbestimmung der allg. G. berührt. Dies geschieht allerdings nicht in der von Sal. bezeichneten Weise, nämlich daß an dieser Stelle die G. im weiteren Sinn auf das Problem der μεσότης hinweise, denn A. spricht hier keineswegs von G. im weiteren Sinne und spricht und denkt hier noch weniger von der bzw. an die μεσότης. Viel-

Ferner steht die Billigkeit, welche — wie unten [380]) noch nachgewiesen werden wird — ein methodisches Hilfsmittel zur Findung des richtigen Rechts darstellt, in Beziehung zur allgemeinen Gerechtigkeit, was schon naturgemäß daraus folgt, daß es die allgemeine Gerechtigkeit mit dem νόμος zu tun hat, die Auffindung des verbesserten νόμος aber Aufgabe der Billigkeit ist [381]). Die Billigkeit wird von

mehr meint Aristoteles an dieser Stelle lediglich die Verbesserung eines fehlerhaften νόμος gemäß den Richtlinien der G. und zwar in Form der Billigkeit — vgl. unten S. 125 Anm. 612. Nur insofern hat diese Stelle also etwas mit der Inhaltsbestimmung der allg. G. zu tun, welche sich im übrigen — dargelegt — aus dem νόμος, und den Individualtugendgeboten und damit deren μεσότης her bestimmt. Es trifft deshalb auch nur für die allg. G. schlechthin zu, was Sal. S. 96 sagt, nämlich, die G. werde „durchaus durch den νόμος bestimmt". Es ist ein vergebliches und nach der bereits erfolgten Inhaltsbestimmung der allg. G. durch den νόμος und die Individualtugendgebote und deren μεσότης überflüssiges Bemühen, wenn Sal. S. 96 trotzdem versucht, das Prinzip der rechten Mitte auf die allg. G. anzuwenden und nach dem „nimium und parum in affectibus" (S. 96) sucht, zumal — wie unten S. 93ff. noch näher ausgeführt werden wird — die μεσότης der NE für die bes. G. nicht mehr auf die Affekte, sondern vielmehr aut Personen und Dinge bezogen wird. Überdies wird auch inhaltlich durch die Sal.-sche Fragestellung, welche die μεσότης S. 96 sucht „in dem Affektton hin zum νόμος und ausgehend vom νόμος" und S. 97 die beiden Extreme sieht in der doppelten Möglichkeit: „sich selbst zu viel und sich selbst zu wenig zur Geltung zu bringen, mithin das Recht zu überdehnen oder das Recht verarmen zu lassen", weder eine brauchbare Inhaltsbestimmung der allg. G. gewonnen, noch viel weniger aber die arist. Die allg. G. besteht in der νόμος- und Tugendgebotserfüllung zum Zwecke der Sozialeudämonie, nicht aber in der Mitte zwischen dem „Affektton hin zum νόμος" und dem „Affektton ausgehend vom νόμος" oder in der Mitte zwischen einer Überdehnung und einer Verarmung des νόμος. Ganz abgesehen davon, daß A. an dieser Stelle nicht die Inhaltsbestimmung der viel früher abschließend behandelten allg. G. geben wollte, ist diese Stelle auch für den Bereich der Billigkeit keineswegs in der von Sal. gebrachten Auslegung zu verstehen, was unten S. 125 Anm. 612 noch im einzelnen dargetan werden wird. Ebensowenig kann die μεσότης der allg. G. mit Sal. S. 98 aus den — ohne jegliche Belege aus der arist. Lehre — in diesem Zusammenhang bezogenen Extremen von πόλις und πολῖτης gefolgert werden, indem das Recht „nur denkbar" sei „als Reziprozität von πόλις und πολίτης, als Wert, in welchem diese nur relativen Werte ⟨ aufgehoben ⟩" seien. Sal. selbst sieht diese Mitte wiederum im νόμος (S. 97f.) und geht damit trotz der gesamten Konstruktionsversuche über das arist. Kriterium trotz allem nicht hinaus. Jedenfalls ist aber die gedankliche Verbindung der μεσότης mit dem Gegensatz von πόλις und πολίτης bei A. nicht zu finden, und nach dem in den arist. Werken Enthaltenen hat A. an eine solche Verbindung auch nicht gedacht. Die unten S. 105 gebrachten Untersuchungen zeigen, daß das Problem der μεσότης auch für A. ein Problem war, das keineswegs immer zu einer glatten Anwendung kommen konnte. Der Umstand, daß A. bei der Erörterung der Billigkeit, die ebenso wie die allg. G. durch ihre Bezugnahme auf bereits die μεσότης enthaltende Begriffselemente einer erneuten Bestimmung durch die μεσότης nicht mehr bedarf — vgl. unten S. 129f. —, das methodologische Mittel der μεσότης ebenfalls nicht erneut verwandt hat, bestätigt die Unrichtigkeit der Auffassung Sal'.

[380]) Vgl. unten S. 115ff.

[381]) Vgl. unten S. 124ff.

Aristoteles auch ausdrücklich zum νόμος in Beziehung gesetzt[382]) sowie ferner allgemein mit der Gerechtigkeit[383]). Ganz entsprechend wie von der allgemeinen Gerechtigkeit sagt er, das Billige sei dem gesamten Gut, der gesamten Tugend, soweit sie in Beziehung zum anderen (πρὸς ἄλλον) stehe, gemeinschaftlich[384]). In welcher Weise nun die Billigkeit für die allgemeine Gerechtigkeit und auch für die besondere Gerechtigkeit von Bedeutung wird, wird unten[385]) noch näher untersucht werden.

Die allgemeine Gerechtigkeit stellt sich damit methodologisch gesehen dar einerseits als eine Zusammenfassung aller Individualtugenden, welche andererseits durch die Hinzufügung eines Begriffselements zu Sozialtugenden umgestaltet werden. Aristoteles versteht es damit nicht nur, sämtliche Tugenden für den Bereich der Sozialethik zu verwenden, sondern auch den gesamten Bereich der Sozialtugenden durch ein methodisch überaus einfaches Hilfsmittel zu umfassen. Daraus ergab sich ferner, daß die allgemeine Gerechtigkeit u. a. auch die besondere Gerechtigkeit mitumfaßt und daß die Gebote dieser beiden Gerechtigkeitsarten zu einer Gebotskonkurrenz führen können.

Diese gesamte Entwicklung vom früh- bis zum spätaristotelischen Gerechtigkeitsbegriff (abgesehen von dem unten[386]) noch zu erörternden Begriff der besonderen Gerechtigkeit) zeigt, daß die Gerechtigkeit verglichen mit den anderen Tugenden immer eine Sonderstellung eingenommen hat, welche sie nach wie vor zu einer Grundtugend macht, insofern sie sowohl in der früh- wie in der spätaristotelischen Auffassung für die anderen Tugenden eine besondere Bedeutung hatte und ihre Wirksamkeit gerade auf diese hin erstreckte.

Der früharistotelische Begriff der Gerechtigkeit war dabei ebensowie derjenige Platons der einer gleichsam inneren Gerechtigkeit. Sie war die Tugend, welche die Harmonie der Seelenbestandteile und ebenso das Wertverhältnis der drei übrigen Kardinaltugenden regelte und darüber hinaus eine Hierarchie der Werte aufstellte.

Diese einer selbständigen Bearbeitung entbehrende idealistische früharistotelische Auffassung, die Aristoteles selbst in seinem letzten ethischen Werk noch nicht gänzlich verworfen hat, sondern in übertragendem Sinne auch dann noch gelten läßt[387]), wird dann in den späteren ethischen Schriften des Aristoteles aufgegeben. In empirischer Weise vom Sprachgebrauch ausgehend, jedoch in erheblicher philosophischer Vertiefung entwickelt Aristoteles einen neuen Gerechtigkeitsbegriff. Durch die Zwischenstadien einer einfach die Befolgung der vaterländischen Gewohnheiten und Bräuche sowie der geschriebenen Gesetze sowie vereinzelter anderer Tugendgebote anord-

[382]) NE V 14 1137 b 12ff. (164). [383]) NE V 14 1138 a 3 (166).
[384]) NE VI 12 1143 a 31f. (185). [385]) Vgl. unten S. 115ff.
[386]) Vgl. unten S. 89ff. [387]) Vgl. oben S. 34 Anm. 100.

nenden Tugend in Virt[388]) und dann später einer die Befolgung des νόμος und damit der Summe aller Tugenden gebietenden und insofern vollkommenen Tugend in der MM[389]), die bereits zu einer weiteren Art der Gerechtigkeit in der Art ihrer handlungsmäßigen Ausübung in einen mehr äußerlichen Gegensatz gestellt wird, durch diese Zwischenstadien hindurch entsteht der spätaristotelische Gerechtigkeitsbegriff der NE, der den Individualtugenden die Sozialtugenden gegenüberstellt. Begrifflich und methodologisch gesehen geschieht dies durch die Umwandlung der Summe der Individualtugenden durch die Hinzufügung eines Begriffselements (πρὸς ἕτερον) zu Sozialtugenden, ethisch teleologisch durch die Begründung der Sozialtugenden in der Eudämonie menschlicher Gemeinschaften und insbesondere in der Staatseudämonie. Bleibt damit einerseits das Individuum höchster Zweck und dient die Gemeinschaftseudämonie letztlich nur der besseren und vollständigeren Erreichung der Individualeudämonie, so ist andererseits als quantitative Förderung dieses Hauptzwecks die Staatseudämonie, also die Eudämonie sämtlicher Staatsbürger, der vollkommene Zweck. Die dies bewirkende Sozialtugend, nämlich die allgemeine Gerechtigkeit, wurde daher, also begründet durch das entscheidende Begriffselement πρὸς ἕτερον, folgerichtig als die vollkommene Tugend angesehen. Dabei zeigte sich die allmähliche Entwicklung dieses spätaristotelischen Gerechtigkeitsbegriffs in ihren Stufen insbesondere deutlich in dem Begriffswandel des Elements πρὸς ἕτερον und der Bezeichnung als vollkommene Tugend. Dieser spätaristotelische Gerechtigkeitsbegriff im Sinne einer die Summe der Individual- zu Sozialtugenden umwandelnden Tugend erscheint somit wegen seiner Bedeutung für die anderen Tugenden sozusagen wiederum als Grundtugend[390]).

Kann man hiernach den spätaristotelischen Gerechtigkeitsbegriff mit dem früharistotelischen in der Weise in Parallele setzen, daß beide — wenn auch in ganz verschiedener Weise — für die anderen Tugenden eine besondere Bedeutung haben und insofern beide ihrer Stellung

---

[388]) Vgl. oben S. 36 Anm. 112. [389]) Vgl. oben S. 42f.

[390]) Wenn Binder S. 364 sowohl die platonische wie die arist. G. eine Grundtugend nennt, so ist dies daher richtig. Unrichtig ist es aber, wenn er unter Verkennung der tiefen Unterschiedlichkeit des Begriffs der platonischen von dem der spätarist. G. beide identifiziert, zumal bei A. die G. nur teilweise, nämlich die allg. G., als eine Grundtugend bezeichnet werden kann. Außerdem trifft die Definition Binders, die G. sei „die Tugend schlechthin, die sich nur in die einzelnen Tugenden auseinanderlegt", weder die durch Angleichung des Menschen an die Wertordnung des Urguten die innere Seelenharmonie herstellende platonische G., noch die die Individual- zu Sozialtugenden umgestaltende spätarist. allg. G. richtig. Dies zeigt sich z. B. daran, daß Binder S. 366 unter Übersehen des durch die Aufnahme der universalen Wertordnung in den Gerechtigkeitsbegriff entstehenden bedeutenden materiellen Gehaltes von der „Formalität" des platonischen Gerechtigkeitsbegriff spricht.

und Aufgabe innerhalb der Ethik nach als Grundtugenden bezeichnet werden dürfen, so ist andererseits der inhaltliche Unterschied beider Begriffe und auch ihrer Bedeutung für die Rechtsphilosophie sehr erheblich.

Die Gerechtigkeit als Verkörperung der das Universum beherrschenden Werthierarchie und als das diese Wertordnung dem Menschen in Form einer Tugend vermittelnde Sollensprinzip ist aufgegeben und an ihrer Stelle die Gerechtigkeit als die den Bereich der Sozialtugend verkörpernde Tugend getreten. Dadurch hat Aristoteles ein spezifisches Element des Rechts, nämlich die Bezugnahme, die Richtung auf den anderen, die Bedeutung für die Gemeinschaft oder auch rein begrifflich gesagt das πρὸς ἕτερον in den Begriff der Gerechtigkeit selbst aufgenommen und überhaupt in Form der Gerechtigkeit als einer Sozialtugend eine heute geläufigere Gerechtigkeitsdefinition gegeben. Soweit es sich um die innere Gerechtigkeit innerhalb der Seelenbestandteile handelte, entbehrte der früharistotelische und platonische Gerechtigkeitsbegriff noch dieses spezifischen Gerechtigkeits- und Rechtselements. Er war noch ein nach innen gerichtetes Ordnungsprinzip und hatte damit in seinem Begriff selbst noch nichts spezifisch Rechtliches (wenigstens in dem heute geläufigen Sinne), sondern war vielmehr ein grundsätzlicher philosophischer Wertmaßstab mit materiellem Inhalt, wogegen der spätaristotelische Gerechtigkeitsbegriff in seinem Begriff bereits gerade das Charakteristikum des Rechts, das πρὸς ἕτερον, enthält, die Sozialethik im Gegensatz zur Individualethik darstellt und insofern eher das Wesen des Rechts im üblichen Sinne erfaßt.

War die platonische und früharistotelische Gerechtigkeit noch geradezu die Verkörperung der ethischen Wertordnung, so hat die spätaristotelische, die Sozialethik ausmachende Gerechtigkeit als solche auch einen materiellen ethischen Wert. Denn — wie Aristoteles richtig sagt — besteht die vollkommene Tugend nicht darin, allein durch die Individualethik begründet tugendhaft zu handeln, sondern vielmehr auch begründet durch die Sozialethik, also der Eudämonie der menschlichen Gemeinschaft wegen. Trotz dieses ethischen Wertes haftet der allgemeinen Gerechtigkeit ferner aber auch ein formalistischer Zug an, indem sie sich inhaltlich durch den νόμος bestimmt, also aus einem nicht in ihr selbst gelegenen Maßstab ihren Inhalt bestimmen läßt. Dies erkennt Aristoteles selbst, wenn er sagt, die νόμοι hätten in ihren Bestimmungen entweder das gemeinsame Beste aller Bürger oder dasjenige der Aristokraten oder das der Machthaber zum Ziel[391]). Er schneidet hiermit eine Frage an, die er später in der Pol[392]) viel ausführlicher unter dem Gesichtspunkt, welches der aus-

[391]) NE V 3 1129 b 14ff. (135); vgl. v. Arnim I S. 16.
[392]) III 9 1280 a 16ff. (465ff.).

schlaggebende Maßstab für die Teilnahme der Staatsbürger an der Regierung sei, behandelt. Ferner spricht er bei der Definition der allgemeinen Gerechtigkeit von weniger gut abgefaßten νομοι [393]). Es ergibt sich hieraus, daß die allgemeine Gerechtigkeit insoweit ein formalistisches Element enthält, insofern sie sich inhaltlich auch nach weniger guten und somit auch nach schlechten νόμοι bestimmen kann. Daß andererseits Aristoteles selbst die Tugend und die Eudämonie zum Sollensprinzip des νόμος macht, wurde bereits dargetan [394]). Ausdrücklich sagt er, daß nur diejenigen Staatsverfassungen, welche das allgemeine Wohl bezwecken, im Sinne der vom menschlich gesetzten Recht unabhängigen Rechtsidee [395]) (κατὰ τὸ ἁπλῶς δίκαιον) die richtigen seien [396]), wie er überhaupt in der NE — wie schon hervorgehoben [397]) — weniger von den damals geltenden Verhältnissen und νόμοι auszugehen, als vielmehr in allgemeiner Form über die ethischen Fragen zu sprechen und daher grundsätzlich primär auch solche νόμοι zugrundezulegen scheint, wie sie seinen eigenen Auffassungen entsprechen und damit nur gute, so daß das aristotelische Ergebnis der allgemeinen Gerechtigkeit ein ethisch gutes ist. Trotzdem bleibt es Formalismus, wenn die allgemeine Gerechtigkeit inhaltlich vom νόμος abhängig ist und in ihrem Begriff an sich, also analytisch, noch nicht die Bestimmung des sittlich Guten enthält [398]).

Zusammenfassend kann daher gesagt werden, daß die allgemeine Gerechtigkeit begrifflich — also analytisch — insofern in sich materiell ethischen Wert enthält, als sie das Sollensprinzip in die Eudämonie der menschlichen Gemeinschaft verlegt, als sie aus dem individuellen ein soziales Tugendgebot macht, daß sie andererseits begrifflich formalistisch und ethisch wertmäßig indifferent bleibt, als sie sich aus dem νόμος bestimmt.

Dies war bei dem platonischen und frühаristotelischen Gerechtigkeitsbegriff nicht der Fall. Er hatte keine formalistische Seite, sondern war als Verkörperung der ethischen Werthierarchie seinem Begriff nach schon materieller ethischer Wert und zwar der umfassendste und grundlegendste ethische Wert.

Demnach hat die allgemeine Gerechtigkeit der spätaristotelischen Auffassung, selbst insoweit sie in der nachgewiesenen Weise unmittelbar ethischen Wert in sich besitzt, weder den philosophischen Gehalt noch den ethischen Wert des platonischen und früharistotelischen Gerechtigkeitsbegriffs.

---

[393]) Vgl. oben S. 56 Anm. 248, S. 56 Anm. 251.
[394]) Vgl. oben S. 68 ff. [395]) Vgl. unten S. 156 ff.
[396]) Pol III 6 1279 a 17 ff. (462). [397]) Vgl. oben S. 56, S. 78 Anm. 372.
[398]) Es ist demnach nicht ganz zutreffend, wenn Sal. S. 35 meint, die Nichtheranziehung der νόμος-G. räche sich im Formalismus der bes. G., denn die νόμος-G. selbst ist weitgehend formalistisch.

Fragt man sich nach der rechtsphilosophischen Bedeutung dieses Begriffswandels, so ist auf Grund dessen festzustellen, daß Aristoteles in seiner allgemeinen Gerechtigkeit gegenüber der früheren Auffassung zwar die zpezifisch rechtliche Seite in Form der Bezugnahme auf den anderen herausgearbeitet und sozusagen die zweite Hälfte der Ethik geschaffen sowie die Verbindung der Gerechtigkeit mit der φιλία entwickelt hat und damit den Übergang zur Ethik des späteren Christentums vorbereitet, daß er dafür aber die Verbindung der Gerechtigkeit mit der Hierarchie der Werte aufgegeben hat. Gerade hierin bestand der wesentlichste Wert der platonischen Auffassung. Die Gerechtigkeit Platons, welche die innere Ordnung des Menschen und nicht zuletzt die des Staates herstellte, war aus dieser Stellung heraus bereits die bedeutsamste Tugend sowohl für das Individuum wie für den Staat. Daß gerade diese Tugend also mit der Hierarchie der Werte verbunden war, stellte damit sowohl das Leben des Individuums wie das gesamte Staatsleben unter das Gesetz dieser Werthierarchie. Wie gerade die geistige Ordnung des Rechts besonders eng mit dem Leben des Einzelnen und des Staates, wie gerade die Rechtswissenschaft in einem ungleich stärkeren Maße als die Mehrzahl der übrigen Wissenschaften mit der Rechtspraxis und dem praktischen Leben des Menschen verbunden ist, so vermag diese ethische Hierarchie der Werte gerade auf diesem Weg über das Recht am stärksten für die erscheinungsmäßige Wirklichkeit von Bedeutung zu werden, wie umgekehrt das Recht als geltende (also nicht nur dem Menschen als Ideal vorschwebende, sondern sich auch in der überwiegenden Mehrzahl der Fälle verwirklichende) [399]) Ordnung und damit als in ungleich stärkstem Maße wirksame geistige Ordnung praktisch auch am meisten die Verbindung mit der Hierarchie der Werte erfordert. Dies war bei dem platonischen und früharistotelischen Gerechtigkeitsbegriff noch der Fall, so daß folgerichtig diese Werthierarchie durch ihn eine Frage der Rechtsphilosophie wurde.

Demnach ist auch rechtsphilosophisch gesehen der platonische und früharistotelische Gerechtigkeitsbegriff gegenüber dem spätaristotelischen der wertvollere, so daß sowohl wert- wie bedeutungsmäßig der Begriff der allgemeinen Gerechtigkeit gegenüber dem platonisch-früharistotelischen Gerechtigkeitsbegriff ein herabgesunkener ist.

Andererseits ist hervorzuheben, daß er gegenüber dem letzteren in mannigfacher Hinsicht eine wertvolle Fortentwicklung darstellt. Das gilt zunächst für die systematische Aufstellung der zweiten Hälfte der Ethik, der Sozialethik, ferner für die Herausbildung des charakteristischen Elements des Rechts, der Bezugnahme auf den anderen, sowie die Verbindung der Gerechtigkeit und des Rechts mit der φιλία, die nicht nur dic vollkommenste Begründung der allgemeinen Gerechtig-

---

[399]) Baumgarten S. 22.

keit darstellt, sondern in ihrer vollkommenen Form auch das höchste Recht, so daß das Recht praktisch nur die der unvollkommenen[400]) menschlichen Natur, die φιλία als höchstes Recht dagegen die dem vollkommenen und insofern übernatürlichen Menschen adäquate Ordnung menschlicher Gemeinschaften ist, so daß die φιλία bei Aristoteles sozusagen bereits insofern eine übernatürliche Tugend, nämlich die vollkommene Gerechtigkeit, ist. Die aristotelische allgemeine Gerechtigkeit tritt damit in nahe Verwandtschaft zu der späteren übernatürlichen Tugend des Christentums, der Liebe. Aristoteles bereitet so den Übergang der antiken Philosophie zur Philosophie des Christentums vor, und an dem Vergleich der eingangs erwähnten während der homerischen Zeit bestehenden Vorrangstellung der Tapferkeit im griechischen Tugendkalender und der dadurch gekennzeichneten Herrenmoral einerseits mit der mit der φιλία als höchstem Recht in Beziehung stehenden allgemeinen Gerechtigkeit als der vollkommensten Tugend andererseits zeigt sich, wie nahe Aristoteles dem Christentum bereits gekommen ist. Nicht zuletzt ist die allgemeine Gerechtigkeit in ihrer Bedeutung für die juristische Methodik zu erwähnen, wozu unten[401]) noch nähere Ausführungen gemacht werden.

Der Begriff der allgemeinen Gerechtigkeit ist nicht auf die aristotelische Philosophie beschränkt geblieben. Bereits vor der Scholastik, die den Begriff der allgemeinen Gerechtigkeit bekanntlich unter dem Ausdruck der iustitia legalis übernahm, finden sich in den christlichen Quellen, die noch keine wissenschaftlichen Arbeiten im eigentlichen Sinne und somit keineswegs eine wissenschaftliche Übernahme früherer wissenschaftlicher Ergebnisse sind, begriffsverwandte Elemente, So verwendet Paulus[402]) den Begriff der Gerechtigkeit ähnlich, wenn er von denjenigen, die sich von der Sünde befreit haben und damit alle Tugenden verwirklichen, sagt, sie seien in den Dienst der Gerechtigkeit getreten. Wie die allgemeine Gerechtigkeit als νόμος-Gerechtigkeit die ganze Tugend darstellt, sagt in ähnlicher Weise die heilige Schrift[403]): „Fürchte Gott und halte seine Gebote, denn das ist der ganze Mensch". Entsprechend wie die allgemeine Gerechtigkeit als vollkommene Tugend bezeichnet wird, spricht Paulus[404]) von der Liebe als dem Band der Vollkommenheit.

Die Bedeutung des Aufgebens des platonischen Gerechtigkeitsbegriffs seitens Aristoteles bedarf im einzelnen keiner näheren Darlegung. Es liegt auf der Hand, daß eine Gerechtigkeit im platonischen Sinne, welche das weisheitsvolle Denken, die Erkenntnis der Ideen, also der geistigen Realitäten, als höchsten Wert setzte und ihm das Fühlen und diesem wiederum das triebhafte Wollen unterordnete, in ihrer Anwendung auf die menschliche Gemeinschaft in

[400]) Vgl. hierzu auch unten S. 118ff., S. 141ff.
[401]) S. 136. [402]) Röm. 6, 18. [403]) Eccles 12, 13.
[404]) Koloss. 3, 14.

Form des Rechts den im moralischen Sinn gesunden und guten Staat zu schaffen vermag. Ein solches Recht setzt dem Staat eine qualitative Ordnung, welche der geistigen Wertordnung des gesamten Universums entspricht. Eine solche rechtsphilosophische Auffassung des Rechts steht nicht nur im Gegensatz zu einer lediglich utilitaristischen und einer liberalistischen Staatsauffassung, sondern in einem noch stärkeren Gegensatz zu den antimoralischen und auf eine Umkehrung der Wertordnung hinzielenden Staatsauffassungen der Geschichte angefangen bei den Sophisten bis zum modernen Materialismus. Daß der spätaristotelische Gerechtigkeitsbegriff durch das Aufgeben dieses platonischen und früharistotelischen Begriffsinhalts einen ungeheuren Verlust erleidet und daß hierin sein wesentlichstes negatives Kriterium liegt, ist hiernach offensichtlich.

Andererseits hat der spätaristotelische Begriff der allgemeinen Gerechtigkeit jedoch auch positive und heute durchaus aktuelle Bedeutung. Diese liegt im wesentlichen darin, daß er die Gerechtigkeit und damit das Recht in die ethische Teleologie einordnet und zwar in Form der Sozialethik. Hierin stecken zwei wesentliche Gesichtspunkte.

Einerseits wird hierdurch das Recht mit der Ethik verbunden und damit grundsätzlich das ethische Ziel auch zum Ziel des Rechts gemacht. Das Recht als bloßes Ordnungsprinzip und insbesondere das positive Recht „als Ausdruck für die Tatsache eines machthabenden Willens in einer Gemeinschaft“, das „an sich ‹jenseits von Gut und Bös'› sei[405]), wird damit als unrichtig hingestellt. Rechtswissenschaft und Ethik werden miteinander verbunden und nicht — wie es heute vielfach geschieht[406]) — voneinander getrennt. Insofern birgt die allgemeine Gerechtigkeit des Aristoteles ebenso wie die platonische ethischen Wert, zumal Aristoteles die platonische Werthierarchie keineswegs verwirft. Die Entfernung dieser Wertordnung aus dem Gerechtigkeitsbegriff selbst enthält jedoch, selbst wenn sie an sich nicht aufgegeben wird, die Gefahr, daß das Recht — obwohl es schon in die ethische Ordnung einbezogen ist — die geistige Orientierung umso eher verliert, wie es z. B. ersichtlich wird, wenn Baumgarten[407]) den Unterschied zwischen der idealistischen und materialistischen und marxistischen Rechtsauffassung nicht in ihrem Ziel, sondern in den treibenden Kräften sieht und ihm nur in der Zwischenzeit bis zur Erreichung dieses Ziels eine prinzipale Bedeutung insbesondere auf methodologischem Gebiet beimißt mit der Begründung, daß der Idealist „schwerlich ein höheres Ideal“ im Auge haben könne „als das einer klassenlosen Gesellschaft, die erfüllt von brüderlichem Geist, eine freie Arbeitsgemeinschaft bildet“. Dies widerspricht zwar auf das Stärkste der aristotelischen Gerechtigkeitsauffassung, aber der Begriff seiner allgemeinen Gerechtigkeit ist einer solchen, den Unter-

[405]) Diese Definition des positiven Rechts bei Lehmann S. 22.
[406]) Vgl. Baumgarten S. 23. [407]) S. 25.

schied zwischen Idealismus und Materialismus verwischenden Rechtsauffassung bei weitem nicht mehr so konträr gegenübergestellt wie der platonisch-früharistotelische Gerechtigkeitsbegriff, dessen Gesetz der Werthierarchie eine solche Rechtsauffassung als keineswegs idealistische, sondern gänzlich diese Wertordnung übersehende entlarvt.

Andererseits ist aber insbesondere die sozialethische Seite der allgemeinen Gerechtigkeit heute von besonderer Bedeutung. Gerade dieser Gesichtspunkt, nämlich die Befolgung des νόμος, also des Gesetzes im weiten Sinne, der Eudämonie der menschlichen Gemeinschaft wegen ist dem heutigen Menschen weitgehend fremd geworden. Daß dies zu einem großen Teil an den Gesetzen und dem modernen Staatswesen selbst liegt, kann keinem Zweifel unterliegen. Trotzdem unterliegt es andererseits ebensowenig einem Zweifel, daß die allgemeine Gerechtigkeit, also die Gesetzeserfüllung aus sozialethischen Gründen heraus, auch heute nicht nur ethisch wertvoller als der heute dominierende Zustand ist, sondern andererseits auch eine erhebliche praktische Bedeutung und Wirkung hätte, insbesondere wenn die allgemeine Gerechtigkeit auch in der aristotelischen Weise angewandt würde, nämlich wenn über die Begründung der Gesetzeserfüllung durch die Eudämonie der Gemeinschaft hinaus zum Inhalt dieser Eudämonie ein wertbezogenes Leben gemacht würde.

Nicht nur durch die oben [408]) erwähnte Erziehung ließe sich hier eine günstigere Entwicklung erzielen, sondern auch insbesondere durch die Gesetzgebung selbst. Dazu gehörte allerdings als grundsätzlichste Voraussetzung die Beseitigung von gesetzlichen Bestimmungen, die einer Anwendung der allgemeinen Gerechtigkeit entgegenwirken oder sie sogar weitgehend unmöglich machen, wie es z. B. teilweise bei den Zwangswirtschaftsbestimmungen der Fall war und wie es insbesondere auch dann der Fall ist, wenn das durch das positive staatliche Recht erstrebte Ziel die „Eudämonie" einiger weniger bezweckt oder im Gegensatz zur Wertordnung steht und damit die in der oben nachgewiesenen Weise teilweise formalistische allgemeine Gerechtigkeit zur Förderung des Bösen dienen würde [409]).

---

[408]) S. 15 Anm. 108.

[409]) Die arist. allg. G. führt hier zu der zutreffenden Unterscheidung, daß — gesetzt den Fall, daß jemand die das Böse bezweckenden νόμοι in der entschuldigend wirkenden irrtümlichen Auffassung, sie seien gut, der staatlichen Gemeinschaft wegen befolgt, dieser nicht nur wegen entschuldbaren Irrtums keinen Tugendverstoß oder mit arist. Worten kein Laster begehen würde, sondern in einer Weise sogar tugendhaft handelte, insofern er nämlich die allgemeine Gerechtigkeit ausüben würde. Diese aus dem arist. Begriff der allg. G. folgende Unterscheidung ist ergebnismäßig durchaus berechtigt und fruchtbar und insb. für die eine Umkehrung der Werte bezweckenden Staatsformen und -gesetze von erheblicher Bedeutung und von großer Aktualität insb. auch für die ethische und juristische Behandlung der in den Nachkriegsprozessen seit 1945 auftauchenden Probleme z. B. hinsichtlich des Verhaltens von Soldaten während des Krieges 1939 bis 1945.

Andererseits könnte der Gesetzgeber jedoch zur positiven Förderung der allgemeinen Gerechtigkeit dadurch beitragen, daß er das Prinzip der allgemeinen Gerechtigkeit wenigstens in einem annähernden Maße in Gesetzesnormen praktisch verwirklichte, wie es z. B. im Falle des § 330c StGB. geschah, der das Versagen von Hilfe in Unglücksfällen unter Strafe stellt. Solche — insbesondere strafrechtliche — Normen erzeugen nicht nur objektiv ein bestimmtes Handeln, sondern verstärken vielfach auch subjektiv den Sinn für die allgemeine Gerechtigkeit, indem dadurch mehr zum Bewußtsein gebracht wird, daß ein Verstoß gegen die Individualtugend gleichzeitig einen solchen gegen die Sozialtugend, gegen die Gemeinschaft bedeutet, und wirken somit selbst erzieherisch. Gerade für das Strafrecht, z. B. für den bei der Strafzumessung bedeutsamen Begriff der Asozialität, kann die allgemeine Gerechtigkeit als die Sozialtugend eine brauchbare und durch ihren Gehalt und ihren gedanklich durchgearbeiteten Begriff und ihre Methodik auch ergiebige rechtstheoretische Grundlage abgeben.

Schließlich gewinnt die allgemeine Gerechtigkeit insofern eine erhebliche rechtsphilosophische Bedeutung, als sie auch das an sich ethisch irrelevante Recht, also die gesetzlichen Bestimmungen, welche nicht in Tugendgeboten bestehen, sondern ethisch irrelevante Normen enthalten, mittelbar ethisch begründet. Denn die Befolgung auch dieser Rechtsbestimmungen ist im Gebot der allgemeinen Gerechtigkeit enthalten und damit in der Sozialeudämonie und Sozialethik ethisch begründet. Die allgemeine Gerechtigkeit stellt hierdurch eine ebenso einfache wie aber auch brauchbare rechtsphilosophische und ethische Begründung des an sich ethisch irrelevanten Rechts dar.

b) Die besondere Gerechtigkeit.

Neben diese eine Art des spätaristotelischen empiristischen Gerechtigkeitsbegriffs in Form der allgemeinen Gerechtigkeit tritt als zweite die der besonderen Gerechtigkeit. Diese schon in der Top [410]) und in Virt [411]) angedeutete und in der MM bereits selbständig ausgestaltete [412]), wiederum auf dem griechischen Sprachgebrauch beruhende [413]) und somit empiristisch gefundene zweite Art der Gerechtigkeit wird von Aristoteles in der NE in ausführlichen Darlegungen weiter entwickelt [414]).

Im folgenden wird zunächst der Begriff der besonderen Gerechtigkeit als einer auf die Herstellung der Gleichheit gehenden Individualtugend erörtert werden, woraus sich dann in einem zweiten Abschnitt die besondere Gerechtigkeit als die spezifisch rechtliche und vorwiegend methodisch gehaltvolle Tugend ergibt.

---

410) Vgl. oben S. 31 f. 411) Vgl. oben S. 35 Anm. 110, 36 111.
412) Vgl. oben S. 70 ff. 413) Vgl. oben S. 37 ff.
414) NE V 4 1130 a 14 ff. (136 ff.).

1. Das Wesen der besonderen Gerechtigkeit als auf die Herstellung der Gleichheit gehenden Individualtugend.

Im Gegensatz zu dem gegen die allgemeine Gerechtigkeit verstoßenden Übertreter des νόμος (παράνομος) wird der gegen die zweite Art der Gerechtigkeit Verstoßende als πλεονέκτης καὶ ἄνισος[415]), also als Übervorteiler oder Gewinnsüchtiger und gegen die Gleichheit Verstoßender, der in diesem Sinne Gerechte als ἴσος[416]), also etwa als der die Gleichheit Befolgende, bezeichnet. Als Bezeichnung für diese Art der Gerechtigkeit verwendet Aristoteles die eines μέρος ἀρετῆς[417]), also eines Teiles der Tugend als Gegensatz zu der ganzen Tugend, zur allgemeinen Gerechtigkeit[418]). Im folgenden wird sie als besondere Gerechtigkeit bezeichnet werden[419]).

Daß Aristoteles in der NE als das für die gesamte Gerechtigkeit, also sowohl die allgemeine wie die besondere, kennzeichnende Begriffsmerkmal das πρὸς ἕτερον, die Beziehung auf den anderen, ansieht, wurde bereits ausgeführt[420]). Für die besondere Gerechtigkeit charakteristisch hatte Aristoteles das bereits — im Gegensatz zur allgemeinen Gerechtigkeit — in der MM angesehen. Dort war die Beziehung zum anderen eine begriffliche Notwendigkeit der Gerechtigkeit gewesen und zwar in der Art, daß die besondere Gerechtigkeit — wie dies für sie auch selbstverständlich ist[421]) — für ihre handlungsmäßige Ausübung die Beziehung zum anderen fordert und nicht nur ihre sollensmäßige Begründung in dem Verhältnis zum anderen findet, wie dies bei der spätaristotelischen allgemeinen Gerechtigkeit der Fall ist[422]). Worin das πρὸς ἕτερον der besonderen Gerechtigkeit in der NE besteht, wird von Aristoteles nicht mehr näher ausgeführt. Daß es aber für sie kennzeichnend ist, hebt er nochmals besonders hervor[423]). Das πρὸς ἕτερον der besonderen Gerechtigkeit in der NE kann daher und auch gedanklich schon kein anderes sein, als das der MM, nämlich die für die handlungsmäßige Ausübung der besonderen Gerechtigkeit erforderliche Beziehung zum anderen, also das auch heute für die Gerechtigkeit und das Recht kennzeichnende Verhältnis zum Mitmenschen. Dieses letztere spezifisch juristische und für jedes Recht notwendige Begriffs-

---

415) NE V 2 1129 a 32ff. (134).
416) NE V 2 1129 a 34 (134).
417) NE V 3 1130 a 9 (136).
418) Vgl. auch oben S. 54 Anm. 223.
419) Vgl. oben S. 54 Anm. 224.
420) Vgl. oben S. 49ff.
421) So z. B. kann man keinen schlagen, keinen betrügen, keinen töten oder weder einen Vertrag nicht erfüllen, fremde Sachen nicht herausgeben, ungerechtfertigte Bereicherungen behalten, noch sonst irgendein Unrecht tun, ohne daß ein Mitmensch, ein anderer, ein ἕτερος, vorhanden ist, an dem man eine strafbare Handlung ausüben kann oder der Vertragspartner, Eigentümer, ungerechtfertigt Entreicherter oder sonstiger Rechtsgutinhaber ist.
422) Vgl. oben S. 70ff., 61ff.
423) Vgl. oben S. 49 Anm. 210.

element πρὸς ἕτερον ist also von dem ethisch-teleologischen, die Sozialeudämonie begrifflich erfassenden πρὸς ἕτερον der spätaristotelischen allgemeinen Gerechtigkeit verschieden.

Die besondere Gerechtigkeit der NE hat sich gegenüber derjenigen der MM in der Grundanlage nicht verändert. Sie ist genau so wie diese eine sich auf die Lust am Gewinn, am Vorteil, beziehende Tugend, mag dieser in der Ehre, im Geld oder in der Selbsterhaltung bestehen[424]). Der gegen sie Verstoßende ist daher ein πλεονέκτης, ein Übervorteiler[425]). Er verstößt nicht wie der gegen das Gebot der allgemeinen Gerechtigkeit Verstoßende gleichzeitig gegen das Gebot einer anderen Tugend, sondern begeht die lediglich für das Gebiet der Gerechtigkeit kennzeichnende Übervorteilung[426]). Dabei ist der Ausdruck Vorteil (κέρδος) in einem ganz weiten Sinne zu verstehen[427]), so daß sogar das Schlägeausteilen und Töten für den Täter als Vorteil bezeichnet wird[428]).

Da die besondere Gerechtigkeit sich daher nicht auf andere Tugenden bezieht wie die allgemeine Gerechtigkeit, sondern vielmehr wie die anderen von Aristoteles im einzelnen aufgeführten Individualtugenden ihr besonderes πάθος, nämlich die Gewinnsucht, hat, steht sie also wie die einzelnen Individualtugenden neben diesen und umfaßt sie nicht wie die allgemeine Gerechtigkeit. In diesem Sinne ist die besondere Gerechtigkeit ein Teil der Tugend im Gegensatz zu der sich auf die ganze Tugend erstreckenden Gerechtigkeit[429]) und infolgedessen eine Individualtugend. Selbstverständlich kommt sie zwar auch vielfach den anderen zugute, denn wenn jemand gerecht in diesem Sinne handelt, fügt er dem anderen keinen Nachteil zu, sondern läßt ihm im weitesten Sinne das zukommen, was ihm gebührt. Dies ist aber kein Grund dafür, sie als Sozialtugend in dem früher definierten Sinne anzusehen, denn auch andere Tugenden — wie z. B. die Freigebigkeit, u. U. auch die Tapferkeit, das Maßhalten usw. — kommen vielfach anderen zugute, ohne deshalb schon Sozialtugenden zu sein. Vielmehr ist für das Wesen der Sozialtugend erforderlich, daß ihr Habitus darauf gerichtet ist, der Sozialeudämonie wegen tugendhaft zu handeln. Das hat Aristoteles für die besondere Gerechtigkeit nicht als Voraussetzung angesehen. Gerade die Verschiedenheit der Bedeutung des πρὸς ἕτερον bei beiden Arten der Gerechtigkeit[430]) — einerseits als tatsächliche natürliche Voraussetzung

---

[424]) NE V 4 1130 b 2—4 (137). [425]) NE V 2 1129 b 1 f. (134).
[426]) NE V 4 1130 a 16—22 (136 f.). [427]) NE V 7 1132 a 9 f. (142).
[428]) NE V 7 1132 a 7 ff. (142).
[429]) NE V 3 1130 a 8 ff. (136), 4 1130 a 14 (136).
[430]) Diese Verschiedenheit ist von Sal. nicht gesehen und dadurch das Verhältnis und teilweise auch das Wesen beider G.-Arten unrichtig aufgefaßt worden; vgl. oben S. 75 Anm. 371, S. 50 Anm. 213. Auch die Bemerkung Goed. II S. 72, die bes. G. sei die „spezifisch soziale Tugend", geht daher an der wirklichen Bedeutung des πρός ἕτερον für die beiden Arten der G. vorbei.

für die bloß handlungsmäßige Ausübung, andererseits als rein geistige, ethische Begründung des tugendhaften Handelns — beweist, daß die lediglich das πρὸς ἕτερον im ersteren Sinne enthaltende besondere Gerechtigkeit sich von der allgemeinen Gerechtigkeit in erster Linie dadurch unterscheidet, daß sie eine Individualtugend gegenüber der Sozialtugend der allgemeinen Gerechtigkeit ist. Ferner beweist dies die Tatsache, daß Aristoteles sie gerade aus diesem Grunde als Teil der Tugend neben die anderen Individualtugenden stellt, wogegen die allgemeine Gerechtigkeit als die alle Tugenden erfassende Sozialtugend ausdrücklich als die ganze Tugend bezeichnet wurde. Schließlich ergibt sich dies auch daraus, daß die besondere Gerechtigkeit wie die anderen Individualtugenden ihr spezielles πάθος, nämlich die Gewinnsucht hatte, so daß in der MM sogar die Mitte der besonderen Gerechtigkeit innerhalb des sie kennzeichnenden πάθος gesucht wurde[431]).

Wie ferner oben[432]) bereits ausgeführt wurde, kann der Mensch selbstverständlich durch ein und dieselbe Handlung gleichzeitig sowohl gerecht im besonderen Sinne wie gerecht im allgemeinen Sinne handeln[433]).

Im Gegensatz zu der in der MM geschilderten besonderen Gerechtigkeit wird die spätaristotelische besondere Gerechtigkeit der NE in einer Fortentwicklung und wiederum unter vollständiger Erfassung des vielseitigen Sprachgebrauchs in zwei bzw. sogar drei verschiedene Arten unterteilt. Die besondere Gerechtigkeit und das ihr entsprechende Recht bezieht sich nämlich einerseits auf die Verteilung aller Dinge, welche als unter die Staatsbürger verteilbare in Frage kommen wie z. B. Ehre und Geld[434]), andererseits auf die Regelung des Rechtsverkehrs der Staatsbürger untereinander[435]). Dabei zerfällt diese letztere Art der Gerechtigkeit wiederum insofern in zwei Teile, als sie einerseits den freiwilligen Rechtsverkehr (hierunter fallen z. B. Kauf, Darlehen, Miete, Pfand, Hinterlegung usw.), andererseits den unfreiwilligen Rechtsverkehr (z. B. Diebstahl, Ehebruch, Kuppelei, Meuchelmord, Mißhandlung, Beraubung, Lästerung usw.) der einzelnen Staatsbürger untereinander betrifft[436]). Schließlich ordnet Aristoteles der besonderen Gerechtigkeit als dritten Aufgabenbereich noch denjenigen der Wiedervergeltung zu[437]). Die weitere Unterteilung ist in diesem Zusammenhang unerheblich[438]). Wesentlich ist nur

---

[431]) Vgl. oben S. 43 Anm. 180, 44 181. [432]) S. 74.

[433]) NE V 5 1130 b 10 ff. insb. 14—16 (138) bezeichnet A. die bes. G. ausdrücklich als Teil der allg. G.; vgl. auch Fechner S. 30 Anm. 2.

[434]) NE V 5 1130 b 30 ff. (139).

[435]) NE V 5 1130 b 33—1131 a 1 (139).

[436]) NE V 5 1131 a 2—9 (139).

[437]) NE V 8 1132 b 21 ff. (145 ff.).

[438]) Vgl. hierzu neben dem auch aus sich schon weitgehend klaren arist. Text Fechner S. 31 ff.

die Verbindung dieser Arten der besonderen Gerechtigkeit mit dem bei ihr zur Anwendung kommenden Begriff der μεσότης und der hieraus abzuleitende rechtsphilosophische Gehalt der besonderen Gerechtigkeit, welcher nach der Schilderung dieser drei Arten der besonderen Gerechtigkeit untersucht werden soll.

aa) Die austeilende Gerechtigkeit.

Die eine Art der besonderen Gerechtigkeit, welche die Verteilung der im Staat zur Verteilung kommenden Dinge zum Gegenstand hat, die δικαιοσύνη διανεμητική[439]), die austeilende oder auch distributive[440]) Gerechtigkeit, stimmt weitgehend mit der in der MM geschilderten, nicht weiter unterteilten besonderen Gerechtigkeit überein und hat ihre Mitte wie diese in der Gleichheit[441]). Diese Gleichheit besteht aber nicht in der Gleichsetzung zweier Personen oder zweier Sachen (also nicht $A = B$), sondern in der Gleichsetzung zweier Verhältnisse[442]) $\left(\text{also } \frac{A}{B} = \frac{D}{C}\right)$[443]). Daher nennt Aristoteles das Recht ein ἀνάλογον[444]), ein Verhältnismäßiges, und zwar vergleicht er diese die austeilende Art der besonderen Gerechtigkeit kennzeichnende Verhältnismäßigkeit mit der Mathematik, wo diese Proportion γεωμετρική (geometrische) genannt werde[445]). Diese beiden in einer Gleichung miteinander zu vergleichenden Verhältnisse bestehen auf der einen Seite aus zwei Personen, auf der anderen aus zwei zuzuteilenden Dingen[446]), insgesamt also aus vier Gliedern[447]). Wie sich nämlich die Personen zueinander verhalten, so müssen sich auch die zuzuteilenden Dinge verhalten.

Nun fragt es sich aber, in welcher Hinsicht die Personen überhaupt miteinander verglichen werden sollen, also was der entscheidende Gesichtspunkt ist, der für die Gleichheit der Verhältnisse erheblich ist. Nach Aristoteles ist man sich darüber einig, daß diese Zuteilung κατ' ἀξίαν (also nach Gebühr) erfolgen solle[448]). Daß maßgebliche Kriterium der Gleichheit ist mithin die ἀξία, die Gebühr, der Wert. Darüber, was unter der ἀξία zu verstehen ist, ist man sich allerdings nach Aristoteles nicht einig[449]). Dies ist vielmehr eine schwierige Frage der Staatsphilosophie[450]).

Für diese und für das Gebiet des Staats- und Verwaltungsrechts hat Aristoteles nun auch diese austeilende Gerechtigkeit verwandt. In

---

439) NE V 5 1130 b 31 (139), 6 1131 b 27f. (142), 8 1132 b 24 (145).
440) Wittmann S. 212f.
441) NE V 6 1131 a 9ff. (139).
442) NE V 6 1131 a 31 (140).
443) NE V 6 1131 b 5ff. (141).
444) NE V 6 1131 a 29 (140).
445) NE V 7 1131 b 12f. (141).
446) NE V 6 1131 b 5 (141).
447) NE V 6 1131 b 4 (141).
448) NE V 6 1131 a 24f. (140).
449) NE V 6 1131 a 26—29 (140), Pol III 9 1280 a 18ff. (465).
450) Pol III 12 1282 b 22f. (475).

der MM hatte er diejenige Gleichheit, die sich zwischen dem Verhältnis zweier Personen zu dem zweier Sachen fand und die demnach, obschon sie in der MM die ganze besondere Gerechtigkeit ausmachte, mit der austeilenden Gerechtigkeit der NE identisch ist, an Beispielen und zwar sowohl des öffentlichen (Steuern) wie des privaten Rechts (Warenverkehr, Kauf- und Werkverträge) näher dargelegt[451]. Im Gegensatz hierzu bringt Aristoteles in der NE kein Beispiel für die austeilende Gerechtigkeit, sondern verwendet sie lediglich für das öffentliche Recht, was in der Pol in noch eingehenderem Maße fortgesetzt wird. Bereits in der NE hatte Aristoteles gesagt, daß unter dem entscheidenden Gleichheitskriterium, unter der ἀξία unter der Gebühr, dem Wert, der demokratisch Gesinnte die Freiheit, der obligarisch Gesinnte den Reichtum oder auch den Adel, der aristokratisch Gesinnte die Tugend verstehe[452]. Diese Untersuchung wird in der Pol wieder aufgenommen und fortgeführt[453]. Aristoteles zeigt hier mit aller Deutlichkeit, was er mit der ἀξία meint. Er führt hier aus, daß nicht jeder beliebige und irgendwie denkbare Unterschied für die die austeilende Gerechtigkeit ausmachende Gleichheit erheblich sei, sonst könnte ja beispielsweise Farbe, Größe oder jeder beliebige äußere Vorzug einen Anspruch auf politische Rechte (z. B. bei der Verteilung der Staatsämter[454]) geben[455]. Dies, nämlich daß jeder Unterschied ein anderes Recht (δίκαιον) und eine andere Gebühr (ἀξία) gebe[456], sei offenbar falsch[457]. Unter mehreren in ihrer Kunst gleich tüchtigen Flötenspielern gebe man ja die besseren Flöten auch nicht den von Geburt Edleren, denn sie würden darum doch nicht besser spielen, sondern derjenige, welcher in seiner Kunst der Tüchtigste sei, müsse das bessere Instrument haben[458]. Selbst wenn der als Flötenspieler Tüchtigste etwa an edler Geburt und an Schönheit weit hinter anderen zurückstände und diese Vorzüge der anderen an Adel und Schönheit als solche ein höheres Gut als das Flötenspielen seien, so müsse man dem ersteren doch die besseren Flöten geben[459], es sei denn, daß der Vorrang im Reichtum oder in der Abstammung zur Kunst des Flötenspielens etwas beitrage. Das sei aber nicht der Fall[460].

Aus diesen Ausführungen ergibt sich deutlich, daß sich die ἀξία darstellt als das sachliche Kriterium, nach welchem sich die Gleichheit bemißt. Im einzelnen geht Aristoteles dabei nämlich — wie das Flötenspielerbeispiel eindeutig zeigt — folgendermaßen vor. Bei der aufgeworfenen Frage, wie die Flöten zu verteilen seien, finden

---

451) Vgl. oben S. 44 f.
452) NE V 6 1131 a 27 ff. (140).
453) Pol III 9 1280 a 8 ff. (465 f.), 12 1282 b 18 ff. (474 ff.).
454) Pol III 12 1282 b 24 f. (475).
455) Pol III 12 1282 b 27 ff. (475).
456) Pol III 12 1282 b 26 f. (475).
457) Pol III 12 1282 b 30 (475).
458) Pol III 12 1282 b 31 ff. (475).
459) Pol III 12 1282 b 36 ff. (475).
460) Pol III 12 1283 a 1 ff. (475).

sich zwei zu vergleichende Seiten mit mehreren Gliedern (oder wenn man sich an die formelhafte Darstellung der NE hält, mit je zwei Gliedern), von welchen die einen Personen, die anderen Sachen darstellen. Sowohl die Personen wie die Sachen unterscheiden sich gegenseitig untereinander in vielfacher Hinsicht. Bei der Frage, welcher Person welche Flöte zugeteilt werden soll, geht Aristoteles nun zunächst von dem Zweck der Inbeziehungsetzung der Sache zur Person aus, indem er sich nach dem aus der Art der Sache zu erschließenden Zweck der Zuteilung fragt. So ist der Zweck der Flöte das Flötenspielen, und zwar das möglichst gute, wie sich aus dem oben erwähnten Satz ergibt, daß der von Geburt höher stehende darum doch nicht besser Flöte spiele[461]). Dieser aus der Art der zuzuteilenden Sache zu erschließende Zweck der Zuteilung, nämlich das möglichst gute Flötenspielen, ermöglicht nun den Schluß auf die für die Verteilung der Flöten maßgebliche ἀξία. Das möglichst gute Flötenspielen wird nämlich dadurch erreicht, daß der tüchtigste Flötenspieler die beste Flöte spielt. Folglich ist die Tüchtigkeit der in Frage kommenden Personen im Flötenspiel die für die Verteilung maßgebliche ἀξία, das sachliche Kriterium.

Die Ermittlung der ἀξία geht demnach nicht von materiellen Tatsachen, sondern von immateriellen geistigen Gesichtspunkten, vom Zweck aus, der lediglich unter Berücksichtigung materieller Tatsachen gewonnen wird. Würde man die Austeilung der Flöten oder irgend welcher anderer Dinge juristisch fassen, also einen Rechtssatz dafür aufstellen, so müßte dieser etwa folgendermaßen lauten: „Wer die Kunst des Flötenspielens besser beherrscht als andere, erhält die bessere Flöte“ oder „Diejenigen, welche gleich gut Flöte spielen, erhalten gleich gute Flöten“. Hierbei wird ersichtlich, daß die eine Seite obiger Gleichung, das eine Verhältnis und zwar das der Personen, als der Tatbestand des Rechtssatzes, als seine Voraussetzungen erscheint, und daß die andere Seite der Gleichung, das andere Verhältnis und zwar das der zuzuteilenden Dinge, die Rechtsfolge ausmacht. Was als Tatbestand aufzustellen war, ergab sich aus der aus der Rechtsfolge zu erschließenden ἀξία, aus dem Gebührenden, aus dem sachlichen Kriterium, Aristoteles geht damit in ähnlicher Weise vor, wie es bei der heutigen juristischen Auslegung geschieht, wenn diese aus der in der Rechtsfolge zum Ausdruck kommenden ratio legis auf die Bedeutung des Tatbestandes schließt, nur daß Aristoteles unabhängig von jedem menschlich gesetzten Recht den Tatbestand ganz neu aufstellt und nicht nur auslegt.

Das System der aristotelischen Ethik ist also nicht nur in seiner Grundanlage von der Teleologie beherrscht, sondern teleologische Gesichtspunkte spielen auch gerade bei der Ermittlung des Inhalts

---

[461]) Pol III 12 1282 b 33 (475).

der austeilenden Gerechtigkeit (und wie später noch dargetan wird der gesamten besonderen Gerechtigkeit) eine wesentliche Rolle, denn die in der tatbestandsmäßigen Gleichsetzung von Personen bestehende austeilende Gerechtigkeit entnimmt das sachliche Kriterium der Gleichsetzung, die ἀξία, aus der Rechtsfolge, also aus dem Zweck des Rechtssatzes. Die Ermittlung der austeilenden Gerechtigkeit geht demnach vom Zweck des Rechtssatzes aus, sie hat also auf teleologische Weise stattzufinden. Aristoteles erkennt damit bereits einen wesentlichen Grundsatz der Rechtsmethodik, der in deutlichen Gegensatz zu der Methode der neuzeitlichen, insbesondere im 19. Jahrhundert getriebenen sogenannten Begriffsjurisprudenz tritt, und der nicht nur in der Rechtsmethodenlehre und Rechtsphilosophie [462]) ausdrücklich zur Anerkennung gelangt bezw. teilweise neu entwickelt worden, sondern auch in einer unübersehbaren Zahl von juristischen Problemen — sei es bewußt, sei es unbewußt — in Rechtswissenschaft und Rechtsprechung zur Anwendung gekommen ist [463]). Schließ-

[462]) Vgl. insb. v. Hippel I S. 30, 97, 128, wonach der Rechtsbegriff seine genaue Bedeutung erst durch den „Sinn der Norm", also den Zweck der Norm, erhält, und wonach dieser Sinn der Norm auch das Auslegungskriterium hinsichtlich des Tatbestandes ist; vgl. ferner Baumgarten S. 46 ff., der die Bedeutung der Verknüpfung und Abgrenzung der Tatbestandsbegriffe mit und unter Bezugnahme auf die bzw. den Rechtsfolgebegriffe(n) hervorhebt, wenn auch nicht in der der wahren Bedeutung angemessenen Weise.

[463]) Es seien hier nur einige wahllos herausgesuchte Beispiele gebracht: Die zur Bestrafung des untauglichen Versuchs vom RG (ständige Praxis des RG seit RGSt 1/439; vgl. Schwarz Anm. 2 B a zu § 43) entwickelte subjektive Theorie geht z. B. im Gegensatz zu der bekannten objektiven Theorie insb. in der älteren Fassung etwa v. Liszts, welche auslegungsmäßig der sogenannten Begriffsjurisprudenz angehört, von dem Zweck der Bestrafung des Versuchs, vom Zweck des § 43 StGB aus, indem sie die Betätigung des verbrecherischen Willens für strafbar ansieht; die von der herrschenden Lehre (vgl. Staudinger Anm. 5 zu § 904) gebrachte Ausdehnung des § 904 BGB auf die Fälle, daß der auf die Sache Einwirkende den Widerstand des verbietenden Eigentümers mit Gewalt gegen die Person bricht, wird neben einer konstruktiven Begründung, nämlich daß der gewaltsame Widerstand seitens des Eigentümers einen rechtswidrigen Angriff darstelle, gegen den Notwehr zulässig sei (so Planck Anm. 3 a zu § 904, RGRKom Anm. 3 zu § 904), auch teleologisch begründet, nämlich daß der Zweck des § 904, die Rechtfertigung des bei Notstand Helfenden und damit auch die Notstandshilfe, diese Ausdehnung forderten, weil das Recht und der Zweck des § 904 BGB sonst weitgehend hinfällig würden (so Staudinger a. a. O., Biermann Anm. 2 a zu § 904); die aus dem Zweck des Bereicherungsrechts der §§ 812 ff. BGB als eines Billigkeitsrechts (so Palandt Einf. 1 vor §§ 812 ff.), das den wirtschaftlichen Ausgleich der durch bestimmte insb. Verkehrsschutzregeln entstandenen ungerechtfertigten Bereicherungen anordnet, zu folgernde sogenannte wirtschaftliche (im Gegensatz zur juristischen) Auffassung des Bereicherungsbegriffs (vgl. RGZ 75/362); Die ebenso aus dem Zweck geborene Anerkennung des eingerichteten und ausgeübten Gewerbebetriebs als absoluten Rechts im Sinne des § 823 Abs. 1 BGB (RGZ 135/242) usw.

lich ist diese aristotelische teleologische Methode auch in ihrer Verbindung mit dem Gesichtspunkt der Gleichheit für die Rechtswissenschaft durchaus brauchbar[464]). Es zeigt sich hier, wie wertvoll die aristotelische Methodik auch heute ist.

In der Frage nun, worin die ἀξία denn nun im einzelnen besteht, gibt Aristoteles wenig Anhaltspunkte. Er beantwortet sie — wie seine austeilende Gerechtigkeit ja überhaupt nur im Staats- und Verwaltungsrecht verwandt wird, nur für dieses Gebiet, indem er die Tugend — die nach der aristotelischen Lehre äußerst reichhaltig ist und den Idealtyp des Menschen kennzeichnet — und die Bildung als die ausschlaggebenden sachlichen Kriterien für die Verteilung der Staatsämter ansieht[465]).

Die austeilende Gerechtigkeit der NE ist demnach weitgehend — jedenfalls in ihrer Konstruktion — mit der besonderen Gerechtigkeit der MM identisch. Sie bezieht sich aber nicht mehr wie diese sowohl auf das öffentliche wie das private Recht, sondern beschränkt sich auf das erstere.

bb) Die ausgleichende Gerechtigkeit.

Die übrigen Aufgaben der besonderen, mit der austeilenden übereinstimmenden Gerechtigkeit der MM werden in der NE nunmehr anderen, teilweise neu entwickelten Arten der besonderen Gerechtigkeit zugeschrieben. Neben die austeilende Gerechtigkeit tritt nämlich die bereits erwähnte den Rechtsverkehr der Staatsbürger untereinander regelnde[466]), die δικαιοσύνη διορθωτική[467]), oder auch ἐπανορθωτική[468]), die berichtigende, ausgleichende, kommutative[469]) Gerechtigkeit. Diese ausgleichende Gerechtigkeit als Art der besonderen Gerechtigkeit ist in der MM nicht behandelt worden. Auch für sie besteht die rechte Mitte in der Gleichheit[470]), aber nicht in der für die austeilende Ge-

[464]) Das zeigt sich beispielsweise, wenn Baumgarten S. 47 sowohl Gesetzgebung wie Rechtswissenschaft insoweit als einen falschen Weg gehend kritisiert, wenn beide von vorneherein in der strafrechtlichen Teilnahmelehre davon ausgingen, daß, weil für die Betrachtung des täglichen Lebens Täter und Anstifter zwei sehr verschiedene personae dramatis seien, sie auch für das Strafrecht nicht das Gleiche sein könnten, und fragt, worin die strafrechtliche Relevanz dieser Unterscheidung liege. Baumgarten tadelt hier also an Gesetzgebung und Rechtswissenschaft ganz im arist. Sinne, daß sie für die Gleichheit bzw. Ungleichheit nicht die richtige ἀξία gefunden hätten, und zeigt auch, wie dieser Fehler sich darin auswirkt, daß man durch ihn gezwungen worden sei, das „Monstrum" der höchstpersönlichen Strafausschließungsgründe und ferner das unrichtige Dogma von der Durchbrechung des Kausalzusammenhangs durch doloses Handeln eines Dritten zu schaffen.

[465]) Pol III 13 1283 b 24 ff. (476).

[466]) Vgl. oben S. 92 Anm. 435.

[467]) NE V 7 1131 b 25 (142).

[468]) NE V 7 1132 a 18 (143).

[469]) Wittmann S. 213.

[470]) NE V 7 1131 b 33 (142).

rechtigkeit charakteristischen sogenannten geometrischen Proportion, welche zwei Verhältnisse einander gleichsetzte, sondern in der sogenannten arithmetischen (ἀριθμητική) Proportion [471]), welche zwei bloße Zahlen einander gleichsetzt, indem nicht bei der wiederum aus vier Gliedern bestehenden Gleichung die Verhältnisse von je zwei Gliedern, sondern nur zwei bloße Glieder miteinander verglichen werden. Die beiden in Betracht kommenden Personen werden hier nämlich immer gleich behandelt [472]), lediglich die Dinge werden miteinander verglichen [473]).

Diese Art der besonderen Gerechtigkeit und des besonderen Rechts ist — wie schon ausgeführt — für den Verkehr der Menschen untereinander (und zwar sowohl den freiwilligen wie den unfreiwilligen) maßgeblich. Hier finden sich auch Beispiele dafür. Wenn nämlich jemand einem anderen einen Schaden zufügt oder einen Ehebruch begeht, so kommt es für die Frage des Schadensersatzes oder der Bestrafung nicht darauf an, ob der Täter ein guter oder ein schlechter Mensch ist, und auch nicht darauf, ob der Gute dem Schlechten oder der Schlechte dem Guten den Schaden zufügt [474]), sondern die Personen sind in diesem Falle als gleiche zu behandeln [475]), es hat also jeder den gleichen Schadensersatz zu leisten oder die gleiche Strafe zu erleiden. Es ist vielmehr lediglich die Größe der Schäden miteinander zu vergleichen [476]). Insbesondere bei dieser ausgleichenden Gerechtigkeit verwendet Aristoteles den Ausdruck κέρδος (Vorteil) [477]), der ein Mehr vom Guten und ein Weniger vom Übel bedeutet [478]), während der ebenso allgemein verstandene Nachteil (ζημία) sich umgekehrt verhält [479]). Die Mitte zwischen beiden ist das Gleiche und letzteres das Recht [480]). Somit ist das ausgleichende Recht (ἐπανορθωτικὸν δ.) die Mitte zwischen Nachteil und Vorteil [481]).

Die ausgleichende Gerechtigkeit ist demnach eine solche, bei welcher sich die Personen im Gegensatz zur austeilenden Gerechtigkeit trotz ihrer Unterschiede als gleichberechtigte gegenüberstehen. Dabei ergibt sich im Prinzip die gleiche teleologische Methode, die bereits bei der austeilenden Gerechtigkeit festgestellt wurde, bei welcher aus dem unter Berücksichtigung der Dinge zu erschließenden Zweck auf den Maßstab, die ἀξία (welcher Ausdruck von Aristoteles bei der ausgleichenden Gerechtigkeit nicht mehr verwandt wird), für den aufzustellenden (oder auch auszulegenden) Tatbestand zu schließen war. Denn der Zweck des Schadensersatzes z. B. stellt es nicht darauf ab, ob es sich um einen guten oder schlechten Menschen handelt, sondern nur darauf, daß der erlittene Nachteil wieder ausge-

[471]) NE V 7 1132 a 1f. (142).
[472]) NE V 7 1132 a 5 (142).
[473]) NE V 7 1132 a 4f. (142).
[474]) NE V 7 1132 a 2ff. (142).
[475]) NE V 7 1132 a 5 (142).
[476]) NE V 7 1132 a 4f. (142).
[477]) NE V 7 1132 a 9ff. (142f.); vgl. oben S. 91 Anm. 427, S. 91 Anm. 428.
[478]) NE V 7 1132 a 16f. (143).
[479]) NE V 7 1132 a 17 (143).
[480]) NE V 7 1132 a 17f. (143).
[481]) NE V 7 1132 a 18f. (143).

glichen werde. Irgendwelche Unterschiede innerhalb der schädigenden oder beschädigten Personen sind von diesem Zweck aus unerheblich, sie stehen mit ihm in keinem sachlichen Zusammenhang und werden deshalb nicht berücksichtigt. Vielmehr sind vom Zweck des Schadensersatzes aus gesehen alle Personen gleich. Damit findet sich bei der ausgleichenden Gerechtigkeit dieselbe teleologische Methode zur Ermittlung des sachlichen Gesichtspunktes für die Setzung des Tatbestandes und zwar hinsichtlich des Gesichtspunktes der Gleichheit, wie sie bei der austeilenden Gerechtigkeit festgestellt wurde. Der Unterschied liegt nur darin, daß es sich bei der ausgleichenden Gerechtigkeit um solche Fälle handelt, in denen alle Menschen als solche vom teleologischen Standpunkt aus gesehen schlechthin gleich sind[482]).

Wann nun diese ausgleichende Gerechtigkeit angewandt werden soll, stellt Aristoteles nicht klar fest. Er sagt lediglich, sie regele den Rechtsverkehr der Staatsbürger untereinander[483]). Es läßt sich dabei nicht zwingend erweisen, daß sie sich vorzüglich bei der richterlichen Tätigkeit findet[484]). Es läßt sich vielmehr gerade so gut vorstellen, daß die sachliche Gleichheit der Person im Privatverkehr unabhängig von irgendeiner richterlichen Handlung erfüllt wird. Dieser Verkehr der Bürger untereinander bezieht sich sowohl auf den freiwilligen wie unfreiwilligen Rechtsverkehr, wobei Aristoteles als Beispiele für den ersteren u. a. Kauf, Darlehen, Miete, Pfand usw., für den letzteren u. a. Diebstahl, Ehebruch, Kuppelei, Mißhandlung usw. nennt[485]). Bei diesem weiten Anwendungsbereich, der sich ausdrücklich auch auf eine freiwillige Anwendung erstreckt, ist nicht anzunehmen, daß sich die ausgleichende Gerechtigkeit lediglich auf die Fälle einer vorherigen Rechtsverletzung beschränken soll[486]). Vielmehr ist es bei

---

[482]) Sal. spricht daher S. 26 mit Recht hinsichtlich der austeilenden und ausgleichenden G. von einer Gleichheit in Ansehung und ohne Ansehung der Person oder „symbolisch gesprochen einer iustitia ohne oder mit der Binde vor den Augen", ohne jedoch den beiden G.-arten gemeinsam zugrundeliegenden rechtsmethodischen Grundsatz zu erkennen.

[483]) Vgl. oben S. 92 Anm. 435.

[484]) Wie Hirzel II S. 162 Anm. 5 auf Grund der Stellen NE V 5 1131 a 2f. (139), 7 1132 a 2ff. (142f.) zu Unrecht annimmt. Die erstere Stelle sagt nämlich nichts von einer richterlichen Tätigkeit. Die zweite 1132 a 6f. (142) sagt zwar, daher versuche der Richter, dieses auf der Ungleichheit beruhende Unrecht — den Schaden 1132 a 4—6 (142) — wieder gleich zu machen, damit ist aber keineswegs gesagt, daß dieser Schadensersatz nicht auch ohne Richter stattfinden könne oder daß er in der überwiegenden Anzahl der Fälle vor dem Richter stattfinde. Deutlich sagt A. dann auch 1132 a 19f. (143), daß man in streitigen Fällen seine Zuflucht zum Richter nehme, womit ohne Zweifel auch unstreitige Fälle der Anwendung der ausgleichenden G. anerkannt werden und keineswegs ein zahlenmäßiges Übergewicht der ersteren angenommen wird.

[485]) Vgl. oben S. 92 Anm. 436.

[486]) Wie Hirzel II S. 162 Anm. 1 — offenbar der Richtigkeit dieser Vermutung nicht ganz sicher — unter vorsichtigen Worten („wenn ihr Name streng zu nehmen ist") vermutet.

dieser Ausdehnung auf den gesamten wirtschaftlichen Rechtsverkehr viel wahrscheinlicher, daß die ausgleichende Gerechtigkeit bei jedem Rechtsverkehr der Bürger untereinander, auch wenn er völlig ordnungsmäßig und ohne Rechtsverletzung verläuft, Anwendung findet. Das wird ferner aber auch dadurch bestätigt, daß Aristoteles ausdrücklich sagt, wenn jemand beim Kauf oder jedem derartigen vom Gesetz gestatteten Rechtsverkehr mehr bekomme, als er ursprünglich gehabt habe, so sei er im Vorteil, wenn er dagegen weniger bekomme, so sei er im Nachteil [487]), woraus eindeutig folgt, daß der ohne Vor- und Nachteil geschlossene Kauf oder sonstige Vertrag sich als Akt der ausgleichenden Gerechtigkeit darstellt. Es gibt ja beim Kauf auch jeder etwas weg, erleidet also einen Nachteil und empfängt dafür etwas, also den ausgleichenden Vorteil. Selbst wenn ein wirtschaftlicher Wertunterschied vorhanden ist, ist die ausgleichende Gerechtigkeit dann eingehalten, wenn dies mit Willen des „Benachteiligten" geschieht, denn diesem geschieht dann kein Unrecht [488]). Die ausgleichende Gerechtigkeit wird also von Aristoteles keineswegs auf die richterliche Tätigkeit oder die Fälle einer Rechtsverletzung im heutigen Sinne beschränkt, sondern vielmehr, was ihrem Begriff nach durchaus angemessen ist, auf alle Fälle des privatrechtlichen Rechtsverkehrs ausgedehnt. Eine andere Frage ist die, ob Aristoteles die ausgleichende Gerechtigkeit auch als für das Strafrecht maßgeblich ansieht. Hierauf könnte nicht nur die Stelle hindeuten, wo Aristoteles bei Behandlung der ausgleichenden Gerechtigkeit sagt, der Richter versuche mit Hilfe der ausgleichenden Gerechtigkeit, Körperverletzung und Totschlag wieder gutzumachen [489]), indem er durch die ζημία die Gleichheit herzustellen suche [490]), sondern auch die bereits erwähnte Heranziehung des sogenannten unfreiwilligen Verkehrs, der sich nur aus Delikten zusammensetzt. Als zweifelhaft wird die Unterordnung des Strafrechts unter die ausgleichende Gerechtigkeit aber deshalb angesehen [491]), weil Aristoteles an anderer, unten noch zu erörternder Stelle [492]) das Strafrecht sich nach Gesichtspunkten der Wiedervergeltung und damit der geometrischen Proportion richten läßt. Selbst wenn an beiden Stellen strafrechtliche Folgen gemeint sein sollten, braucht nicht notwendig ein Widerspruch zu bestehen. Einerseits ist nämlich auch im Strafrecht die sogenannte arithmetische Gleichheit insofern anzuwenden, als zwei objektiv und subjektiv das gleiche Verbrechen begehende Täter ohne Ansehung ihrer Person, also ohne

---

[487]) NE V 7 1132 b 13 (144)—16 (145).
[488]) NE V 11 1136 b 9ff. (160f.).
[489]) NE V 7 1132 a 6ff. (142). [490]) NE V 7 1132 a 9f. (142).
[491]) Vgl. zu dieser Kontroverse im einzelnen Sal. S. 30ff.
[492]) NE V 8 1132 b 29ff. (145).

Rücksicht auf irgendwelche persönlichen Unterschiede, die gleiche Strafe erhalten sollen. Andererseits kann die sogenannte geometrische Gleichheit trotzdem für besondere Tatbestände oder für Unterschiede wie Vorsatz oder Fahrlässigkeit durchaus ebenfalls ihre Berechtigung im Strafrecht haben. Somit können geometrische und arithmetische Gleichheit durchaus beide für das Strafrecht — wenn auch in verschiedener Beziehung — gelten. Abgesehen davon, daß demnach ein Widerspruch gar nicht vorzuliegen braucht, ist es trotzdem wahrscheinlicher, daß Aristoteles bei der Anwendung der ausgleichenden Gerechtigkeit auf das Deliktsrecht nicht an straf-, sondern zivilrechtliche Folgen gedacht hat, so daß ζημία in diesem Zusammenhang nicht mit Strafe, sondern mit Schadensersatz zu übersetzen ist[493]).

Es ergibt sich hieraus, daß Aristoteles zwar der ausgleichenden Gerechtigkeit ein bestimmtes juristisches Gebiet, nämlich das Privatrecht im weiten Umfang zuordnet, daß er aber trotzdem gegenüber dieser formellen Zuordnung keinen grundsätzlichen materiellen, keinen sachlichen Maßstab gibt, wann die ausgleichende Gerechtigkeit angewandt werden soll wann es also inhaltlich sachlich vom Zweck des Rechts aus gesehen auf Unterschiede in der Person nicht ankommt, diese also für den Zweck gleich sind. Dies kann nämlich auch für das Privatrecht keineswegs schlechthin gesagt werden. So z. B. ist es zwar für die Frage, ob der Beklagte Eigentümer ist oder nicht, ob er zur Zahlung eines Kaufpreises verpflichtet ist oder nicht, durchaus gleichgültig, ob er ein Mann oder eine Frau ist. Höchst fraglich wird diese Gleichheit aber bereits von familienrechtlichen Gesichtspunkten (z. B. für die Frage, ob jemand zur Hausarbeit verpflichtet ist oder nicht). Ferner können beispielsweise das Alter oder die geistige Leistungsfähigkeit über die Geschäftsfähigkeit oder der Grad der Fahrlässigkeit z. B. bei der Verwahrung usw. die ausgleichende Gerechtigkeit als durchaus fraglich erscheinen lassen. Im Ergebnis läßt sich also feststellen, daß Aristoteles auch bei der ausgleichenden Gerechtigkeit ein methodisch durchaus brauchbares[494]), aber zur inhaltlichen

---

[493]) So zutreffend Sal. S. 32 mit Begründung und Hinweisen auf weitere Literatur.

[494]) Einerseits kann es z. B. zur klareren Beantwortung der Frage führen, ob es für den Zweck eines Rechtssatzes auf Unterschiede in der Person ankommt, beispielsweise bei der in der Nachkriegsrechtsprechung aufgetauchten Frage, ob es für die Unpfändbarkeit eines Radiogerätes gemäß § 811 ZPO darauf ankommt, ob der Schuldner Kriegsversehrter ist (OLG Köln 12 T 53/50; Stein-Jonas-Schönke IV 11) zu § 811). Andererseits vertritt A. durch seine rein wirtschaftliche Betrachtungsweise, die ihn alles schlechthin unter dem rein wirtschaftlichen Gesichtspunkt des Vor- und Nachteils und damit den Ausgleich als gerecht und als Recht ansehen läßt, bereits im Prinzip die heutige moderne sogenannte wirtschaftliche im Gegensatz zur sogenannten juristischen Auffassung des typischen Ausgleichs —, nämlich des Bereicherungsrechts der §§ 812ff. BGB (vgl. Palandt Anm. 6 zu § 818).

Bestimmung der Gerechtigkeit nicht ausreichendes Prinzip befolgt, denn aus dem Begriff der ausgleichenden Gerechtigkeit allein läßt sich das Gerechte nicht bestimmen, sondern vielmehr erst durch das von Aristoteles dem Prinzip nach nicht angegebene, im Begriff der ausgleichenden Gerechtigkeit nicht enthaltene Kriterium, wann, in welchen Fällen die ausgleichende Gerechtigkeit anzuwenden ist.

cc) Die wiedervergeltende Gerechtigkeit.

Schließlich behandelt Aristoteles — wie in der MM — im Rahmen der besonderen Gerechtigkeit in der NE wiederum die Wiedervergeltung (τὸ ἀντιπεπονθός)[495]. Genau so wie in der MM wird sie nicht mit der behandelten austeilenden und nunmehr in der NE ferner auch mit der ausgleichenden Gerechtigkeit gleichgesetzt, sondern noch ausdrücklicher hervorgehoben, sie decke sich mit keiner dieser beiden behandelten Arten[496]. Dies ist ja auch an sich schon selbstverständlich, denn weder die austeilende noch die ausgleichende Gerechtigkeit beschränken sich ja auf eine Vergeltung, so daß die Wiedervergeltung — wie es ja in der MM bereits hervorgehoben wurde[497] — höchstens als ein in diesen Gerechtigkeitsarten enthaltener, nicht aber mit diesen sich deckender Teil erscheinen kann. Im Unterschied zur MM wird dieses Recht der Wiedervergeltung nun aber bedeutend weiter ausgewertet. Hatte es dort nur Bedeutung für das Strafrecht[498], so nun hier neben diesem auch für das Privatrecht und sogar für das öffentliche Recht, denn daß Gleiches schlechthin mit Gleichem vergolten werden kann, trifft in allen diesen Rechtsgebieten nicht zu, wie Aristoteles in folgender Weise zeigt.

Es dürfe z. B. derjenige, der von einem Beamten geschlagen werde, diesen nicht wiederschlagen. Im umgekehrten Falle müsse er aber nicht nur wiederschlagen, sondern außerdem noch bestraft werden[499]. Das Gleiche wie auf diesem Gebiet des Strafrechts gilt für das Privatrecht. Denn auch bei Verträgen und den nicht auf Verträgen beruhenden privatrechtlichen Beziehungen wichen die Dinge erheblich ab, nämlich von der angeblich von den Pythagoreern vertretenen äußerlichen, arithmetischen Gleichsetzung[500]. Ferner könne bei der Ver-

---

[495] NE V 8 1132 b 21 ff. (145 ff.); eine einwandfreie und ausgezeichnete Übersetzung dieses ganzen Abschnitts bringt Sal. S. 149 ff.

[496] NE V 8 1132 b 23 ff. (145). [497] Vgl. oben S. 44 Anm. 187.

[498] Vgl. oben S. 44 Anm. 188, 189.

[499] NE V 8 1132 b 28 ff. (145).

[500] NE V 8 1132 b 30 (145); Sal. stellt hinsichtlich dieser Stelle S. 150 Anm. 2 gegenüber den üblichen Übersetzungen zutreffend fest, daß die hier verwandten Ausdrücke freiwillig und unfreiwillig sich auf die früher gemachte arist. Unterteilung des der ausgleichenden G. unterfallenden Gebietes des bürgerlichen (und heute wohl richtiger noch des Privat-)Rechts in ein solches des freiwilligen und des unfreiwilligen Verkehrs beziehen; Aus der unrichtigen Übersetzung zieht Fechner S. 36 unrichtige Folgerun-

geltung sowohl der dem Staat nützlichen wie schädlichen Dinge seitens des Staates kein Verzicht — gemeint ist derjenige auf eine geometrische Gleichheit — geleistet werden, denn Wiedervergeltung nach der Proportion sei es, die dem Staat Bestand gebe[501]). Bei letzterem handelt es sich aber um das Gebiet des öffentlichen Rechts.

Mit aller Ausführlichkeit wird dies von Aristoteles im folgenden dann an Beispielen des privatrechtlichen Austauschverkehrs näher geschildert und gerade an diesen Beispielen zeigt sich, wie er sich die Wiedervergeltung denkt. Nachdem er bereits vorher gesagt hatte, die Wiedervergeltung sei die Grundlage des ganzen Bereichs der Schuldverhältnisse, aber nicht als äußerliche, sondern verhältnismäßige, gemeint ist also, nicht als arithmetische, sondern als geometrische Gleichheit, verstanden[502]), schildert Aristoteles nun an den Beispielen eines zwischen einem Baumeister und einem Schuster stattfindenden Austauschs ihrer Produkte, nämlich von Haus und Schuh, daß hier nicht eine arithmetische Gleichheit stattfinden könne, sondern nur eine verhältnismäßige, also eine geometrische. Es sei nämlich klar, daß diese Produkte einen verschiedenen Wert hätten und daß erst auf Grund dessen der richtige Wertvergleich gezogen werden könne[503]). Der Austausch darf also nicht in der Weise stattfinden, daß der Baumeister einen Schuh und der Schuster ein Haus erhält, sondern es muß erst errechnet werden, wieviel Schuhe ein Haus wert ist, bevor der Austausch nach der richtigen Gleichheit stattfinden darf. Aristoteles erläutert dies an der angeführten Stelle eingehend an mehreren Beispielen und bringt ferner Erörterungen über die Funktion des Geldes in diesem Austauschverkehr, was hier im einzelnen nicht interessiert.

Es ergibt sich hieraus, daß Aristoteles die Wiedervergeltung auch nach der geometrischen Gleichheit stattfinden läßt, so daß also nicht einfach zwei Dinge einander gleichgesetzt werden, sondern zwei Verhältnisse. Wie sich nämlich die Werte der auszutauschenden Dinge zueinander verhalten, so verhalten sich auch die Personen hinsichtlich des in Sach- oder Geldleistungen zu erfolgenden Austauschs. Neben dieser ausdrücklichen und ferner aus den Beispielen folgenden Feststellung, daß die Wiedervergeltung nach aristotelischer Ansicht nicht nach einer die Dinge schlechthin gleichsetzenden, sondern nach einer verhältnismäßigen Gleichheit zu erfolgen hat, ergibt sich dies auch daraus, daß Aristoteles mit diesen Beispielen die gleichen bringt,

---

gen, indem er diese Stelle als den Gegensatz der Wiedervergeltung zur austeilenden G. darstellend ansieht, was aber selbst vom Standpunkt dieser unrichtigen Übersetzung ausgehend nicht gemeint ist.

[501]) NE V 8 1132 b 33 ff. (145 f.); vgl. hierzu insb. die richtige Übersetzung bei Sal. S. 150.

[502]) NE V 8 1132 b 31 ff. (145); vgl. auch Sal. S. 150.

[503]) NE V 8 1133 a 5 ff. (146 ff.)

welche er in der MM zur Schilderung der verhältnismäßigen und damals noch die ganze besondere Gerechtigkeit ausmachenden Gleichheit benutzt hatte[504]). Für die Wiedervergeltung der NE gilt damit sowohl ihrem Inhalt wie ihrer Konstruktion als geometrische Gleichheit nach dasselbe, was Aristoteles in der MM bereits ausdrücklich gesagt hatte, nämlich daß die Wiedervergeltung in der die verhältnismäßige Gleichheit anwendenden Gerechtigkeit bereits enthalten ist[505]). Damit stellt sich die aristotelische Wiedervergeltung dar als eine dem Prinzip der geometrischen Gleichheit unterliegende Gerechtigkeit, welche sich dadurch teilweise mit der (von Aristoteles nur auf das öffentliche Recht angewandten) austeilenden Gerechtigkeit deckt, dabei allerdings auch wiederum nur insoweit, als es sich um einen Rechtsgüteraustausch handelt.

2. Die besondere Gerechtigkeit als die spezifisch rechtliche und vorwiegend methodisch gehaltvolle Tugend.

Die spätaristotelische besondere Gerechtigkeit stellt somit den zweiten Teil des spätaristotelischen empiristischen Gerechtigkeitsbegriffs dar, nämlich eines aus dem Sprachgebrauch des griechischen Volkes geschöpften Gerechtigkeitsbegriffs, der im Gegensatz zum idealistischen, nicht aus der Erfahrung, dem Sprachgebrauch, sondern aus der Vernunft geschöpften platonisch-früharistotelischen Gerechtigkeitsbegriff nicht eine innere, sondern genau so wie die allgemeine Gerechtigkeit eine äußere, auf den anderen, den Mitmenschen, bezogene Gerechtigkeit ist. War die allgemeine Gerechtigkeit der platonisch-früharistotelischen Gerechtigkeit aber noch insoweit verwandt, daß sie wie diese als eine Grundtugend anzusehen war, insofern sie in Beziehung zu anderen Tugenden trat, so ist bei der besonderen Gerechtigkeit auch dieser Grundtugendcharakter verloren gegangen.

Vielmehr hat Aristoteles mit der besonderen Gerechtigkeit denjenigen Gerechtigkeitsbegriff geschaffen, der in seinem charakteristischen Begriffsmerkmal, nämlich dem ausübungsmäßigen Erfordernis des Verhältnisses zum anderen (πρὸς ἕτερον, ad alterum), mit dem des Rechts, wie man es heute zumeist versteht, übereinstimmt. Die besondere Gerechtigkeit regelt ja auch das, was heute den größten Teil des Rechts ausmacht, nämlich öffentliches, privates und Strafrecht. In diesem Sinne kann die aristotelische besondere Gerechtigkeit als die Herausbildung der spezifischen Tugend des Rechts an-

---

504) Vgl. oben S. 44 Anm. 185, 186.

505) Vgl. oben S. 44 Anm. 187; vgl. auch Sal. S. 25 f., der S. 26 zutreffend als mögliche Überschrift des Kapitels 8 folgende erwähnt: „Rückführung der sogenannten Vergeltung auf einen bestimmten Gleichheitsbegriff und damit Auflösung des Begriffs der Vergeltung".

gesehen werden, indem sie, die als Gleichheit zum Vergleichen notwendig das Verhältnis zumindest zweier Menschen fordert, ohne dieses charakteristische spezifische Element des Rechts [506]) nicht gedacht werden kann. Die Herausbildung dieses Begriffselement des Rechts und der Gerechtigkeit in seiner grundsätzlichen Bedeutung ist das Verdienst des Aristoteles.

Aber auch gegenüber der besonderen Gerechtigkeit der MM hat sich die spätaristotelische besondere Gerechtigkeit verändert. Sie ist zwar in der Grundanlage dieselbe geblieben, nämlich eine den Gewinntrieb des Menschen regelnde Tugend. Es ist aber nicht mehr allein der eigene Gewinntrieb der MM, der ihr Gegenstand bildet [507]), sondern auch der Gewinntrieb, der zwischen anderen besteht, denn die austeilende wie die ausgleichende Gerechtigkeit beziehen sich vom Standpunkt des gerecht Handelnden aus gesehen nicht nur auf die Zuteilung irgendwelcher Rechtsgüter an sich selbst, sondern auch — wie z. B. seitens des Verwaltungsbeamten oder des Richters — auf die Rechtsgüterzuteilung zwischen anderen Personen, was Aristoteles ausdrücklich feststellt [508]). Damit tritt die Gerechtigkeit in etwa aus der früheren aristotelischen μεσότης-Lehre hinaus, nach welcher die Tugend eine Mitte in den Erregungen war [509]), denn bezüglich des eigenen Gewinntriebs trifft dies zwar noch zu, nicht mehr aber hinsichtlich der das Verhältnis zwischen anderen regelnden Handlung der besonderen Gerechtigkeit seitens des Gerechten [510]). Die NE dehnt deshalb folgerichtig die Mitte der sittlichen Tugend über die Erregungen hinaus auch auf die Handlungen aus [511]). Die spätaristotelische besondere Gerechtigkeit hat daher in der grundsätzlichen Anlage gegenüber der früheren der MM ihren größten Umfang erreicht. Sie umfaßt nämlich die gesamte das menschliche Gewinnstreben im weitesten Sinne regelnde Tätigkeit, mag es sich dabei um die eigene Person des Gerechten selbst im Verhältnis zu anderen

[506]) So definiert z. B. Baumgarten S. 17 das Recht als eine dem sittlichen Ziel dienende, positive, geltende, die verschiedensten Gebiete umfassende Ordnung des menschlichen Zusammenlebens; Lehmann S. 1 spricht von den Rechtsnormen, die das gesellschaftliche Zusammenleben der Menschen regeln. [507]) Vgl. oben S. 43 Anm. 180.

[508]) NE V 9 1134 a 1 ff. (151). [509]) Vgl. oben S. 41 Anm. 152.

[510]) Vgl. Arnim I S. 19 ff. Wenn v. Arnim S. 19 sagt, deshalb hätte A. NE V 9 1133 b 32 ff. (150 f.) eingestehen müssen, die G. sei nicht eine Mitte in demselben Sinne wie die früher behandelten Tugenden, so erscheint es fraglich, ob damit der Gegensatz zur μεσότης-Lehre der MM gemeint ist. Vielmehr ist aus dem folgenden Satz 1133 b 33—1134 a 1 (151), der Gegenstand der G. sei die Mitte, während beide Extreme der Ungerechtigkeit zukämen, zu ersehen, daß A. den Gegensatz zu den anderen Tugenden der NE meint, welche als Extreme zwei verschiedene gegensätzliche Laster hatten, wogegen beide Extreme der G. sich als Ungerechtigkeit darstellen.

[511]) NE II 6 1107 a 3—5 (55); Arnim I sieht hierin S. 19 ff. mit Recht eines der sehr zahlreichen Indizien für die Priorität der MM gegenüber der NE.

handeln oder um das Verhältnis dritter Personen untereinander, welches der Gerechte ordnet. Die besondere Gerechtigkeit ist mithin eine ausübungsmäßig nicht nur gegenüber einem anderen mögliche Tugend, sondern sie ist sogar als eine Tugend möglich, welche die Rechtsgüterzuteilung nur zwischen Dritten zum Gegenstand hat, so daß der Gerechte selbst an dieser Zuteilung gar nicht beteiligt zu sein braucht. Damit werden in den Bereich des tugendhaften Handelns, in den Bereich der Ethik, auch die Handlungen des Gesetzgebers, des Richters und des Verwaltungsbeamten einbezogen. Auch jede amtliche, jede öffentlichrechtliche Tätigkeit unterliegt daher dem ethischen Gesetz der besonderen Gerechtigkeit. Diese Ausdehnung des Bereichs der besonderen Gerechtigkeit über das Verhältnis der eigenen Person zur anderen hinaus auf dasjenige des anderen zu Dritten vollendet den spezifischen Rechtscharakter der besonderen Gerechtigkeit, welche damit rechtsphilosophisch auf den gesamten Bereich des Rechts ausgedehnt wird[512]).

Verbunden mit dieser begrifflichen Erweiterung ist diejenige des Gegenstandes der besonderen Gerechtigkeit, nämlich daß sie sich auf das Gewinnstreben im weitesten Sinne oder — wie Aristoteles in der NE in ausdrücklich verallgemeinernder Form sagt — auf Vorteil und Nachteil im allerweitesten Sinne bezieht. Alles, was nur irgendwie als Rechtsvorteil oder als Rechtsnachteil erscheinen kann, bildet den Gegenstand der besonderen Gerechtigkeit, mag es sich dabei um das eigene Verhältnis zum anderen oder um das anderer untereinander handeln[513]).

Aristoteles bringt demnach in der besonderen Gerechtigkeit in wissenschaftlich begrifflicher Hinsicht bereits damals schon die charakteristischen Begriffselemente des Rechts, die auch heute noch zu seinem Begriff gehören.

Gegenüber dieser grundsätzlichen Ausdehnung der spätaristotelischen besonderen Gerechtigkeit ist sie auch inhaltlich weiter ausgestaltet worden. Hatte Aristoteles in der MM nur eine einfache be-

---

512) Die Bedeutung dieser Ausdehnung wird beispielsweise daran klar, daß sie etwa auf den bekannten Gleichheitsgrundsatz des Art. 109 WV und des Art. 3 GG angewandt besagt, daß dieser nicht nur Verwaltung und Rechtsprechung, sondern auch den Gesetzgeber bindet, was für Art. 109 WV noch stark bestritten war (Anschütz Ziff. 1 zu Art. 109) und erst für Art. 3 GG neuerdings herrschend anerkannt wird (Bonner Kommentar II 1 a zu Art. 3, Mangoldt 2 zu Art. 3).

513) In enger Verwandtschaft steht es damit z. B. wenn Lehmann S. 1 sowohl das öffentliche Recht wie das Privatrecht als auf „Machtverhältnisse" gehend — was dem arist. Vorteil entspricht — bezeichnet und das Privatrecht in starker Verwandtschaft zu dem arist. Element des Gewinnstrebens definiert als „das Recht der eigennützigen Machtverhältnisse"; v. Hippel I S. 108 spricht entsprechend davon, daß der Gedanke des Gerechten in diesem Zuteilen nach Wert und Fähigkeit beruht.

sondere Gerechtigkeit ohne weitere Unterteilung gekannt, welche sowohl öffentlichrechtliche wie insbesondere auch privatrechtliche Funktion im Austauschverkehr hatte und schließlich in Form der Wiedervergeltung auch strafrechtliche Bedeutung annahm und zwar indem sie überall nach einer verhältnismäßigen, nämlich der späteren geometrischen Proportion, vorging, so besteht sie nun aus einer austeilenden, einer ausgleichenden und einer wiedervergeltenden Gerechtigkeit. Dabei hat die erste öffentlichrechtliche, die zweite privatrechtliche [514]) und die dritte sowohl öffentlich- wie privat- wie strafrechtliche Bedeutung.

Diese Einteilung ist aber nicht die entscheidende. Wesentlicher ist vielmehr die Einteilung, welche sich aus der inhaltlichen Bestimmung der Gerechtigkeit ergibt, nämlich aus der Verwertung des im griechischen Rechtsdenken entwickelten Begriffs der Gleichheit für die inhaltliche Bestimmung der besonderen Gerechtigkeit. In zweierlei Arten kommt nämlich nach Aristoteles das Prinzip der Gleichheit zur Geltung, nämlich einerseits als eine einfache Gleichsetzung der Menschen hinsichtlich des Verkehrs mit den Rechtsgütern ohne jede Berücksichtigung irgendwelcher Unterschiede, andererseits als eine verhältnismäßige Gleichsetzung derselben unter Berücksichtigung irgendwelcher Unterschiede. Bei der ersten Gleichheit, der arithmetischen, werden bloß zwei Größen, zwei Werte miteinander verglichen, nämlich die beiden zwei verschiedenen Menschen zukommenden Rechtsgüter, bei der zweiten, der geometrischen, dagegen zwei Verhältnisse, nämlich dasjenige zwischen zwei Menschen mit dem zwischen den ihnen zukommenden Rechtsgütern. Bei der ersten gelten die in Betracht kommenden Personen als solche gleich, so daß also nur mehr die Gleichheit der Dinge zu prüfen ist, bei der zweiten dagegen gelten die Personen im Hinblick auf die Dinge gerade nicht als gleich, sondern als ungleich, so daß also hier nicht gleiche Dinge den ungleichen Personen zuzuteilen sind, sondern vielmehr je nach der Ungleichheit der Personen auch ungleiche Dinge, so daß erst im Verhältnis das Gleiche zugeteilt wird.

Diese den genannten drei Arten der besonderen Gerechtigkeit gemeinschaftlich zugrundeliegende Einteilung der inhaltlichen Bestimmung der besonderen Gerechtigkeit als einer geometrischen und einer arithmetischen Gleichheit ist die rechtsphilosophisch und insbesondere rechtsmethodisch wesentlichere [515]). Sie gibt die inhaltliche Gestaltung der besonderen Gerechtigkeit an, während die oben ge-

---

[514]) Falls man ςημία an der oben S. 100 Anm. 492 bezeichneten Stelle als Strafe übersetzen sollte, auch — was inhaltlich ohne weiteres möglich wäre (vgl. oben S. 100 f.) — strafrechtliche.

[515]) Dies erkennt auch Sal. S. 24 ff., S. V richtig, wenn er die drei Arten der bes. G. auf die verhältnismäßige und die einfache Gleichheit, auf ein Recht in Ansehung und ohne Ansehung der Person zurückführt.

nannte Einteilung in austeilende, ausgleichende und wiedervergeltende Gerechtigkeit vielmehr nur den Anwendungsbereich und zwar in einer sehr allgemeinen und im einzelnen oft nicht ausreichenden Form bezeichnet. Diese inhaltliche Gestaltung der besonderen Gerechtigkeit erfolgt nun durch die Verbindung des Gleichheitsprinzips mit dem Prinzip der Teleologie. Der Zweck der Verbindung irgendwelcher Rechtsgüter, irgendwelcher Rechtsvorteile oder -nachteile mit dem Menschen ist es, welcher den entscheidenden Gesichtspunkt der Gleichheit ausmacht. Erst aus dem Zweck des Rechtsverkehrs im weitesten Sinne ist das sachliche Kriterium zu ermitteln, welches sagt, worin die Gleichheit bestehen soll. Dieser der gesamten Gestaltung der aristotelischen besonderen Gerechtigkeit zugrundeliegende Gedanke, der von Aristoteles zwar nicht in dieser grundsätzlichen allgemeinen Form ausgesprochen, aber — wie oben dargetan — bei allen Formen der besonderen Gerechtigkeit ständig befolgt worden ist, führt dann zu den beiden wesentlichen Unterscheidungen einer geometrischen und einer arithmetischen Gleichheit. Bei der geometrischen handelt es sich nämlich um eine solche, bei der irgendwelche Unterschiede innerhalb der menschlichen Person das sachliche Kriterium für die Gleichheit bilden, bei der arithmetischen dagegen um eine solche, bei der irgendwelche Unterschiede innerhalb der menschlichen Person irrelevant sind und vielmehr die menschliche Person als solche ohne Rücksicht auf irgendwelche Unterschiede das sachliche Kriterium bildet. Hierin — in der richtigen Gleichheit — besteht die Mitte der besonderen Gerechtigkeit. Die geometrische Gleichheit ließe sich demnach umschreiben mit dem Satz: „Gleichen das Gleiche" oder auch „Jedem das Seine", die arithmetische Gleichheit dagegen mit dem Satz: „Jedem das Gleiche" [516]).

Wann nun die geometrische und wann die arithmetische Gleichheit zum Zuge kommen soll und worin im einzelnen Fall bei Anwendung der geometrischen Gleichheit das sachliche Kriterium liegen soll, hat Aristoteles — wie sich aus dem vorherigen ergibt — nicht grundsätzlich festgestellt. Die einzigen Aussagen hierüber bestehen in der obigen Dreiteilung der austeilenden, augleichenden und wiedervergeltenden Gerechtigkeit, denn bei der ersten und der letzten soll die geometrische Gleichheit stattfinden, bei der zweiten dagegen die arithmetische. Schließlich hat Aristoteles als das sachliche Kriterium der austeilenden Gerechtigkeit noch die Tugendhaftigkeit eines Menschen angesehen. Das Fehlen dieser grundsätzlichen Bestimmung wird umso deutlicher, wenn man feststellt, daß Aristoteles sowohl die arithmetische Gleichheit (durch die ausgleichende Gerechtigkeit) als auch die geometrische Gleichheit (durch die wiedervergeltende Gerechtigkeit) als für das Privatrecht maßgeblich ansieht, obwohl er damit durchaus

---

516) Vgl. auch Sal. S. 26.

recht hat, denn beide Arten der Gleichheit kommen ja auch tatsächlich im Privatrecht zum Zuge. Selbst die austeilende Gerechtigkeit, die nach Aristoteles die Tugend zum Kriterium haben soll, wird von ihm als praktisch nicht ganz durchführbar angesehen, weil Tugend und Adel sich selten fänden [517]), so daß auch im öffentlichen Recht neben der geometrischen teilweise die arithmetische Gleichheit zu verwenden sei [518]).

Die inhaltliche Bestimmung dieser besonderen Gerechtigkeit erfolgt also durch zwei Prinzipien, einerseits durch die teleologische Methode, andererseits durch Verwendung des Begriffs der Gleichheit, der die Mitte der besonderen Gerechtigkeit ausmacht und eben teleologisch zu bestimmen ist. Denn — wie sich aus der obigen Darlegung des Begriffs der aristotelischen besonderen Gerechtigkeit im einzelnen ergab — läßt sich die grundsätzliche Teilung in geometrische und arithmetische Gleichheit, in eine solche nach dem Verhältnis und eine solche nach der Zahl, zurückführen auf den teleologischen Grundsatz, daß der Zweck der Verbindung der Rechtsgüter mit den Personen [519]) das sachliche Kriterium für die richtige Gleichheit abgibt. Der Normsinn [520]) ergibt den für die Beurteilung der Gleichheit und Ungleichheit [521]) erforderlichen sachlichen Gesichtspunkt. Er sagt, was für die Unterscheidung, für die Vergleichung rechtsbedeutsam ist.

Damit stellt Aristoteles — wenn auch nicht ausdrücklich, so aber doch durch dieses seiner gesamten besonderen Gerechtigkeit zugrundeliegende teleologische Prinzip — die besondere Gerechtigkeit und damit — wie sich oben ergab — das Recht in seinem eigentlichen Sinne als ein normatives Faktum hin. Das Recht ist kein Erfahrungssatz, es ist kein aus den Dingen als solchen zu erschließendes Urteil, sondern eine aus dem Zweck, aus dem Sinn der Inbeziehungsetzung der Rechtsgüter zum Menschen zu erschließende Normgebung. Der Zweck normt, was zweckentsprechend und damit rechtsbedeutsam ist. Nicht aus der Materie, sondern aus dem Geistigen wird auf das Recht geschlossen. Zwar hat Aristoteles auch diesen Satz des normativen Charakters des Rechts nicht ausdrücklich und auch nicht in allgemeiner Form ausgesprochen [522]), was bei ihm als dem (wenn auch

---

517) Pol V 1 1301 b 40ff. (552).

518) Pol V 1 1302 a 7f. (552); auch heute müßte z. B. ein Klassen- oder Bildungswahlrecht in seiner praktischen Durchführbarkeit als höchst fraglich erscheinen.

519) Oder — um mit Lehmann a. a. O. zu sprechen — der Zweck der Machtverhältnisse.

520) Vgl. oben S. 96 Anm. 462.

521) v. Hippel I S. 108 sagt in enger Verwandtschaft dazu, daß jedes Recht ordne und Unterschiede setze.

522) Ein in der Sache parallel liegendes arist. Einzelbeispiel ist dasjenige NE I 7 1098 a 29ff. (20), wo die Genauigkeit einer Methode von der Art,

ideenhaften) Empiriker nicht verwunderlich ist. Dieser Satz liegt aber als wichtigster Gedanke seiner besonderen Gerechtigkeit zugrunde, indem diese sich nicht nur als eine spezielle Art des sittlichen Guts der ethischen Teleologie einordnet, sondern auch methodisch sich teleologisch bestimmt, nämlich aus dem Zweck, dem Sinn der Norm heraus. Die Verwertung der Teleologie zur inhaltlichen Feststellung der besonderen Gerechtigkeit dient ja gerade dazu, das sachliche Kriterium für die tatbestandliche Gleich- oder Ungleichsetzung, die rechtsbedeutsamen Gesichtspunkte für die Fassung des Tatbestandes (und zwar bei Aristoteles im Hinblick auf die Gleichheit und Ungleichheit, auf die Gleich- und Ungleichsetzung von Begriffen) herauszufinden. Und zwar braucht Aristoteles diese Methode bei der besonderen Gerechtigkeit nicht zur Auslegung eines Tatbestandes, sondern vielmehr, weil ein solcher noch gar nicht da ist und die besondere Gerechtigkeit eine unabhängig von menschlicher Satzung gegebene Inhaltsbestimmung dessen, was Gerechtigkeit und Recht ist, darstellt, zur Aufstellung eines solchen (wobei zu bemerken ist, daß Aristoteles sie zur Rechtsauslegung genau so gut gebrauchen würde). Er gewinnt also den Gerechtigkeits- und Rechtsinhalt nicht aus Tatbeständen, aus Tatsächlichem, sondern aus Zwecken, aus Geistigem. Die Gerechtigkeit, das Recht, die Rechtsfolge stellen sich also nicht als kausale Wirkung des (tatsächlichen) Tatbestandes dar, sondern umgekehrt entscheidet die geistige Teleologie über den Tatbestand. Dies — also die Tatbestandaufstellung aus dem Zweck, dem Sinn der Norm — ist aber das Wesen der normativen Methode. Folgerichtig ist der Geltungsgrund des Rechts — wie es sich aus der ausdrücklichen Rückführung des öffentlichen und privaten sowie des Strafrechts auf die besondere Gerechtigkeit ergibt — nicht die tatsächliche Seite eines menschlichen Gesetzes, sondern das ethische Gut, soweit es in den Bereich der Gerechtigkeit fällt[523]). Die inhaltliche Bestimmung der besonderen Gerechtigkeit zeigt mithin, daß Aristoteles trotz der bei ihm zu findenden Hochachtung des

---

dem Zweck derselben her bestimmt wird. Der Zimmermann — so sagt A. — untersuche den rechten Winkel auf andere Weise als der Mathematiker, jener nur insoweit, als es für seine Arbeit zweckmäßig sei, während dieser auf sein Wesen und seine Eigenschaften eingehe, denn um die Wahrheit sei es ihm zu tun. Auch hier sagt der Zweck der Methode, wie diese beschaffen sein soll, wie diese zweckentsprechend ist. Es wird also nicht eine tatsächliche Feststellung in Form eines Urteils mit Wahrheitsgehalt getroffen, sondern die Art der Methode wird vom Geistigen (vom Zweck) her genormt. Dieses arist. Beispiel — das gerade ein solches hinsichtlich der Methodik ist — bestätigt, daß A. die normative Methode erkannt und in den betreffenden Wissenschaften angewandt hat.

[523]) Daran ändert die Tatsache nichts, daß A. auch den menschlichen Gesetzen — gleichgültig ob guten oder weniger guten — Geltung beimißt, indem er sie — wie sich bei Erörterung der allgemeinen Gerechtigkeit ergab — als zu befolgende, als Sollensgebote hinstellt. Denn auch hierbei

menschlichen νόμος und trotz des in der allgemeinen Gerechtigkeit wurzelnden Gebots, alle νόμοι, auch die weniger guten, zu befolgen[524]), in einen deutlichen Gegensatz zum Rechtspositivismus und zu einer naturalistischen Rechtsfindung tritt, mag sie sich als positivistische, sogenannte naturhistorische oder sonstige Methode darstellen. Diese Bestimmung der das Recht im eigentlichen Sinne ausmachenden besonderen Gerechtigkeit nach einer normativen Methode, welche der Einteilung in eine geometrische und arithmetische Gleichheit zugrundeliegt, ist die für die besondere Gerechtigkeit bedeutungsvollste wissenschaftliche Erkenntnis des Aristoteles[525])[526]).

---

war nicht die menschliche Satzung als Tatsache Geltungsgrund, sondern das geistige sittliche Gut, die Staatseudämonie. Das Gebot, die νόμοι zu befolgen, wird von A. ja auch nicht aus dem tatsächlichen Dasein der Gesetze, nämlich der Tatsache der menschlichen Satzung gefolgert, sondern im ethischen Wert der allgemeinen Gerechtigkeit begründet.

[524]) Vgl. oben Anm. 523.

[525]) Wenn Sal. S. 35ff. als das wesentliche Ergebnis der bes. G. durch eine Verbindung derselben mit der φιλία die Erkenntnis des Rechtssubjekts folgert, so kann dem hiernach nicht gefolgt werden. Zwar ist es richtig, daß A. — wie Sal. S. 40 feststellte — NE VIII 9 1158 b 30ff. (253) sagt, beim Recht stehe in erster Linie das verhältnismäßig Gleiche, also die Gleichheit in Ansehung der Person, und in zweiter Linie das quantitativ Gleiche, also die Gleichheit ohne Ansehung der Person, bei der φιλία dagegen umgekehrt. A. meint damit — wie sich aus 1158 b 33ff. (243) ergibt —, daß, wenn das Recht als Gleichheit auch zwischen sehr verschiedenen Personen stattfinden könne, nämlich eben zunächst nach der geometrischen Proportion, so doch nicht die Freundschaft als Gleichheit. Denn zu große Unterschiede der Personen ließen im Gegensatz zur G. überhaupt keine Freundschaft aufkommen, so daß die Voraussetzungen der Freundschaft nicht eine (wegen der Unterschiede) verhältnismäßige, sondern vielmehr eine quantitative Gleichheit, nämlich eine solche ohne größere Unterschiede der Personen sei. Sowohl nach dieser arist. Stelle als auch inhaltlich ist es aber ungerechtfertigt, wenn Sal. über diesen Sinn der arist. Vergleichung beider Tugenden hinausgehend S. 41f. daraus als grundsätzliche Tendenz des Rechts die von der qualitativen zur quantitativen Gleichheit hin sieht, bei der φιλία dagegen umgekehrt, und daraus S. 42 als wesentliches Ergebnis der besonderen Gerechtigkeit in Verbindung mit der φιλία erkennen zu müssen glaubt, daß das „natürliche Weltbild" „weder bei vollständiger Gleichheit und Uniformität, noch bei voller Individualität, also weder beim ἴσον noch bei der ἀξία schlechthin" liege, „sondern mitten inne". Dieser Sinn ist weder aus der arist. Stelle zu folgern, noch gewinnt A. die Erkenntnis des Rechtssubjekts durch eine derartige Verbindung der G. mit der φιλία, noch stellen diese Folgerungen Sal'. den wesentlichen Gehalt der bes. G. dar.

[526]) Daß die Normativität das Wesen der rechtlichen Kopula ausmacht, ist inzwischen im Gegensatz zu der früheren in vielen Varianten vertretenen positivistischen Auffasung mehrfach anerkannt worden; vgl. v. Hippel I S. 37, nach welchem der Rechtssatz seinen Gegenstand „normativ ergreift", der Tatbestand durch die Rechtsfolge „für rechtsbedeutsam erklärt" wird (S. 38); Binder S. 173, 905 spricht in ähnlicher Weise und ebenso unter Widerlegung des naturwissenschaftlichen Denkens im Recht von der „Normbetroffenheit" des Tatbestandes, wenn sich bei ihm die Norm rechtsphilosophisch allerdings auch ganz anders herleitet als bei A.

Diese grundsätzlichste Feststellung für die besondere Gerechtigkeit, nämlich die des normativen Charakters ihrer Rechtsfindungsmethode, wird rechtsmethodisch ergänzt durch die Teleologie und die Gleichheit. Ergab sich aus der Verwendung dieser beiden Begriffe seitens Aristoteles' zur inhaltlichen Feststellung der besonderen Gerechtigkeit einerseits erst der normative Charakter seiner Rechtsfindungsmethode, so gehen diese beiden Begriffe — wie sich im einzelnen oben bereits ergab — an rechtsmethodischem Gehalt andererseits darüber hinaus. Was die Teleologie anbelangt, so gab sie über die mit ihr notwendig verbundene normative Methode hinausreichend dieser den inhaltlichen Ansatz. Stellte die Normativität das grundsätzliche Wesen der Rechtsmethodik als solcher dar, so die Teleologie den Ausgangspunkt derselben. Der Begriff der Gleichheit schließlich enthielt das für die Rechtsmethodik ganz wesentliche Element der Unterscheidung und Vergleichung[527]). Die grundsätzliche Bestimmung der besonderen Gerechtigkeit durch Aristoteles vermittelst einer geometrischen und arithmetischen Gleichheit stellt also eine wissenschaftliche Anwendung der über die aristotelischen Anwendungsfälle hinausgehenden spezifisch rechtsmethodischen Prinzipien der Normativität, der Teleologie und der Unterscheidung und Vergleichung dar. Während das Prinzip der Normativität der Rechtsfindung einen der ersten rechtsmethodischen Grundsätze darstellt[528]) und u. a. insbesondere mit der aristotelischen Naturrechtslehre in einem folgerichtigen Zusammenhang steht[529]), wurde die Bedeutung der Teleologie oben[530]) bereits beispielhaft dargetan. Hinsichtlich der Bedeutung der Unterscheidung und der Gleichheit und zwar insbesondere in Verbindung mit der Teleologie sei neben den bereits erwähnten Beispielen[531]) an die weitgehend vergeblichen Versuche in den modernen Kommentierungen des Gleichheitsgrundsatzes erinnert, welche bei einer Beachtung der aristotelischen Lehre erheblich weiter kämen[532]). Alle diese drei Grundsätze stellen höchst

---

[527]) Vgl. v. Hippel I S. 108, nach welchem jedes Recht ordnet und Unterschiede setzt. [528]) Vgl. unten S. 134. [529]) Vgl. unten S. 171.
[530]) Vgl. oben S. 96 Anm. 463. [531]) Vgl. oben S. 97 Anm. 464.
[532]) So z. B. geht v. Mangoldt 4 zu Art. 3 GG in seiner Kommentierung zur Gleichberechtigung von Männern und Frauen nicht über die Feststellung dieser Gleichberechtigung und über die Bemerkung hinaus, daß die Fassung des Art. 3 den Gesetzgeber auf einigen Gebieten z. B. Fragen der Namensführung, der Entscheidung über den gemeinschaftlichen Wohnsitz usw., vor eine Reihe kaum zu lösender Zweifelsfragen stelle. Der Bonner Kommentar führt 2 a) zu Art. 3 aus, Ausgangspunkt sei nicht die Gleichheit von Mann und Frau, „sondern ihre Gleichwertigkeit, die die Andersartigkeit durchaus anerkennt", durch welche Umschreibung gar nichts gewonnen wird, was sich auch darin zeigt, daß aus dieser keine Förderung bringenden Erläuterung doch wiederum nur gefolgert wird, daß die Absicht des Art. 3 nicht nur sei, der Frau „die bloße staatsbürgerliche Gleichstellung zu geben,

moderne und auch häufig angewandte[533]) rechtsmethodische Hilfsmittel dar.

Gegenüber diesen rechtsmethodischen Grundzügen der besonderen Gerechtigkeit hat die Einteilung in eine austeilende, ausgleichende und wiedervergeltende Gerechtigkeit — wie gesagt — nur sekundäre Bedeutung[534]). Sie bietet lediglich einen mehr äußerlichen Anhalts-

---

sondern ihr die Gleichstellung auf allen Gebieten, vor allem im bürgerlichen Recht, einzuräumen".

Alles dies bringt keine endgültige Klärung materiellen Gehaltes, die durch den Gleichheitsgrundsatz durch Verwendung bloß des Gleichheitsbegriffs auch keineswegs gebracht werden kann, da dieser sowohl zum größten Recht wie zum größten Unrecht zu führen vermag. Auch dadurch, daß die Gleichheit auf allen Gebieten Anwendung finden soll, wird ein brauchbarer materieller Rechtsinhalt, die Gerechtigkeit, nicht getroffen. Die Gleichheit kann eben sowohl gerecht wie ungerecht sein. Der Gleichheitsbegriff ist vielmehr nur in Verbindung und als Element (mit) der normativen Methode, welche eine ethisch begründete Teleologie als Richtschnur hat, verwertbar. Nicht aus dem Gleichheitsbegriff allein, sondern nur in Verbindung mit anderen Begriffen läßt sich das Gerechte feststellen. Zur Erkenntnis dieser lediglich sekundären Bedeutung der Gleichheit und zu der entsprechend dem methodischen Gehalt der Gleichheit vorgenommenen tieferen Differenzierung des Gleichheitsbegriffs, wie sie sich bereits in der arist. Philosophie findet, sind die erwähnten Stellen der modernsten Kommentierungen demnach noch nicht gekommen.

533) Alle drei Grundsätze sind beispielsweise — wenn auch nicht bewußt in ihrer rechtsmethodischen Bedeutung — bei der jüngst bedeutsam gewordenen Frage, ob der Tatbestand der sog. Amtsunterschlagung in § 350 StGB den Alleingewahrsam des Täters erfordert oder auch Mitgewahrsam genügen läßt, angewandt worden. Während mit einer an die sog. Begriffsjurisprudenz erinnernden Argumentation gefolgert wird, Alleingewahrsam sei erforderlich, weil der Begriff der Unterschlagung — wie aus § 246 StGB hervorgehe — Alleingewahrsam erfordere (z. B. OGHSt 1/256; Brand in NJW 1948 S. 548f.), wird neuerdings in stärkerem Maße das Erfordernis des Alleingewahrsams abgelehnt und der Mitgewahrsam genügen gelassen und zwar mit der Begründung, daß die Übertragung der bei den §§ 242, 246 StGB selbst berechtigten Unterscheidung auf § 350 StGB nicht passe (so Schönke IV 3 zu § 350 und im Anschluß an ihn teilweise sowohl Rechtsprechung wie Rechtswissenschaft; vgl. hierzu Schönke a. a. O.

Die moderne Auffassung verwertet hierbei alle drei rechtsmethodischen Grundsätze der arist. Rechtsphilosophie. Sie arbeitet normativ, indem sie im Gegensatz zu der — den Begriff nicht als methodisches Mittel, sondern in positivistischer Weise als Rechtsinhalt ansehenden — Begriffsjurisprudenz den Begriff aus der Rechtsfolge heraus klärt, also normt. Sie verwertet die Teleologie, insofern der Zweck der Rechtsfolge, der Strafzweck, für die Ermittlung des Tatbestandes, die Definition der Tatbestandsbegriffe verwandt wird. Schließlich bedient sie sich der Methode der vergleichenden Unterscheidung, wenn von dem erkannten Zweck, von dem hieraus ermittelten sachlichen Kriterium her, verglichen wird, ob Allein- und Mitgewahrsam von diesem sachlichen Kriterium her gleichwertig sind.

Auch hier könnten die Beispiele beliebig vermehrt werden.

534) Unter Übersehen der diesen drei Arten zugrundeliegenden rechtsmethodischen Grundsätze mißt Binder S. 370ff. dieser äußerlichen Einteilung die primäre Bedeutung zu. Außerdem entspricht auch hierbei seine Schilderung nicht der arist. Auffassung, wenn er A. nur als Vertreter der geo-

punkt dafür, wann die geometrische und wann die arithmetische Gleichheit anzuwenden ist[535]). Hinzu kommt, daß beide Gleichheitsarten sich — wie ausgeführt — auf denselben rechtsmethodischen Grundsatz der Teleologie zurückführen lassen und die arithmetische Gleichheit in Wahrheit in der geometrischen letztlich schon enthalten ist, insofern bei ihr das sachliche Kriterium, die ἀξία, der Mensch als solcher ist[536]). Ob der Normsinn, der Zweck, eine tatbestandliche Unterscheidung und insbesondere welche Unterscheidung er fordert, ist daher durch diese mehr äußerliche Dreiteilung nicht ausreichend bestimmt[537]). Teilweise ist die besondere Gerechtigkeit darüberhinaus von Aristoteles aber sogar bewußt formalistisch gefaßt worden, indem er bei der austeilenden Gerechtigkeit verschiedene denkbare Unterscheidungskriterien angibt. Daß Aristoteles selbst als Unterscheidungskriterium die Tugend setzt, führt zwar zu einem ethischen Ergebnis, ändert aber nicht den insoweit an sich formalistischen Begriff der austeilenden und überhaupt der besonderen Gerechtigkeit.

Genau so wie bei der allgemeinen Gerechtigkeit ist also im Gegensatz zum platonisch-früharistotelischen Gerechtigkeitsbegriff der ethische Wert weitgehend aus dem Begriff der Gerechtigkeit an sich hinausgerückt. Die besondere Gerechtigkeit ist ohne Zuhilfenahme anderer ethischer Begriffe — wie z. B. bei der austeilenden Gerechtigkeit der Verwendung des Begriffs der Tugend als Unterscheidungskriterium — für sich ein weitgehend formalistisches Schema, soweit nicht ihre erhebliche methodische Bedeutung ethischen Wert hat. Der Wert der spätaristotelischen besonderen Gerechtigkeit ist demnach gegenüber demjenigen des platonischen Gerechtigkeitsbegriffs auf die methodische Seite übergegangen[538]). Es ist dies zwar nicht ein we-

---

metrischen und als Gegner der arithmetischen Gleichheit ansieht und S. 371 fälschlich sowohl die austeilende wie die ausgleichende G. als auf der geometrischen Gleichheit beruhend darlegt. Des weiteren übersieht er, daß A. die wiedervergeltende G. nach einer Verbesserung der vermeintlichen pythagoreeischen Auffassung ebenfalls als eine Form der bes. G. verwandt hat.

[535]) Ähnlich wie A. das Privatrecht vermittelst der ausgl. G. der arithmetischen Gleichheit unterordnet, sagt Lehmann S. 1: „Das Privatrecht regelt die Verhältnisse der einzelnen unter dem Gesichtspunkt grundsätzlicher Gleichberechtigung".

[536]) Entsprechend sagt daher v. Hippel I S. 108: „In diesem Zuteilen nach Wert und Fähigkeit beruht ja gerade der Gedanke des Gerechten".

[537]) Vgl. oben S. 108f.

[538]) Zu eng ist es daher, wenn Sauter S. 40 die Wesensbestimmung der bes. G. als „rein formal" ansieht und von einer petitio principii spricht. Der ersten Aussage steht gegenüber, daß die arist. bes. G. an sich einen erheblichen methodischen und in Verbindung mit der gesamten arist. Ethik auch einen materiellen Gehalt hat, der letzteren, daß A. zwar außerhalb des Begriffs der bes. G. liegende Werte zur Schaffung einer gerechten Handlung benötigt, diese analytisch im Begriff der bes. G. nicht enthaltenen Begriffe (z. B. Tugend, Freiheit, Reichtum usw.) aber gar nicht zur begrifflichen Bestimmung der bes. G. als solcher benötigt, so daß von einer petitio principii keine Rede sein kann.

niger wahrer Wert, aber trotzdem stellt es nicht den eigentlichen, den inhaltlichen Wert der Gerechtigkeit dar, welcher im platonischen Gerechtigkeitsbegriff unabhängig von jedem methodischen Wert noch unmittelbar enthalten war, indem dieser die Verkörperung der universalen Werthierarchie darstellte.

Im übrigen ist auch die aristotelische besondere Gerechtigkeit insbesondere in ihrer mehr äußerlichen Einteilung in ausgleichende und austeilende Gerechtigkeit in der Folge laufend weiter verwertet worden, so z. B. bei den römischen Juristen, in der Scholastik, bei Leibniz usw. [539]). In noch stärkerem Maße gilt dies hinsichtlich des für die besondere Gerechtigkeit charakteristischen Begriffs der Gleichheit, der immer wieder und zwar weitgehend ohne Erinnerung an Aristoteles schon durch seine innere Verwandtschaft mit der Gerechtigkeit zur Definition des Gerechten benutzt wird, so z. B. bei Rousseau, Kant, Fichte bis zum historischen Materialismus [540]), und schließlich der Verwendung dieses Begriffs in der Verfassungsgesetzgebung.

c) Die Billigkeit.

Zum Begriff der Gerechtigkeit in der aristotelischen Rechts- und Staatsphilosophie gehört neben den genannten beiden Arten der Gerechtigkeit, nämlich der allgemeinen und der besonderen Gerechtigkeit, ferner trotz des anderen Namens begrifflich-inhaltlich und systematisch die Billigkeit, die ἐπιείκεια.

Ebenso wie bei der Gerechtigkeit wird zunächst die historische Entwicklung des Begriffs der Billigkeit im griechischen Sprachgebrauch sowie ferner die Entwicklung des früharistotelischen Billigkeitsbegriffs bis zu den Ansätzen der spätaristotelischen Billigkeit geschildert und von diesem Fundament aus dann schließlich der spätaristotelische Billigkeitsbegriff dargestellt werden.

1. Die historische Entwicklung des Begriffs der Billigkeit.

Die nach den bisherigen Darstellungen erst mit der Zeit in den Vordergrund der griechischen Tugendlehre gerückte und erst allmählich begrifflich näher ausgebildete und schließlich wissenschaftlich durchdachte Gerechtigkeit entbehrte ursprünglich, nämlich im geistig noch stark mit der Eroberungszeit zusammenhängenden griechischen Mittelalter, der mannigfaltigen Differenzierungen, die gerade bei ihr in einem gegenüber den anderen Tugenden ungleich stärkeren Maße sich im Laufe der Zeit entwickelten. Es waren auch noch nicht die Zweifel an ihrer Richtigkeit entstanden, noch nicht die zahlreichen Fälle vorgekommen, welche diese in ihrer praktischen Anwendung

539) Vgl. hierzu im einzelnen Binder S. 372ff.
540) Binder S. 373ff.

für den Menschen vielleicht bedeutsamste und unentbehrlichste Tugend zu einer fragwürdigen machten, wie alles durch die menschliche Anwendung notwendig Spuren der menschlichen Unvollkommenheit zeigt. Der erst im Laufe dieser Jahrhunderte entstandene, die Unvollkommenheit der menschlichen Anwendung der Gerechtigkeit verkörpernde Streit um den ἄγραφος νόμος [541]) hatte der Gerechtigkeit noch nicht den Stempel menschlicher Unzulänglichkeit, die nach aristotelischer Anschauung folgerichtig aus der Zugehörigkeit des Menschen zum beweglichen Sein folgt, aufgedrückt. In dieser älteren Zeit ist dem griechischen Bewußtsein der Begriff der Billigkeit noch weitgehend fremd [542]). Erst mit der differenzierten Entwicklung des Begriffs der Gerechtigkeit und mit den unten [543]) noch darzulegenden, aus wirklichen oder vermeintlichen unter dem Namen der Gerechtigkeit laufenden Ungerechtigkeiten entstandenen Kämpfen um das wirklich Gerechte, um den ἄγραφος νόμος, kam der Begriff der Billigkeit auf [544]). Das wirtschaftlich und insbesondere staatlich und parteipolitisch bewegte Leben insbesondere Athens, dem die Gesetze in seiner Schnelligkeit, Beweglichkeit, Differenziertheit und Individualität nicht mehr gerecht zu werden vermochten, ließ der Billigkeit als eines Ersatzes der die wirkliche Gerechtigkeit nicht mehr treffenden Gesetze immer größere Bedeutung zukommen [545]), nachdem sie schon früher z. B. für den Übergang der drakonischen Gesetze zu denjenigen Solons von Bedeutung geworden war [546]). Ähnlich der römischen Entwicklung eines ius aequum, das von der Strenge des auf die veränderten und beweglichen wirtschaftlichen Verhältnisse nicht mehr passenden ius civile unabhängig war, durch den Prätor entstand in Griechenland ein Billigkeitsrecht in der Rechtsprechung der neu geschaffenen öffentlichen Schiedsrichter [547]). Dies entwickelt sich zu einer so starken Überbetonung der Billigkeit, daß sie als Zerstörerin des Rechts, als Ungerechtigkeit erschien [548]). Vielfach stieß sie deshalb in dieser Zeit und noch später auf mehr oder weniger scharfe Ablehnung, so bei Euripides, Kleon, Isokrates, Demosthenes, Platon und der Stoa [549]). Sahen die Befürworter der Billigkeit in dieser ein besseres Recht, das im Gegensatz zum starren, den Verhältnissen sich nicht anpassenden strengen positiven Recht stand [550]), und verbanden sie es mit der Wahrheit [551]), so sahen ihre Gegner in ihr eine inkonsequente Nachsicht, einen Abbruch von dem, was Recht ist [552]). Sie nimmt — wenn

541) Vgl. unten S. 142ff. 542) Hirzel II S. 184.
543) Vgl. unten S. 142ff. 544) Vgl. Hirzel II S. 184.
545) Hirzel I S. 55ff. 546) Hirzel I S. 56.
547) Hirzel I S. 59 Anm. 1; vgl. auch Rhet I 13 1374 b 21 (98), wonach der Schiedsrichter auf die Billigkeit, der Richter dagegen auf das Gesetz sieht. 548) Hirzel I S. 59f. 549) Vgl. im einzelnen Hirzel I S. 59.
550) Hirzel I S. 56ff. 551) Hirzel II S. 122.
552) Hirzel I S. 36 Anm. 1, S. 56 Anm. 4; II S. 121 Anm. 4, 5; Wittmann S. 219 Anm. 1.

auch nicht im gleichem Maße — wie die Gerechtigkeit verschiedene Bedeutungen an [553]), die sich im wesentlichen in die beiden oben gekennzeichneten Gruppen teilen lassen, nämlich diejenige, nach welcher sie eine Verbesserung gegenüber dem geltenden Recht darstellte, gleichgültig, welcher Art diese sein mochte, und diejenige, nach welcher sie eine inkonsequente, nachgiebige Durchbrechung des Rechts und damit eine Gefährdung desselben war.

2. Die Entwicklung vom früharistotelischen Billigkeitsbegriff bis zu den Ansätzen des spätaristotelischen Billigkeitsbegriffs.

Fußend auf dieser im griechischen Denken entstandenen Kontroverse über die Billigkeit bringt Aristoteles die erste wissenschaftliche Bearbeitung und Fassung des Begriffs der Billigkeit und damit auch die Lösung der Kontroverse.

Bereits in der Top findet sich eine Definition der Billigkeit, nämlich die, daß sie eine Verminderung des Gerechten sei [554]). Aristoteles tadelt hier die Definition, daß sie eine Verkürzung des Nützlichen und Gerechten (ἐλάττωσις τῶν συμφερόντων καὶ δικαίων) sei, weil das Nützliche in dem Begriff des Gerechten enthalten und daher überflüssig sei [555]). Damit folgt Aristoteles genau der platonischen Auffassung von der Billigkeit, welche in ihr eine Beeinträchtigung, eine Verminderung des Rechts sah. Von dem spätaristotelischen Begriff der Billigkeit ist noch keine Spur zu sehen [556]).

In der Schrift Virt wird über die Billigkeit nicht mehr gesagt, als daß sie die Folge der Tugend sei [557]).

Eine Erweiterung erfährt dieser Billigkeitsbegriff in der MM. Zwar wird sie hier auch noch als eine Verkürzung des Gerechten angesehen aber mit der Einschränkung, daß sie lediglich eine Verkürzung desjenigen ist, was nach dem Gesetz gerecht ist [558]). Sie ist dagegen nicht mehr eine Verkürzung des Rechts schlechthin (δίκαιον ἁπλῶς) [559]), denn dieses als das natürliche und wahre Recht (φύσει καὶ ὡς ἀληθῶς ὄντα δίκαια) läßt sich nicht verkürzen [560]). Da aber soll das gesetzliche Recht verkürzt werden, wo der Gesetzgeber durch seine allgemeine Ausdrucksweise die einzelnen denkbaren Fälle nicht genau zu berücksichtigen imstande war. In diesem Fall soll der Billige auf das ihm nach dem Gesetz zustehende Recht verzichten und das wählen, was der Gesetzgeber bei Bestimmung dieses Einzelfalls gewollt hätte [561]).

---

[553]) Hirzel I S. 56 Anm. 4. [554]) Top VI 3 141 a 16f. (849).
[555]) Top VI 3 141 a 17ff. (849).
[556]) Dies stellt sich als ein weiteres Indiz für das Vorhandensein einer stark platonisierenden früharistotelischen ethischen Auffassung dar.
[557]) Virt 8 1251 b 33 (1027). [558]) MM II 1 1198 b 25ff. (968).
[559]) MM II 1198 b 31 (968). [560]) MM II 1 1198 b 31f. (968).
[561]) MM II 1 1198 b 27—30 (968); übrigens zeigt sich auch hier die für die MM kennzeichnende, bereits bei der bes. G. festgestellte Beschränkung auf das Verhältnis des Tugendhaften **selbst** zum anderen, während die

Schließlich erfährt die Billigkeit eine weitere Ergänzung, indem ihr ein besonderes Erkenntnisvermögen, die εὐγνωμοσύνη (etwa gütige Einsicht, wohlwollendes Denken) zugebilligt wird[562]). Die Feststellung und Beurteilung des Rechts bei Unvollständigkeit des Gesetzes ist die Aufgabe der εὐγνωμοσύνη, während das dementsprechende Handeln die Aufgabe der Billigkeit ist[563]) [564]).

Somit ist die platonische Auffassung der Billigkeit als einer Verkürzung des Rechts von Aristoteles keineswegs aufgegeben. Trotzdem hat er sich damit von der platonischen Bewertung derselben gelöst und ist in die Reihe ihrer Befürworter getreten. Dies geschieht in geschickter und brauchbarer Weise dadurch, daß er die platonische Deutung auf das gesetzliche Recht beschränkt und somit die Billigkeit nur mehr zu diesem, nicht aber zum Recht schlechthin, zum natürlichen Recht, in Widerspruch treten läßt. Eine weitere bemerkenswerte Neuerung ist die Zuordnung eines besonderen Erkenntnisvermögens für die Billigkeit.

Damit sind die Grundzüge für den spätaristotelischen Billigkeitsbegriff gefunden.

3. Der spätaristotelische Billigkeitsbegriff.

Hierauf fußend bringt Aristoteles in der NE eine ausführliche Bearbeitung der Billigkeit. Im folgenden wird nach einer Darstellung des Wesens dieses spätaristotelischen Billigkeitsbegriffs der rechtsphilosophische Gehalt desselben untersucht werden.

aa) Das Wesen der Billigkeit.

Die spätaristotelische Billigkeit ist dadurch gekennzeichnet, daß sie einerseits eine auf die Herstellung der Gerechtigkeit gerichtete Art der Gerechtigkeit ist und daß sie ferner ein besonderes Erkenntnisvermögen zur Erfüllung dieses Zwecks enthält.

a. Die Billigkeit als auf die Orientierung des menschlichen Rechts an der Gerechtigkeit hinzielende Art der Gerechtigkeit.

Die bisherigen Untersuchungen über den Begriff der Gerechtigkeit ergaben, daß es sich bei ihr um die Tugend, um die menschliche

---

spätarist. Ethik tugendhafte Handlungen auch hinsichtlich des Verhältnisses zwischen Dritten ohne eigene Beteiligung des Tugendhaften selbst kannte; vgl. oben S. 105 Anm. 506, 105 Anm. 508.

[562]) MM II 2 1198 b 34 ff. (968).

[563]) MM II 2 1198 b 35—1199 a 3 (968).

[564]) Die Behauptung Fechners S. 54 Anm. 7, die MM habe die Untersuchung über die Billigkeit an zwei verschiedene Stellen verteilt, nämlich I 34 1195 b 11 ff. (957) und 1196 a 33 ff. (959 f.) werde die Aporie gelöst aber II 1 erst folge die Definition, entbehrt jeder Grundlage. Die erstere Stelle behandelt die Beseitigung des Unrechts, der Rechtswidrigkeit, durch Einwilligung, die zweite steht in gar keinem Zusammenhang mit der Billigkeit.

Verhaltensweise handelt, welche das sittliche Gut in seiner rechtlichen Seite erstrebt. Da sie aber als menschliche Verhaltensweise, als Gegenstand der Ethik, dem beweglichen Sein angehört, haften ihr bei ihrer Verwirklichung alle diejenigen Mängel an, welche mit dem beweglichen Sein notwendig verbunden sind und welche sich bereits in der Verschiedenheit der grundsätzlichen Auffassung über die Mittel zur Erreichung der Glückseligkeit zeigten. Es sind nicht nur die auf diesem dem freien Handeln des Menschen überlassenen Gebiet bestehenden Meinungsverschiedenheiten — von welchen Aristoteles bereits eingangs seiner NE sagte, sie seien so zahlreich, daß es scheinen könne, das sittlich Schöne und Gerechte beruhe nicht auf der Natur, sondern bloß auf Gesetz und Herkommen[565]) —, welche die Aufstellung von in allen Fällen passenden unveränderlichen Grundsätzen unmöglich machen, sondern diese Unmöglichkeit liegt auch in der Natur der Sache. Die Ethik ist nämlich einerseits dadurch, daß ihr Gegenstand das menschliche Verhalten, das Handeln ist, besonders stark mit dem beweglichen Sein verbunden. Andererseits scheidet bei ihr — wie es sich besonders deutlich bei der besonderen Gerechtigkeit ergab — eine kausale, empirische Beobachtungen viel eher zulassende Betrachtungsweise aus, und es tritt eine teleologische, eine nach dem Zweck ausgerichtete an ihre Stelle, welche die Aufstellung von Grundsätzen erheblich schwieriger macht, als es bei der kausalen der Fall ist. Das Handeln bloß als solches, als materieller Vorgang ohne geistige Beziehung, kann ja sowohl gut als schlecht sein. Das rein äußerlich als gleich erscheinende Handeln kann sowohl ethisch gut als auch neutral und sogar auch schlecht sein, je nachdem wie die geistigen Grundlagen dieses Handelns sind, zu welchem Zweck es erfolgt. Gerade die Verbindung des Handelns mit dem Zweck, die umgekehrt notwendige Verbindung des ethischen Verhaltens mit materiell stofflichen Vorgängen, also die für den Menschen als einem Wesen aus Form und Stoff kennzeichnende Abhängigkeit der an sich dem geistigen Bereich angehörigen Normen seines Verhaltens, der Ethik, von stofflichen Dingen, von der Welt des materiellen, beweglichen Seins, läßt die Aufstellung von Normen unveränderlicher Geltung in dieser Philosophie des beweglichen Seins nach aristotelischer Auffassung als nicht ausnahmslos möglich erscheinen. Folgerichtig sagt daher Aristoteles, daß es auf diesem praktischen[566]) Gebiet der Ethik, auf dem Gebiet des Handelns und des Zweckmäßigen nichts Feststehendes, Unbewegliches gebe[567]). Dies ergibt sich auf das deutlichste ja auch bereits aus der nach den vorherigen Ausführungen in der griechischen Geschichte innerhalb weniger Jahrhunderte entwickelten Vieldeutigkeit des Begriffs der Gerechtigkeit, aus der starken Variabilitätszone

---

[565]) NE I 1 1094 b 14ff. (17).
[566]) NE II 2 1104 a 1 (46).
[567]) NE II 2 1104 a 3f. (46).

desselben [568]). Daß diese Variabilitätszone bei der mit dem praktischen Leben wohl am engsten und sichtbarsten verbundenen Gerechtigkeit am stärksten auftritt, bestätigt diese aristotelische Feststellung. Damit sagt Aristoteles aber keineswegs, daß diese Beweglichkeit die Ethik einer vorhergegebenen Grundlegung beraube und sie lediglich positivistisch auf Gesetz und Herkommen beruhen lasse. Vielmehr bleibt die natürliche Gestaltung der Ethik unberührt, wenn diese Beweglichkeit auch den Schein verursacht, als beruhe die Ethik lediglich auf Gesetz und Herkommen, nicht aber auf der Natur [569]). Damit übereinstimmend hatte sich oben [570]) ja auch bereits ergeben, daß Aristoteles keine relativistische oder subjektivistische, sondern eine auf objektive und absolute Werte bezogene Ethik vertritt.

Besagt nun zwar die Beweglichkeit der ethischen Normen und die damit verbundene Schwierigkeit der Aufstellung grundsätzlicher allgemein passender Normen nicht, daß solche Normen nicht vorhergegeben seien und daß die Ethik relativistisch sei, so haben diese das Gebiet der Ethik kennzeichnenden Tatsachen jedoch zur Folge, daß die Wissenschaft der Ethik nicht die Aufstellung von ausnahmslos richtigen Grundsätzen zuläßt, wie es bei anderen Wissenschaften eher der Fall ist. Vielmehr läßt die Natur des Gegenstandes der Ethik eben nur die Aufstellung von wissenschaftlichen Sätzen zu, welche lediglich im Groben und in bloßen Umrissen und für die Mehrzahl der Fälle, nicht aber ausnahmslos für jeden Einzelfall das Richtige sagen [571]). Jede Abhandlung über einen praktischen Gegenstand — und die Ethik gehört ja zur praktischen Philosophie — vermag nur allgemeine Umrisse zu geben [572]), die wegen der Zugehörigkeit zur Philosophie des beweglichen Seins nur bedingt allgemeine Geltung haben [573]). Ist dies nun nach Aristoteles schon für die allgemeinen Grundsätze der Ethik der Fall, so läßt nach ihm die Untersuchung des Einzelnen noch viel weniger die Aufstellung schlechthin gültiger Normen zu [574]). Die ethischen Normen für den Einzelfall können nicht mit vollkommener Genauigkeit (οὐκ ἀκριβῶς) festgestellt werden [575]). Gerade das ist ein Beweis wissenschaftlicher Bildung, daß man Lehrsätze mit dem Anspruch auf vollkommene Genauigkeit nur insoweit aufstellt, als es die Natur des wissenschaftlichen Gegenstandes zuläßt [576]). Wollte man von einem Ethiker vollkommene Genauigkeit verlangen, so wäre dies ähnlich — also genau so fehlerhaft — wie wenn man von einem Mathematiker Wahrscheinlichkeiten annähme und von einem Redner dagegen strenge Beweise verlangte [577]). Aristoteles sieht es also als einen der Natur der

---

568) Wie Baumgarten S. 42 es nennen würde.
569) Vgl. oben S. 119 Anm. 565. 570) Vgl. oben S. 16.
571) NE I 1 1094 b 19 ff. (17).
572) NE II 2 1103 b 34—1104 a 1 (46).
573) NE II 2 1104 a 3 f. (46). 574) NE II 2 1104 a 5 ff. (46 f.).
575) NE II 2 1104 a 1 f. (46). 576) NE I 1 1094 b 23 ff. (17).
577) NE I 1 1094 b 25 ff. (17 f).

Ethik als einer praktischen Philosophie widersprechenden Fehler an, ethische Normen mit dem Anspruch auf ausnahmslose Geltung, auf vollkommene Genauigkeit aufzustellen. Vielmehr muß der handelnde Mensch selbst immer auf die besonderen Umstände des Einzelfalls achten, wie dies auch in der Heilkunde und Steuermannskunst der Fall sei[578]).

Diese deutliche Unterscheidung des wissenschaftlichen Charakters der Ethik von demjenigen der die Aufstellung von Sätzen mit vollkommener, ausnahmslos geltender Genauigkeit zulassenden Wissenschaften wird von Aristoteles immer wieder in auffallend starker Weise betont. Den Wissenschaften mit vollkommener Genauigkeit (αἱἀκριβεῖς ἐπιστημῶν[579]) werden diejenigen gegenübergestellt, die lediglich Gegenstand der überlegenden Seite des vernünftigen Seelenteils sind[580]) und die lediglich in der Mehrzahl der Fälle zutreffende Normen geben[581]). Bei Behandlung der Freundschaft bringt Aristoteles einige Beispiele ethischer Fälle (z. B. ob der Sohn bei einer Krankheit mehr seinem Vater oder mehr dem Arzt gehorchen, bei der Feldherrnwahl seinem Vater oder einem kriegskundigen Mann seine Stimme geben soll — wobei natürlich athenische Verhältnisse zu berücksichtigen sind — oder ferner, ob man besser seinem Freund oder einem tugendhaften Mann einen Dienst erweisen, und schließlich, ob man, falls beides zugleich nicht möglich ist, richtiger einem Wohltäter seine Wohltat vergelten oder einem Kameraden einen Dienst erweisen solle[582]), in denen Normen mit vollkommener Genauigkeit (ἀκριβῶς) aufzustellen schwierig sei und wo er dies auf die mannigfachen Unterschiede des Einzelfalls z. B. hinsichtlich der Größe und Kleinheit des Gegenstandes, hinsichtlich der sittlichen Schönheit und Notwendigkeit der Handlung zurückführt[583]). An anderer Stelle heißt es, bei Fragen der Vernunft könne man nicht dieselbe Genauigkeit verlangen wie bei den Vorgängen in der sinnlichen Wahrnehmung[584]), es werden also in etwa Geisteswissenschaften den Naturwissenschaften als Wissenschaften gegenüber gestellt, welche nicht dieselbe vollkommene Genauigkeit zulassen wie die letzteren.

Aristoteles hebt demnach in ganz grundsätzlicher und immer wieder betonter Weise hervor, daß die Wissenschaft der Ethik ihrer Natur nach nicht denselben Genauigkeitsgrad zu erlangen vermag wie gewisse andere Wissenschaften. Dies folgte aus mehreren Gründen. Bereits der geisteswissenschaftliche Charakter der Ethik, ihr geistig normativer Charakter und ihre teleologische, nicht kausale Begründung und Inhaltsbestimmung erschweren sogar schon die Aufstellung

---

[578]) NE II 2 1104 a 8ff. (47).
[579]) NE III 5 1112 b 1 (73).
[580]) NE III 5 1112 b 1ff. (37); vgl. auch oben S. 38f.
[581]) NE III 5 1112 b 8f. (74).
[582]) NE IX 2 1164 b 22—27 (263f.).
[583]) NE IX 2 1164 b 27ff. (264).
[584]) Pol VII 7 1328 a 19ff. (668).

ganz grundsätzlicher allgemeiner Normen auf das höchste. Überdies können diese Normen weder allein durch sinnliche Wahrnehmung ermittelt noch nachgeprüft werden, wodurch auch die große Zahl der Meinungsverschiedenheiten, die große Variabilitätszone der Ethik und insbesondere auch der Jurisprudenz erklärlich ist[585]). Hinzukommt nun ferner die Verbindung der Ethik und insbesondere auch des Rechts mit dem Stoff, mit dem Handeln, welche die Ethik als der Philosophie vom bewegten Sein zugehörig erscheinen läßt und durch die ethische Irrelevanz des reinen Handelns in seiner stofflichen Seite eine weitere Erschwerung der Feststellung ethischer Normen mit sich bringt. Gilt dies aber bereits für die Aufstellung allgemeiner ethischer Normen, so ist dies alles wegen der starken Unterschiedlichkeit jedes Einzelfalls bei der ethischen Beurteilung eines solchen — und darum geht es ja letztlich — in einem noch viel stärkeren Maße der Fall. Es ist also nicht nur durchaus verständlich, sondern sogar auch notwendig, daß Aristoteles die Unmöglichkeit vollkommener Genauigkeit, die Unmöglichkeit der Akribie in der Ethik schon eingangs seiner Ethik besonders betont und immer wieder wiederholt[586]).

Diese grundsätzliche methodische Feststellung der aristotelischen Ethik gewinnt nun ganz besondere Bedeutung für die Gerechtigkeit und das Recht. Gerade hier trifft dies alles, nämlich die Unmöglichkeit der Aufstellung von Normen vollkommener Genauigkeit, in besonders hohem Maße zu. Handelt es sich bei der Gerechtigkeit doch um die Tugend, welche in einem noch erheblich stärkeren Maße als die anderen Tugenden mit dem praktischen Leben, mit der täglichen Wirklichkeit in Verbindung tritt. Dies zeigt sich schon allein daran, daß der für sie maßgebliche Teil der Normen der Ethik einen besonderen Namen, nämlich den des Rechts, des δίκαιον, erhalten hat, wogegen sich der Mensch für die Normenkomplexe der anderen Tugenden keine besonderen Namen geschaffen hat. In der aristotelischen Ethik zeigt sich die besondere Bedeutung dieser grundsätzlichen methodischen Feststellung der Ethik für die Gerechtigkeit darin, daß sie hier bei Erörterung der Gerechtigkeit nochmals ein ganzes Kapitel hindurch speziell für den Bereich der Gerechtigkeit wiederholt wird[587]).

Da das Recht als Bestandteil der Ethik ein Gegenstand des Handelns ist[588]), liegt es in der Natur der Sache[589]), daß die Normen der Gerechtigkeit — wie dies nach obigen Ausführungen überhaupt für die Ethik der Fall ist — in allgemeiner, genereller Form nicht richtig

---

585) Man braucht zur Verdeutlichung dessen z. B. nur ein juristisches Lehrbuch oder einen juristischen Kommentar und etwa ein Lehrbuch der Physik, Chemie und aber auch der Mathematik zu vergleichen, welche die deutlichste Demonstration der Folge des verschiedenen Gewißheitsgrades der Ethik gegenüber den letzteren Wissenschaften bilden.

586) Vgl. noch NE I 7 1098 a 26 ff. (29) und Fechner S. 6 f., 27; Goed. II S. 16 ff.

587) NE V 14 1137 a 31 ff. (164 ff.).

588) NE V 14 1137 b 19 (165).

589) NE V 14 1137 b 18 f. (165).

aufgestellt werden können (περὶ ἐνίων δ'οὐχ οἷόν τε ὀρθῶς εἰπεῖν καθόλου)[590]), weil Einzelfälle vorkommen können, auf welche diese allgemein gefaßte Norm nicht paßt[591]), also die Norm zu einer weniger oder gar nicht gerechten oder sogar ungerechten wird. Die Gesetze können unmöglich Bestimmungen mit vollkommener Genauigkeit (ἀκριβῶς) geben, weil es nicht leicht ist, allgemeine Regeln für alle Fälle zu geben[592]). Nun ist aber — insbesondere auf dem Gebiet der Gerechtigkeit und des Rechts — die Aufstellung von Normen, von νόμοι, notwendig und zwar in allgemeiner Form, da für alle Einzelfälle ohne weiteres ersichtlich unmöglich Normen aufgestellt werden können[593]). Jede einzelne Bestimmung des Rechts und des Gesetzes verhält sich zu den menschlichen Handlungen wie das Allgemeine zum Einzelnen; der Handlungen gibt es viele, aber nur eine gesetzliche Bestimmung für jeden Fall, denn diese ist das Allgemeine[594]). Folglich muß die vom Menschen aufzustellende Norm, der νόμος, notwendig die Mehrzahl der Fälle, also den Lebensvorgang, wie er sich in den meisten Fällen und nach der gewöhnlichen Lebenserfahrung abspielt, berücksichtigen[595]). Damit wird dann folgerichtig ein Fehler gemacht[596]), nämlich daß etwas übergangen wird[597]) oder daß durch die allgemeine, nur den Durchschnitt der Fälle, nicht die Mannigfaltigkeit berücksichtigende, sondern einfach, einfältig (ἁπλῶς) gefaßte Norm ein Einzelfall unrichtig erfaßt wird[598]) [599]). Die allgemeine, einfältige im Sinne von die Mannigfaltigkeit des Lebens nicht

---

[590]) NE V 14 1137 b 14 (164); vgl. auch 1137 b 15 (164).

[591]) NE V 14 1137 b 20f. (165).

[592]) Pol III 11 1282 b 4ff. (474).

[593]) NE V 14 1137 b 14f. (164); Die Zahl der allgemeinen Normen, nämlich die Masse des positiven Rechts, hat in der heutigen Zeit schon so zugenommen, daß selbst der spezialisierte Wissenschaftler, der Jurist, die gesamte Masse schwerlich und in den seltensten Fällen zu beherrschen vermag, woraus sich die technische Unmöglichkeit der Aufstellung von Normen für Einzelfälle evident ergibt.

[594]) NE V 10 1135 a 5ff. (155), Pol III 15 1286 a 10f. (486).

[595]) NE V 14 1137 b 15f (164).

[596]) NE V 14 1137 b 16 (164f.).

[597]) Z. B. die Nichteinbeziehung der elektrischen Arbeit in die Rechtsschutzobjekte der §§ 242ff. StGB, welche zum Spezialgesetz vom 9. 4. 1900 führte und unzählige andere Fälle; ein erheblich mehr auf Einzelfälle abstellendes, deshalb aber keineswegs brauchbareres Gesetz ist das in diesem Zusammenhang erwähnenswerte englische Larceny Act von 1916, welches zur Festlegung des Diebstahlstatbestandes, der im StGB in den wenigen Bestimmungen der §§ 242—245, 247, 248 geregelt ist, über 30 Seiten Text erfordert.

[598]) NE V 14 1137 b 20ff. (165).

[599]) Z. B. die in der Mehrzahl der Fälle, aber z. B. auf den Fall der Tötung aus Mitleid nicht zutreffende Abstellung des Tatbestandes des § 211 StGB alter Fassung auf die „Überlegung", was zu der mehr Einzelfälle aufzählenden neuen Fassung des § 211 StGB führte und unzählige weitere Fälle.

berücksichtigende (ἁπλῶς) Fassung des νόμος macht dessen Fehlerhaftigkeit aus [600]).

Wie sich bereits in der MM ergeben hatte, setzt nun hier die Aufgabe der Billigkeit ein. Wo durch die notwendig allgemeine Fassung der Rechtsnorm diese in einem besonders gearteten einzelnen Fall unrichtig wird, insoweit also die Rechtsnorm fehlerhaft ist, bewirkt die Billigkeit eine Verbesserung des Gesetzes (ἐπανόρθωμα νόμου). Hierin besteht ihr Wesen [601]). Hieraus folgt, daß die Billigkeit nur das fehlerhafte Recht verbessert. Als ein solches aber kann nur das menschliche Gesetz auftreten. Aristoteles sagt demnach folgerichtig, die Billigkeit sei eine Verbesserung des gesetzlichen Rechts [602]). Damit löst sich dann auch genau so wie in der MM die durch die verschiedene Bewertung der Billigkeit entstandene Kontroverse, welche Aristoteles so formuliert, daß man es, da man die der Gattung nach mit der Gerechtigkeit übereinstimmende Billigkeit als das Bessere lobe, folgerichtig als ungereimt finden müsse, daß das Billige, obwohl es etwas vom Recht Verschiedenes sein solle, Lob verdienen solle, denn entweder sei das Recht nicht gut oder das Billige sei es nicht, wenn es vom Recht verschieden sei, oder aber, wenn beide gut seien, seien sie ein und dasselbe [603]). Das Billige ist also — gattungsmäßig mit dem Recht übereinstimmend [604]) — auch eine Art des Rechts und die Billigkeit eine Art der Gerechtigkeit, aber nicht ein Recht gemäß dem Gesetz, sondern eine Verbesserung desselben [605]). Das Billige ist mit diesem Recht verglichen ein besseres Recht [606]). Es ist aber nicht besser als das Recht schlechthin (δ. ἁπλῶς) [607]), das in der MM noch deutlicher mit dem natürlichen und wahren Recht identifiziert wurde [608]), sondern nur als das durch seine allgemeine, einfältige (im Sinne von einfache) Fassung (ἁπλῶς) fehlerhafte Recht [609]). Insoweit demnach das Billige nur eine Art des Rechts ist, werden beide von Aristoteles als dasselbe und beide als gut hingestellt [610]). Hiermit werden also beide gegensätzlichen Auffassungen über die Billigkeit vereint, indem ihre Höherwertigkeit einerseits aufrechterhalten, indem sie aber andererseits trotzdem zum Recht in Gegensatz gestellt bleibt, jedoch nur zum fehlerhaften Recht [611]).

Billig ist demnach folgerichtig derjenige, welcher das natürliche, wahre Recht, das Recht schlechthin übt, nicht aber derjenige, welcher das durch seine allgemeine Fassung fehlerhafte, das nicht vollkommen genaue Recht als in allen Fällen richtig ansieht, wer also dem not-

---

[600]) NE V 14 1137 b 25 (165). [601]) NE V 14 1137 b 26f. (165).
[602]) NE V 14 1137 b 12f. (164). [603]) NE V 14 1137 a 33—b 5 (164).
[604]) Vgl. hierzu auch NE VI 12 1143 a 31f. (185).
[605]) NE V 14 1137 b 11ff. (164).
[606]) NE V 14 1137 b 8f. (164), b 24 (165).
[607]) NE V 14 1137 b 25 (165). [608]) Vgl. oben S. 117 Anm. 560.
[609]) NE V 14 1137 b 25 (165). [610]) NE V 14 1137 b 10f. (164).
[611]) Vgl. auch Hirzel I S. 60 Anm. 3.

wendig mehr oder weniger ungenauen allgemein gefaßten Gesetz methodisch fehlerhaft eine vollkommene Genauigkeit beimißt, also der ἀκριβοδίκαιος [612]). Billig ist also derjenige, welcher dem Gesetz nicht vollkommene Genauigkeit beilegt (ὁ μὴ ἀκριβοδίκαιος) und auf das ihm nach dem nicht vollkommen genauen, sondern teilweise fehlerhaften Gesetz zustehende Recht zu verzichten geneigt ist [613]).

Die Billigkeit ist daher eine Tugend, die genau so wie die Gerechtigkeit das Recht schlechthin, das natürliche, wahre Recht erstrebt, die sich von der Gerechtigkeit lediglich insoweit unterscheidet, als sie dies in Verbesserung eines fehlerhaften menschlich gesetzten Rechts tut. Ihr Habitus (ἕξις) ist mit dem der Gerechtigkeit identisch [614]), so daß also die Billigkeit insoweit dasselbe ist wie die Gerechtigkeit [615]) und daher als eine Art der Gerechtigkeit angesprochen werden kann.

---

612) NE V 14 1137 b 34—1138 a 1 (165); Trotz des deutlichen Zusammenhangs des Wortes ἀκριβοδίκαιος mit dem gerade vorher von A. demonstrierten Begriff der Billigkeit als einer Verbesserung des fehlerhaften Rechts und trotz der terminologischen und inhaltlichen Übereinstimmung dieses Wortes mit der früher dargelegten methodischen Grundtatsache der Unmöglichkeit der Akribie in der Ethik sucht Sal. S. 73ff. aus diesem Wort ungerechtfertigt und im deutlichen Widerspruch zu den arist. Ausführungen eine zweite Bedeutung der Billigkeit herauszulesen, die mit dem vorhin geschilderten Billigkeitsbegriff „wenig mehr als das Wort gemein" habe und als Verzicht auf das Recht zu einer „Steigerung des Rechts" führe, also dazu, daß „das Recht über sich selbst hinausstrebt", daß „es seinen eigenen Rahmen sprengt" (S. 74). Die Unrichtigkeit dieser Auffassung Sal'. geht bereits aus der obigen Darlegung hervor, nach welcher sich das Wort ἀκριβοδίκαιος inhaltlich und terminologisch völlig klar und konsequent in den Begriff der spätarist. Billigkeit einbaut. Die Sal.-sche Auffassung ist darüberhinaus aber — abgesehen davon, daß damit dem A. entweder eine Inkonsequenz oder ein hier sehr seltsam und zusammenhanglos erscheinender Gedankensprung beigelegt wird — ganz unbewiesen, denn wenn Sal. als einzigen Grund den bringt, daß weder der generelle Charakter noch die Lückenhaftigkeit des νόμος etwas damit zu tun habe, ob ein Mensch auf seinem Recht beharre oder nicht, so vergißt er dabei die vorher S. 68ff. von ihm selbst anerkannte arist. Lösung der Billigkeitskontroverse, nämlich daß es ein fehlerhaftes und ein fehlerloses Recht, ein ἁπλῶς δ., gibt, daß also der ἀκριβοδίκαιος lediglich auf sein fehlerhaftes, sein ihm nach dem teilweise fehlerhaften menschlichen Gesetz zustehendes Recht, nicht aber auf sein wirkliches Recht verzichtet. Davon, daß die G. damit in das Gebiet der φιλία hineinrage (S. 74), kann also gar keine Rede sein.

Eine über die oben im Text dargelegte spätarist. Auffassung der Billigkeit hinausgehende Bedeutung dieses Wortes findet sich vielmehr gelegentlich an anderen arist. Stellen. NE V 14 1137 a 35—b 2 (164) sagt A. selbst, das Wort billig werde im übertragenen Sinne vom Guten überhaupt gebraucht und unter dem Billigen das Bessere verstanden. Beispiele dieser weiterreichenden Bedeutung finden sich in der Rhet, so z. B. wenn A. I 13 1374 b 10f. (98) sagt, es sei billig, Menschliches zu verzeihen, ferner b 16ff. (98), mehr des empfangenen Guten als des Bösen zu gedenken und mehr des empfangenen als des erwiesenen Guten, und schließlich b 18 (98), bei erlittenem Unrecht zu warten.

613) NE V 14 1138 a 1ff. (165f.).

614) NE V 14 1138 a 3 (166).

615) NE V 14 1137 b 10 (164).

Diese Richtung der Billigkeit auf das fehlerlose Recht kommt auch an anderer Stelle zum Ausdruck, so wenn Aristoteles die Billigkeit als im Gegensatz zum geschriebenen Gesetz auf das Wahre hingehend darstellt[616]) und von ihr als der die durch die Zugehörigkeit des Rechts zur Philosophie des beweglichen Seins entstandene Fehlerhaftigkeit desselben beseitigenden Tugend sagt, ihre Forderungen blieben immer und wechselten nie[617]).

b) Die Verbindung der Billigkeit mit dem besonderen Erkenntnisvermögen der γνώμη.

Ebenso wie in der MM wird diesem Billigkeitsbegriff in der spätaristotelischen Auffassung nun wiederum ein besonderes Erkenntnisvermögen zugeordnet und zwar in noch mehr dem veränderten Billigkeitsbegriff angepaßter Weise. Während in der εὐγνωμοσύνη der MM noch das Element einer möglicherweise über den Gehalt der Gerechtigkeit hinausreichenden Güte, eines Wohlwollens steckte[618]), ist das Erkenntnisvermögen der spätaristotelischen Billigkeit entsprechend deren Wesen als einer Art der Gerechtigkeit und eines primär methodischen Hilfsmittels auf die neutralere und umfassendere Form, die γνώμη, beschränkt, die lediglich als den Ausdrücken εὐγνώμον[619]) und γνώμην ἔχειν zugrundeliegend bezeichnet wird[620]). Die γνώμη ist die richtige Beurteilung des Billigen (ἡ τοῦ ἐπιεικοῦς ἐστὶ κρίσις ὀρθή)[621]). Die dem billig Urteilenden beigelegte συγγνώμη[622]) ist mit der über das Billige richtig urteilenden γνώμη identisch[623]). Richtig urteilt aber die letztere, wenn sie nach der Wahrheit urteilt (ὀρθὴ δ'ἡ τοῦ ἀληθοῦς)[624]). Aus dem Erkenntnisvermögen der spätaristotelischen Billigkeit ist also mit deren völliger Einbeziehung in die Gerechtigkeit folgerichtig das Element der wohlwollenden Güte verschwunden. Es wird vielmehr mit der Wahrheit verbunden. Seine Aufgabe ist, bei fehlerhaftem menschlichen Recht im einzelnen Fall die Wahrheit, das wahre Recht zu finden. Bei ihm muß also die Erkenntnis des Wahren, Richtigen im Einzelfall, die Einsicht in die einzelnen Lebensverhältnisse in ihrer Besonderheit und rechtserheblichen Unterschiedlichkeit die hervorstechende Eigenschaft sein.

Das wird bestätigt, wenn Aristoteles im folgenden Kapitel ausführt, die γνώηη beziehe sich mitsamt einigen anderen Vermögen der überlegenden Seite des vernünftigen Seelenteils auf das (von der Allgemeinheit des Begriffs am entferntesten liegende) Äußerste, auf das

---

[616]) Rhet I 13 1374 a 36—b 1 (97).
[617]) Rhet I 15 1375 a 31 (101).
[618]) Vgl. oben S. 118 Anm. 562.
[619]) Wahrscheinlicher noch mit Laurentianus und Marcianus συγγνώμονας.
[620]) NE VI 11 1143 a 19f. (184).
[621]) NE VI 11 1143 a 20 (184).
[622]) NE VI 11 1143 a 21f. (184).
[623]) NE VI 11 1143 a 23 (184).
[624]) NE VI 11 1143 a 24 (184).

Einzelne[625]). Sie beziehe sich auf das gesamte Gebiet des menschlichen Verhaltens, des Handelns, und damit auf das Einzelne[626]).

Die γνώμη läßt sich daher zusammenfassend etwa definieren als das Erkenntnisvermögen für die Billigkeit, das gekennzeichnet ist einerseits durch eine besonders tiefe Einsicht in den Einzelfall, also durch die Fähigkeit zur scharfblickenden, einsichtigen Unterscheidung der Besonderheiten des tatsächlichen einzelnen Falls, wie andererseits durch die Verbindung mit der Wahrheit. Sie erscheint dadurch sowohl als mit der Lebenswirklichkeit besonders eng verbunden wie andererseits auch mit der Wahrheit, also sowohl mit dem Stofflichen wie dem Geistigen und stellt somit einen deutlichen Gegensatz zu einem juristischen Scharfsinn dar, der lediglich mit dem bloß auf das menschlich gesetzte Recht beschränkten Begrifflichen verbunden ist, wie es die positivistische Begriffsjurisprudenz kennzeichnet. Die γνώμη, die als Erkenntnisvermögen der das menschliche Recht verbessernden Billigkeit ohnedies schon ihrem Wesen nach zur sogenannten Begriffsjurisprudenz und zum Positivismus in Gegensatz steht, beschränkt ihr Hineinsehen, ihre Einsicht, ihren Scharfblick, nicht auf Begriffe des menschlichen Rechts, sondern sie erstreckt diesen Scharfblick auf die gesamte Wirklichkeit des sich im Einzelnen abspielenden menschlichen Lebens. Schließlich ist sie im Gegensatz zum Positivismus, der die Grundlage des Rechts bloß in der Positivität, in der bloß tatsächlichen Durchsetzbarkeit des nach aristotelischer Auffassung weitgehend notwendig fehlerhaften menschlichen Rechts sieht, auf den wahren Wert, auf die Wahrheit gerichtet[627]).

Im Zusammenhang mit diesen Ausführungen hat Aristoteles keine Beispiele für die γνώμη gebracht. Ferner findet sich bei ihm nicht die Ausarbeitung weiterer einzelner Grundzüge der γνώμη. Aber vereinzelt gebrachte Beispiele der Anwendung der Billigkeit zeigen, daß sie eine Anwendung der vorhin geschilderten grundsätzlichen Methodik der γνώμη darstellen, nämlich der einsichtigen Unterscheidung der mannigfachen Lebenswirklichkeit vom Standpunkt des wahren Rechts her. Die Formel γνώμῃ τῇ ἀρίστῃ (also etwa „nach bester Gnome“, „nach bester Einsicht“) soll z. B. die Bedeutung haben, daß der nach ihr urteilende Richter die Billigkeit als ein gerechteres Recht als das geschriebene heranziehen solle[628]), das Erkenntnisvermögen der γνώμη wird also mit einem vom menschlich gesetzten Recht unabhängigen und gegenüber diesem gerechteren verbunden. Die Billigkeit wird dargestellt als dasjenige, was Recht ist im Widerspruch zum geschriebenen Recht[629]), sie wird also wiederum mit einem nicht menschlich gesetzten Recht in Zusammenhang gebracht.

---

[625]) NE VI 12 1143 a 27ff. (184f).
[626]) NE VI 12 1143 a 32f., 34f. (185).
[627]) Über die γνώμη im griechischen Richtereid vgl. Hirzel I S. 58 Anm. 2.
[628]) Rhet I 15 1375 a 29f. (101). [629]) Rhet I 13 1374 a 27f. (97).

Diese Funktion hat die Billigkeit einerseits, wenn die Gesetzgeber die Regelung eines Einzelfalls übersehen haben, andererseits, wenn durch den notwendig generellen Charakter der Norm unmöglich alle Einzelfälle in ihrer Mannigfaltigkeit erfaßt werden konnten [630]). In der letzteren Aussage wendet Aristoteles die Billigkeit in genau der gleichen Weise an wie bei ihrer Begriffserklärung in der NE.

Dabei braucht die γνώμη nicht notwendig einen Gegensatz zum geschriebenen Gesetz darzustellen. Im Zusammenhang damit, daß Aristoteles es als besser darstellt, daß der νόμος, das Gesetz, anstatt eines einzelnen Staatsbürgers herrsche [631]), weil der beste Mensch durch die Leidenschaft verwirrt werde, wenn er herrsche, das Gesetz allein aber Vernunft ohne Leidenschaft sei und insoweit mit dem Gesetz eigentlich die Gottheit und die Vernunft, mit dem Menschen aber auch die das Tierische kennzeichnende Leidenschaft herrsche [632]), mißt er dem νόμος die Bedeutung bei, daß er durch sorgfältige Erziehung die Regierenden in den Stand setze, die nicht durch den νόμος geregelten Fälle nach rechtlicher Einsicht (τῇ δικαιοτάτῃ γνώμῃ) zu entscheiden [633]). Auch hier ist die γνώμη ein auf ein außerhalb des νόμος gelegenes Recht gerichtetes Erkenntnisvermögen, das aber durch den νόμος geschult wird.

Wird durch diese Beispiele das bereits oben gewonnene Ergebnis, daß das Erkenntnisvermögen der γνώμη sich ebenso wie die Billigkeit auf ein bereits außerhalb des menschlich gesetzten Rechts befindliches wahres, gerechtes Recht richtet und daher seine Kriterien nimmt [634]), bestätigt und ferner hinzugefügt, daß die γνώμη am νόμος geschult werden kann, so bringen andere Zitate Beispiele für das zweite die γνώμη kennzeichnende Element, nämlich die tiefe Einsicht in den Einzelfall, die sachliche Unterscheidung der Besonderheiten der mannigfaltigen Lebenswirklichkeit. So unterscheidet Aristoteles auf Grund der Billigkeit zwischen der Tat und der Absicht. Die letztere soll — offenbar auf strafrechtlichem Gebiet — maßgeblich sein [635]), eine Unterscheidung, die bei der Entwicklung primitiver Strafrechte zu fortgeschritteneren bekanntlich meist zu finden ist. Er unterscheidet ganz modern zwischen dem Wortlaut (λόγος) und dem Sinn (διάνοια) des Gesetzgebers, wobei der letztere maßgeblich sein soll [636]), wozu sich für den Bereich der Privatautonomie heute eine Parallele z. B. in § 133 BGB findet. Billig ist ferner, wobei Aristoteles insbesondere wohl wiederum an das Strafrecht denkt, nicht auf den Teil, sondern

[630]) Rhet I 13 1374 a 28ff. (97); ob die Stelle 1374 b 5 (συγγνώμην ἔχειν) einen Anklang an den alten Billigkeitsbegriff mit dem Sinn eines überrechtlichen Verzeihens enthält oder ob sie eine dem spätarist. Billigkeitsbegriff entsprechende Nachsicht oder besser Einsicht in das wahrhaft Rechte bedeutet, läßt sich nicht sicher sagen.

[631]) Pol III 16 12—87 a 18ff. (491). [632]) Pol III 16 12—87 a 28ff. (491).

[633]) Pol III 16 1287 a 25ff. (491). [634]) Vgl. auch oben S. 126 Anm. 617.

[635]) Rhet I 13 1374 b 13f. (98). [636]) Rhet I 13 1374 b 12f. (98).

auf das Ganze und nicht auf das augenblickliche, sondern auf das gesamte frühere und übliche Verhalten, also den gesamten Lebenslauf eines Menschen zu sehen [637]), beides Gesichtspunkte, die auch heute z. B. bei der Strafzumessung von besonderer Bedeutung sind und im Gesetz weitgehend nicht verwirklicht werden konnten, sondern der Einsicht des Richters überlassen bleiben müssen. In einem einzelnen Beispiel wird es als Aufgabe der γνώμη angesehen, auch die Wahrscheinlichkeit als Beweismittel heranzuziehen, falls einer Partei keine Zeugen zur Verfügung stehen [638]), ein Gesichtspunkt, der u. a. insbesondere in Form des besonders nahe mit der Lebenswirklichkeit verbundenen prima — facie — Beweises auch heute bei der Beweiswürdigung herangezogen wird [639]).

Hat Aristoteles somit neben seiner grundsätzlichen Darstellung der Billigkeit und ihres Erkenntnisvermögens, der γνώμη, nur gelegentlich und in anderem Zusammenhang vereinzelte Beispiele ihrer Anwendung gebracht, so bestätigen diese trotzdem die von Aristoteles gebrachte Darstellung des Wesens dieser Begriffe, nämlich der Billigkeit als einer Art der Gerechtigkeit, welche sich auf die ergänzende und verbessernde Bestimmung des menschlichen Rechts aus einem von menschlicher Satzung unabhängigen natürlichen, wahren Recht heraus richtet, und der γνώμη als des spezifischen Erkenntnisvermögens der Billigkeit, das dieser entsprechend gekennzeichnet ist durch die Bestimmung aus dem wahren natürlichen Recht und eine mit einem besonderen Scharfblick für die Unterschiedlichkeit ausgestattete tiefe Einsicht in die Mannigfaltigkeit der Lebenswirklichkeit.

bb) Die Billigkeit als auf die Herstellung der Gerechtigkeit im menschlichen Recht gehendes methodisches Hilfsmittel und als Ausgangspunkt der juristischen Methodenlehre.

Der spätaristotelische Billigkeitsbegriff löst damit die in der griechischen Geschichte entstandene Kontroverse über die Berechtigung und den Wert der Billigkeit. Indem diese von Aristoteles als eine bloße Art der Gerechtigkeit definiert wird, nämlich diejenige, deren spezielle Aufgabe die Verbesserung und Ergänzung des der menschlichen Unvollkommenheit adäquaten fehlerhaften menschlichen Rechts ist, wird einerseits sowohl der Widerspruch zur Gerechtigkeit und zum natürlichen Recht, den Platon z. B. annahm, aufgehoben, andererseits bleibt aber die für die Billigkeit charakteristische Gegensätzlichkeit zum Recht, jedoch nur zum menschlich gesetzten Recht, soweit es fehlerhaft ist, erhalten [640]).

---

[637]) Rhet I 13 1374 b 14 ff. (98). [638]) Rhet I 15 1376 a 18 f. (105).
[639]) Vgl. z. B. Baumbach-Lauterbach Anhang zu § 282 Anm. 3.
[640]) Wenn Sal. S. 72 sagt: „Die ἐπιείκεια führt zum νόμος hin und nicht vom νόμος weg" und die bisher vertretenen Auffassungen, welche in der arist. Billigkeit die Berichtigung des gesetzlichen Rechts durch das

Es wird hieraus auch verständlich, daß Aristoteles ebenso wie hinsichtlich der durch ihre Beziehung auf die anderen Tugenden bereits das Hilfsmittel der μεσότης, der rechten Mitte, in sich enthaltenden allgemeinen Gerechtigkeit auch bei der Billigkeit nicht die rechte Mitte sucht. Da sie nämlich lediglich eine Art der Gerechtigkeit ist, weil sie dasselbe wie diese ist und denselben Habitus wie sie hat [641]), gilt für sie ebenso das für die Gerechtigkeit Gesagte genau so wie für diese selbst. Die für die Gerechtigkeit ermittelte rechte Mitte, nämlich die Gleichheit der besonderen Gerechtigkeit, dient daher auch zur Inhaltsbestimmung der Billigkeit. Für sie gelten ebenfalls die der Verwendung der Gleichheit zugrundeliegenden methodischen Grundsätze der Normativität, der Teleologie und der Unterscheidung und Vergleichung der Lebenssachverhalte. Dies wird auch dadurch bestätigt, daß die Billigkeit und ihr Erkenntnisvermögen entsprechend diesen Grundsätzen vom wahren natürlichen Recht ausgehend das durch das menschliche Recht mangelhaft Geregelte im einzelnen Fall suchen. Die Billigkeit ist eben nur eine Art der Gerechtigkeit und als solche in ihrem Wesen, in ihrer ἕξις, mit dieser identisch [642]).

natürliche Recht oder ähnlich sahen, S. 72 mit den Worten kritisiert: „Wo nur steht das denn bei Aristoteles? Für eine solche Deutung, aber auch für eine solche — man muß es aussprechen — Herabwürdigung des νόμος fehlt jede Berechtigung", so ist dies — wie sich aus den vorherigen Darlegungen deutlich ergibt — unrichtig. Zwar hat A. den νόμος — wie früher bemerkt — durchaus hoch geachtet und ihn sogar als zur Schulung der γνώμη wertvoll angesehen. Daran daß die Billigkeit aber zum νόμος, insoweit er fehlerhaft und zwar teilweise sogar notwendig fehlerhaft ist, in Widerspruch tritt und mit dem wahren, natürlichen Recht verbunden ist, kann nach der eindeutigen Begriffsklärung und nach den vielen Beispielen des A., welche dies teilweise ausdrücklich sagen, gar kein Zweifel bestehen. So sieht z. B. auch Sauter S. 44 die Billigkeit als ein gegenüber dem positiven Recht höheres Prinzip der G. an.

[641]) Vgl. oben S. 125 Anm. 614, 615.

[642]) Wenn Hirzel II S. 230 Anm. 1 die Gleichheit sich einmal — NE V I 1129 a 33 ff. (134) — mit der Billigkeit berühren, andererseits aber — NE V 14 1138 a 1 (165) — beides in Gegensatz treten läßt, so beruht dies auf einem Mißverständnis beider Stellen. An ersterer wird das ἴσον — wie sich auch aus den bisherigen Darstellungen ergibt — keineswegs „im Gegensatz" zum νόμιμον gebraucht, sondern lediglich als zweite Art der G. neben dieses gestellt. An der zweiten Stelle wird der ἐπιεικής nicht zum ἴσος in Gegensatz gebracht, sondern zu demjenigen, der auf seinem fehlerhaften menschlichen Recht unter unrichtiger Berufung auf dessen vollkommene Genauigkeit beharrt — wie ebenfalls bereits dargetan wurde. Außerdem spricht noch die Unerklärlichkeit einer solch zusammenhanglosen verschiedenen Bedeutung des Billigen gegen die Richtigkeit der Hirzelschen Auffassung, zumal er eine Einschränkung seiner eigenen Auffassung, ohne sie zu erklären, durch MM II 1 1198 b 31 ff. (969) sieht, wo die Billigkeit als nur das fehlerhafte menschliche, nicht aber das natürliche und wahre Rechte verbessernd dargetan wird, welche Stelle nach der oben vertretenen Auffassung vom Wesen der Billigkeit sich genau passend in das arist. System einfügt. Vielmehr ist es richtig, wenn Sal. S. 72 die Billigkeit die

Der besondere Wert der spätaristotelischen Billigkeit steckt neben der Lösung der bekannten Kontroverse ferner darin, daß mit ihr nochmals mit aller Deutlichkeit die Gerechtigkeit als Ausgangspunkt, als Sollensprinzip allen Rechts aufgestellt wird. Darin besteht ja gerade die Aufgabe dieser besonderen Art der Gerechtigkeit, das menschlich gesetzte Recht an das wahre, natürliche Recht, an die ethisch vorhergegebenen, von menschlicher Satzung unabhängigen Regeln der Gerechtigkeit anzugleichen. Die ungemein hohe Bedeutung dieser Aufstellung der Gerechtigkeit als des Sollensprinzips des menschlich gesetzten Rechts kann systemathisch und methodisch nicht besser hervorgehoben werden, als es durch Aristoteles geschieht, nämlich durch die Schaffung einer besonderen Art der Gerechtigkeit, eben der Billigkeit, welche gerade die ständige Verbesserung und Ergänzung des menschlichen Rechts nach den ethisch vorhergegebenen Regeln der Gerechtigkeit zur Aufgabe hat[643]).

Gleichheit nicht in Frage stellen und den Gedanken der Gleichheit nicht durch die Billigkeit verändern läßt. Dagegen ist es wiederum unrichtig, wenn er unter Verkennung der von A. selbst ausdrücklich hervorgehobenen Identität der Billigkeit und der G. den Gedanken der Gleichheit für die Billigkeit als „abseits" stehend ansieht.

[643]) Das diese theoretisch aufgestellte Bindung des menschlichen Rechts vermittelst der Billigkeit an ein — wenigstens in der Mehrzahl der Fälle — gerechteres Recht auch praktisch durchaus möglich ist, zeigen nicht nur die in Griechenland (vgl. Hirzel I S. 58f.) und Rom bekanntlich gebildeten Billigkeitsrechte, sondern auch das bis heute in England geltende Equity-Law; zur Verwendung des Begriffs der Billigkeit in späterer Zeit vgl. Binder S. 403ff. Im heutigen deutschen Recht ist die Billigkeit als Rechtsquelle fast ganz zurückgedrängt. Nur ganz gelegentlich gibt es eine aequitas scripta, eine gesetzlich zugelassene, vom geschriebenen Recht abhängige Billigkeit z. B. in § 829 BGB. Sie ist also nur mehr auf das Schadensersatzrecht angewandt. In noch mehr verblaßter Form findet sich die Billigkeit in den §§ 847, 1300 BGB. Abgesehen von dieser Zurückdrängung der Billigkeit wird sie dagegen weitgehend unbewußt in ungezählten Fällen sowohl in Gesetzgebung wie Rechtsprechung wie Rechtswissenschaft ständig angewandt. Dem Institut der ungerechtfertigten Bereicherung der §§ 812ff. BGB, welche die durch die Abstraktion der dinglichen Rechtsgeschäfte entstandenen Ungerechtigkeiten beseitigt, liegt letztlich ebensosehr die Billigkeit zugrunde (vgl. Palandt Einf. 1 vor § 812; Enneccerus — Lehmann § 220 I, welcher diese „billige Ordnung" unter Berufung auf Stammler mit den Grundsätzen des „richtigen Rechts" in Beziehung bringt), wie etwa der Betriebsrisikolehre, der Lehre von der straflosen Nachtat, die unabhängig oder sogar gegen das gesetzte menschliche Recht die G. zu verwirklichen suchen. Ebenso ist schließlich der in § 242 BGB zum Ausdruck kommende Grundsatz von Treu und Glauben eine Auswirkung der Billigkeit, so daß § 242 zutreffend heute sogar als Eingangsstelle des Naturrechts in das positive Recht bezeichnet wird (vgl. Palandt § 242 Anm. 1). Diese Beispiele könnten um unzählige vermehrt werden. Ist doch schließlich ein nicht geringer Teil der in den Kommentaren und Lehrbüchern wie auch in der Rechtsprechung am positiven Recht geleisteten juristischen Arbeit der Ausdruck des Bemühens, das positive Recht zu einer möglichst gerechten Anwendung zu bringen, es also an dem Maßstab eines vorhergegebenen richtigeren Rechts zu orientieren.

Im Gegensatz zum Positivismus wird von Aristoteles somit durch die Billigkeit nochmals ausdrücklich ein vorhergegebenes, nicht menschlich gesetztes Recht anerkannt. Hierbei zeugt es gerade von der tiefen Einsicht des Aristoteles, daß er dieses Vorhergegebensein des Rechts unabhängig von menschlicher Satzung und das Gleichbleiben desselben in der Mehrzahl der Fälle trotz der ihm als Empiriker besonders stark in das Bewußtsein tretenden Unvollkommenheit aller Festsetzung dessen, was Recht ist, erkannte und ausdrücklich verteidigte. Damit tritt er außer zum Positivismus auch in einen grundsätzlichen Gegensatz zum ethischen und rechtlichen Relativismus.

Als vielleicht in ihrer Neuartigkeit bedeutsamste Entdeckung des Aristoteles ist dagegen die den Hauptteil der Billigkeit ausmachende methodische Ausgestaltung derselben anzusehen. Diese methodische Ausgestaltung zeigt sich insbesondere darin, daß Aristoteles erstmalig ein besonderes juristisches Erkenntnisvermögen, die γνώμη, aufstellt. Es findet sich damit hier erstmalig ausdrücklich der Ansatz einer erst in jüngster Zeit wissenschaftlich wieder von Bedeutung gewordenen juristischen Logik. Indem Aristoteles ein spezifisches Erkenntnisvermögen für eine Art der Gerechtigkeit, nämlich die hierfür bedeutsamste, die Billigkeit, schaffte, stellte er damit, nämlich mit der Schaffung der γνώμη und ihrer wissenschaftlichen Einarbeitung, erstmalig das Subjekt einer juristischen Logik auf. Aristoteles ist daher als der Begründer der juristischen Logik anzusprechen. Obwohl er dabei noch nicht ein in seinen Einzelheiten ausgearbeitetes System der juristischen Logik bringt, so ergeben doch die Definitionen der γνώμη und der Billigkeit, die Beispiele ihrer Anwendung sowie weitere rechtsmethodisch bedeutsame Stellen ganz deutlich und übereinstimmend die Grundzüge, welche Aristoteles als für das juristische Denken maßgeblich ansah.

Hierbei ist insbesondere der grundsätzliche Ausgangspunkt des Aristoteles schon rechtsmethodisch höchst bedeutsam: die Erkenntnis und Zugrundelegung der für die Geisteswissenschaften charakteristischen notwendigen Unvollkommenheit, der Mangelhaftigkeit der Versuche, die Regeln der Ethik und des Rechts festzulegen, die Unmöglichkeit einer vollkommenen Genauigkeit, der Akribie in Recht und Ethik. Dabei bezieht sich diese in der Natur der Ethik und des Rechts begründete Unmöglichkeit sowohl auf die Richtigkeit wie die Vollständigkeit der von menschlicher Seite aufgestellten Regeln. Dieser fundamentale Ausgangspunkt erweist nicht nur den Positivismus als unrichtig, sondern ist auch für die Rechtsmethodik höchst bedeutsam. Er stellt diese nicht nur von vorneherein auf ein dem Positivismus entgegenstehendes Fundament, das im Gegensatz zu diesem ein vorhergegebenes und ideell existierendes, nicht aber das bloß materielle der Macht ist, sondern wird auch für den Inhalt der Rechtsmethodik höchst bedeutsam, indem von diesem Ausgangspunkt z. B. die sogenannte Begriffsjurisprudenz schon im Ansatz als unrichtig erscheint. Die grundsätzliche methodische Erkenntnis der lediglich bedingten Richtigkeit des menschlichen Rechts bedeutet keineswegs eine Herabwürdigung desselben [644]), sondern vielmehr die richtige grundsätzliche Einstufung desselben in die Wissenschaften, in welchen die Akribie der Natur der Sache nach unmöglich ist. Damit wird schon im Ausgangspunkt jeder Rechtsmethodik die positivistische Auffassung von der alleinigen Geltung und von der Lückenlosigkeit des menschlichen Rechts ausgeschaltet und damit eine auch heute sehr bedeutungsvolle und moderne Auffassung vertreten [645]).

Es bleibt jedoch nicht bei dieser Grunderkenntnis der juristischen Methodenlehre, sondern Aristoteles zieht aus ihr in höchst geschickter Weise die ihrer grundsätzlichen Bedeutung für die Rechtsmethodik adäquate Konsequenz, indem er nämlich diese Erkenntnis nicht nur in Einzelfällen anwendet, sondern als verwirklichendes Element dieser Erkenntnis in rechtsmethodisch höchst bedeutsamer Weise eigens eine besondere Art der Gerechtigkeit, nämlich die Billigkeit, schafft, welche als Art der Gerechtigkeit genau die gleiche Berechtigung wie diese hat und keinen Widerspruch zu dieser darstellt, sondern das rechtsmethodische Mittel zur Beseitigung der Folgen der Unmöglichkeit der Akribie in Ethik und Recht und damit die Wiederherstellerin der im menschlichen Recht notwendig teilweise verloren gegangenen Gerechtigkeit ist.

Neben diesen Ausgangspunkt der aristotelischen Rechtsmethodik tritt als zweiter bedeutsamer mit dem ersten verbundener Grundsatz der, daß sich die Rechtsmethodik und damit auch die juristische Logik an einem vorhergegebenen objektiven Wert orientiert. Es erscheint als eine Bestätigung obigen Satzes, daß Aristoteles als der Begründer der juristischen Logik anzusprechen ist, wenn er in innerlichen Zusammenhang mit dem Umstand, daß die Logik auf den Wert des Wahren geht, das Subjekt der juristischen Logik, die γνώμη, und die sie anwendende Tugend, die Billigkeit, mit der W a h r h e i t verbindet [646]). Dieser objektive Wert der Wahrheit ist auf dem Gebiet des Rechts auf das w a h r s e i e n d e R e c h t, das mit dem natürlichen

[644]) Wie bereits erwähnt sah A. den νόμος und hiermit auch das menschlich gesetzte Recht als für die Schulung der γνώμη wichtig an.

[645]) So sagt Palandt (Danckelmann) Anm. 1 zu § 242 ganz im arist. Sinne, der modernen Rechtsanwendung läge „die Erkenntnis der notwendigen Lückenhaftigkeit jeder Menschensatzung" zugrunde, und davon ausgehend, von diesem Standpunkt sei der Grundsatz von Treu und Glauben Eingangsstelle für neue Rechtsgedanken, insb. des „Naturrechts" in das positive Recht, wogegen dieser Grundsatz „für den Positivismus, der von der Lückenlosigkeit der von ihm geschaffenen Rechtsregel ausging", „ein (ungern gemachtes und auf möglichst engen Raum verwiesenes) Zugeständnis eigener Schwäche" gewesen sei.

[646]) Vgl. oben S. 177 Anm. 560.

Recht identisch ist, gerichtet[647]). Wie die Wahrheit und das natürliche Recht objektive, vorhergegebene geistige Werte darstellen, so entwickelte Aristoteles die auf die Verwirklichung dieser Werte gerichtete Tugend, die Gerechtigkeit, ja auch unabhängig von irgendeiner menschlichen Satzung, sondern vielmehr von der geistigen, aber realen Idee der Ethik, von der sittlichen Eudämonie her.

Dieser zweite charakteristische grundsätzliche Ausgangspunkt der aristotelischen Rechtsmethodik, der Ausgang vom ideell vorhergegebenen Recht, wird andererseits ergänzt durch den dritten Grundsatz der aristotelischen Rechtsmethodik, nämlich den, daß sich die an der vorhergegebenen Rechtsidee orientierte Gerechtigkeit und zwar insbesondere in Form der Billigkeit auf den besonderen Einzelfall, also auf die unterschiedliche, individuelle Mannigfaltigkeit des wirklichen Lebens richtet[648]). In der Verwirklichung und Auffindung der vorhergegebenen Rechtsidee im und für den einzelnen Fall besteht die Aufgabe der Gerechtigkeit und der juristischen Methode.

Wie dies nun methodisch im einzelnen geschieht, hat Aristoteles bei der Darstellung der γνώμη nicht besonders geschildert. Dies war auch nicht mehr notwendig, da sich die die Anwendung der γνώμη enthaltende Billigkeit lediglich als eine Art der Gerechtigkeit darstellte, die aber bereits vorher von Aristoteles besprochen wurde[649]). Hierbei ergab sich aber die nähere methodische Ausgestaltung der zweiseitigen Beziehung der Rechtsmethodik einerseits zur geistigen Rechtsidee, andererseits zur mit dem Materiellen eng verbundenen Lebenswirklichkeit insbesondere bei Behandlung der besonderen Gerechtigkeit.

Der Grundsatz der juristischen Methodik, welcher die Rechtsidee mit der Lebenswirklichkeit in der richtigen Weise verbindet, ist nämlich der der Normativität. Diese normative Methode stellt nicht nur die Verbindung der Rechtsidee mit der Lebenswirklichkeit dar, sondern bringt diese auch in das richtige juristische Wertverhältnis, das nämlich in der Bewertung der Lebenswirklichkeit aus der Rechtsidee heraus besteht. Die Rechtsidee, die Gerechtigkeit, ist also der Ausgangspunkt, das Kriterium der ethischen Rechtsregel, des Rechtssatzes, während die Lebenswirklichkeit lediglich ihr Gegenstand ist[650]).

---

[647]) Vgl. oben S. 177 Anm. 560.

[648]) Vgl. von Hippel I S. 55: „Der Rationalist übersieht, daß die Rechtsbegriffe sich auf eine wirkliche Welt beziehen".

[649]) Vgl. oben S. 130.

[650]) Das Gleiche sagt v. Hippel S. 64: „Denn das Wesen des Rechts wird durch den Normgedanken bestimmt, und die Norm bezieht sich wohl auf die natürliche Welt, folgt aber nicht aus ihr". Das Gleiche meint Lehmann — wenn er es auch nicht mit der gleichen Prägnanz ausspricht —, wenn er S. X einerseits sagt: „Möglichst gerecht den Fall entscheiden, das ist in allem das Leitziel" und andererseits: „Die Kunst des Juristen besteht .... darin, ... das Recht aus den angeschauten Dingen, aus der greifbaren Wirklichkeit des frischen Lebens herauszuholen".

In der Normierung, der Bewertung der Lebenswirklichkeit durch die Rechtsidee besteht das Wesen der der aristotelischen juristischen Logik zugrundeliegenden normativen Methode.

Die normative Methode erfaßt nun ihren Ausgangspunkt und ihren Gegenstand — und hierin findet die Beziehung der Rechtsmethodik auf die Rechtsidee und auf die Lebenswirklichkeit erneut eine methodische Verwirklichung — wiederum durch zwei weitere methodische Hilfsmittel, nämlich die Teleologie und die vergleichende Unterscheidung der Lebenswirklichkeit.

Die Teleologie richtet die Rechtsnorm, die Rechtsregel, auf den Endzweck der Ethik, die Verwirklichung der im rechtlich ethischen Wert[651]) bestehenden Eudämonie.

Die vergleichende Unterscheidung dagegen erfaßt das Objekt der Norm, die Lebenswirklichkeit, die natürliche Welt, in der für die juristische Methodik erforderlichen tiefen Einsicht in die mannigfaltige Individualität desselben. Dies geschieht bei Aristoteles insbesondere in der Verwendung verschiedener Gleichheitsbegriffe. Dabei ermittelte die Teleologie den sachlichen Gesichtspunkt für die vergleichende Unterscheidung.

Neben diesen Grundzügen einer juristischen Methodik und Logik finden sich bei Aristoteles noch zahlreiche einzelne systematisch nicht erfaßte rechtsmethodische Gesichtspunkte, von denen als Beispiele neben den oben bereits geschilderten[652]) u. a. folgende erwähnt seien.

Als Vertreter der Immanenzlehre nimmt Aristoteles für die Feststellung von ethischen Begriffen häufig in empirischer Weise den Sprachgebrauch zur Hilfe, wie dies bereits im einzelnen für den Aus-

---

651) Sei dies im Sinne der rechtlichen Individualeudämonie der bes. G., sei es im Sinne der rechtlichen Sozialeudämonie der allg. G., so daß durch den letzteren Rechtswert auch die vom Standpunkt der bes. G. an sich irrelevanten Normen erfaßt werden; vgl. unten S. 161. Eine ebensolche Betonung der Teleologie bringt richtigerweise Binder S. 197ff. unter Berufung auf Radbruch. Er tritt aber trotzdem gerade in diesem Punkte zur arist. Lehre in schärfstem Gegensatz, wenn er — zwar unter zutreffender Widerlegung der formalen Rechtslehre Labands, Kelsens usw. — den teleologischen Begriff des Rechts S. 899 lediglich als „Zweckeinrichtung" erklärt, die bestimmt sei, „empirische Zwecke der sozialverbundenen Menschen ... zu verwirklichen", und S. 819ff. das Recht aus der Ethik herauslöst, sowie als selbstverständliche Folgerung daraus S. 421 keine Berechtigung zur Höhersetzung eines idealen Rechts über die positive Rechtsordnung anerkennt. Damit geht der Sinn der in der Form, im Geistigen, in der sittlichen Eudämonie und schließlich in der reinen Form gipfelnden arist. Teleologie gänzlich verloren. Die arist. Teleologie ist im Gegensatz zur in Wahrheit bloß utilitaristischen Binders eine ethische, die den Menschen in seiner ganzheitlichen Natur faßt. Daher kennt A. auch die Billigkeit als ein nicht nur Lücken ausfüllendes, sondern sogar besseres Recht als das menschliche Recht. Deshalb baut sich seine Rechtsphilosophie ganz von der Tugend der G. her auf und in die Ethik ein.

652) Vgl. oben S. 127f.

gang der Begriffsklärung der Gerechtigkeit dargetan wurde. Damit findet Aristoteles ein auch heute durchaus beachtenswertes rechtsmethodisches Mittel, das insbesondere dann wertvoll ist, wenn etwa z. B. die normative Methode wegen des Nichtvorhandenseins einer klaren Rechtsfolge nicht möglich ist [653]).

Ein weiteres Beispiel für die durchaus moderne juristische Methodik bildet die bei Behandlung der ausgleichenden Gerechtigkeit vorzufindende wirtschaftliche Auffassung des Aristoteles, die in auffallender Parallele zu der modernen wirtschaftlichen Betrachtung des Instituts der ungerechtfertigten Bereicherung in den §§ 812ff. BGB keinen formalistisch eingeschränkten, sondern rein wirtschaftlichen Vermögensausgleich durch die die gesamte ungerechtfertigte Vermögensverschiebung erfassenden Begriffe des Vorteils und Nachteils bezweckt.

Ferner erschien rechtsmethodisch sehr bedeutsam die ethische Begründung auch der ethisch an sich irrelevanten nicht vorhergegebenen Normen der allgemeinen Gerechtigkeit durch die letztere sowie überhaupt die rechtsmethodisch wertvolle Begründung der Sozialethik in der Gemeinschaftseudämonie, die auch zur ethischen Begründung der Rechtssicherheit und des Verkehrsschutzes geeignet ist. Außerdem ergab die allgemeine Gerechtigkeit durch die Verbindung zweier Tugendgebote, nämlich des Individual- und des Sozialtugendgebotes, bereits eine durchaus brauchbare Lösung des Problems der Konkurrenz zweier Gebote der Ethik und des Rechts.

Neben diesen grundsätzlichen rechtsmethodischen Regeln stehen solche für einen engeren Kreis wie z. B. die, daß nicht der Wortlaut, sondern der Sinn entscheidet, daß mit Wegfall der ein Gesetz begründenden Umstände auch das Gesetz selbst entfällt [654]).

Zusammenfassend kann daher neben der bereits erwähnten rechtsphilosophischen Bedeutung der Billigkeit festgestellt werden, daß Aristoteles in Form des spezifischen Erkenntnisvermögens der Billigkeit, der γνώμη, die juristische Logik und die juristische Methodenlehre begründete, welche von ihm — wenn auch infolge der ganz anderen Fragestellung seiner Vorlesungen nicht in systematischer Weise — in erstaunlich treffender Weise in ihren Grundzügen bereits festgelegt und in vielen bedeutungsvollen Einzelheiten schon ausgefüllt wurde. Aristoteles hat damit einen in seiner grundsätzlichen Bedeutung

---

[653]) Z. B. kann die Frage, wem die sogen. Organisationsgewalt zustehen soll, nicht allein von der normativen Methode her entschieden werden, weil der Inhalt der Organisationsgewalt gar nicht hinreichend feststeht. Aus der Rechtsfolge (etwa: „... steht die Organisationsgewalt zu"), kann also nicht der Tatbestand (etwa: „Dem Bundespräsidenten ..." oder „Dem Bundesrat ..." oder „Dem Bundestag ..." usw.) bestimmt werden. Hier muß vielmehr erst empirisch geklärt werden, was der juristische Sprachgebrauch unter dem Begriff der Organisationsgewalt versteht.

[654]) Rhet I 15 1375 b 13ff. (102).

höchst wichtigen Zweig der Rechtswissenschaft schon vor über zweitausend Jahren begründet und in zutreffender Weise ausgestaltet, der erst in jüngster Zeit wieder aufgenommen und in seiner Besonderheit gegenüber der Methodik anderer Wissenschaften erkannt wurde[655]).

d) Die durch die Aufgabe des idealistischen Gerechtigkeitsbegriffs erfolgte Verlagerung des materiellen ethischen Gehalts in die methodische Seite des spätaristotelischen empiristischen Gerechtigkeitsbegriffs.

Der spätaristotelische Gerechtigkeitsbegriff stellte sich demnach auf der ganzen Linie als ein aus dem Sprachgebrauch entwickelter empiristischer dar. Aus der gleichsam inneren früharistotelischen Gerechtigkeit ist eine gleichsam äußere, die Beziehung zum Mitmenschen als wesentliches Begriffsmerkmal enthaltende Gerechtigkeit geworden. Sie teilte sich in drei verschiedene Arten auf. Die erste schaffte in Form der allgemeinen Gerechtigkeit den Bereich der Sozialethik. Die zweite diente als besondere Gerechtigkeit der inhaltlichen Bestimmung des Gerechten im Rechtsverkehr. Das für diese empiristische äußere Gerechtigkeit charakteristische Begriffselement der Beziehung zum anderen, zum Mitmenschen, erklärte sich dabei — um bei den genannten Worten zu bleiben — bei ersterer aus dem Wortbestandteil der Sozialethik, bei letzterer aus dem des Rechtsverkehrs. Die dritte Art der Gerechtigkeit, nämlich die Billigkeit, war schließlich keine neben den genannten stehende völlig neue Art der Gerechtigkeit, sondern sie überschnitt sich mit diesen teilweise. Sie war mit ihnen an sich identisch und unterschied sich von ihnen lediglich dadurch, daß sie sich auf die Verbesserung des menschlich gesetzten Rechts richtete, insoweit es den Regeln der Gerechtigkeit widerspricht.

Diesem spätaristotelischen Gerechtigkeitsbegriff, welcher den früharistotelisch-platonischen lediglich beiläufig als eine Gerechtigkeit im übertragenen Sinne mitumfaßte, ist — wie die vorherigen Ausführungen im einzelnen ergaben — der materielle ethische Gehalt des letzteren weitgehend verloren gegangen. Er stellte nicht mehr die Verkörperung der universalen Hierarchie der Werte dar, sondern enthielt ganz andere Begriffselemente. Diese Begriffselemente reichten aber weitgehend allein nicht mehr zur Bestimmung des Gerechten aus. Es mußten andere, im Begriff der Gerechtigkeit selbst, also analytisch, nicht mehr enthaltene weitere Begriffe hinzugenommen werden, so z. B. bei der allgemeinen Gerechtigkeit der νόμος, bei der besonderen Gerechtigkeit der Begriff der ἀξία und überhaupt die im Gerechtigkeitsbegriff nicht enthaltene Bestimmung, welche der Arten der besonderen Gerechtigkeit überhaupt zur Anwendung

655) Vgl. Engisch; Binder S. 891, 897.

kommen soll, bei der Billigkeit schließlich diese beiden nicht voll ausreichenden beiden ersten Arten der Gerechtigkeit. Der Begriff der Gerechtigkeit allein sagte also nicht mehr hinreichend, was gerecht und damit was Recht ist. Der materielle ethische Gehalt des spätaristotelischen Gerechtigkeitsbegriffs steckte vielmehr vorwiegend in der methodischen Seite, was sich insbesondere bei der besonderen Gerechtigkeit und der Billigkeit zeigte. Lediglich der Begriff der allgemeinen Gerechtigkeit, der ebenfalls methodisch höchst bedeutsam war, erhielt durch die ethische Begründung in der Gemeinschaftseudämonie einen über den methodischen Wert hinausgehenden materiellen ethischen Wert, der in Verwandtschaft zu dem der φιλία trat. Trotzdem erwies sich auch der Begriff der allgemeinen Gerechtigkeit wie der der besonderen Gerechtigkeit teilweise als formeller und allein zur Feststellung des Richtigen nicht ausreichender Begriff.

Auf dieser methodischen Seite hat Aristoteles allerdings in ihrer rechtsphilosophischen und ethischen Bedeutung gar nicht hoch genug zu würdigende Grundsätze entwickelt, welche die durch Aristoteles vollzogene Wende zu einer gedanklich wissenschaftlichen Vernunfterkenntnis ganz besonders deutlich aufzeigen. Die Entwicklung dieser methodischen Grundsätze stellt eine wertvolle Fortentwicklung des Gerechtigkeitsbegriffs dar, die ebenfalls einen eminenten materiellen ethischen Gehalt enthält. Trotzdem vermag dies aber nicht die Tatsache zu beseitigen, daß der materielle ethische Gehalt des spätaristotelischen empiristischen Gerechtigkeitsbegriffs im wesentlichen auf diese methodische Seite übergegangen und damit aber auch auf diese Seite beschränkt ist. Diese Verlagerung des ethischen und rechtsphilosophischen Gehaltes des spätaristotelischen Begriffs der Gerechtigkeit entspricht der veränderten aristotelischen Ideenlehre. Die Ablehnung einer transzendenten Idee als eines unmittelbaren Ausgangspunktes der Ethik und des Rechts, die alleinige Bestimmung der Ethik aus der dem Individuum immanenten Idee des Menschen und dem menschlichen höchsten ethischen Gut hat mit einer gewissen Zwangsläufigkeit diese Loslösung des Begriffs der Gerechtigkeit als solchen von einer Werteschau, die auf über die Idee des Menschen hinausgehende transzendente Werte gerichtet ist, zur Folge, wie auch die Hinwendung zu und stärkere Betonung der in der Idee des Menschen deutlicher zu Tage tretenden methodischen Werte.

Trotzdem kommt die aristotelische Ethik hinsichtlich der Gerechtigkeit zum gleichen Endergebnis wie die platonische Philosophie, denn auch Aristoteles' Ethik hat die Verwirklichung des sittlichen Guts zum Ziel, das schließlich in der ethischen Teleologie auch nur den höchsten Zweck dient. So verwandte Aristoteles ja auch — wie bei der Erörterung der einzelnen Arten der Gerechtigkeit bereits näher ausgeführt wurde — zur Bestimmung der Gerechtigkeit im einzelnen die dieser ethischen Teleologie entsprechenden Kriterien, s. z. B.

bei der allgemeinen Gerechtigkeit die guten Gesetze, bei der austeilenden Gerechtigkeit die Tugend usw.

Dies alles kann aber nicht die Tatsache beseitigen, daß der Begriff der Gerechtigkeit als solcher allein nicht mehr diesen ethischen Inhalt verwirklicht und deshalb weitere Begriffe zur Feststellung des ethisch und rechtlich Richtigen benötigt werden.

Der materielle ethische Gehalt des in seinen Einzelheiten im Vorherigen dargestellten spätaristotelischen Gerechtigkeitsbegriffs an sich hat sich damit vorwiegend auf die methodische Seite verlagert und auf diese beschränkt. Dieser methodische Gehalt des spätaristotelischen Gerechtigkeitsbegriffs ist von Aristoteles jedoch auf eine ganz erstaunliche Höhe gebracht worden.

D. Die Gerechtigkeit als das naturrechtliche Sollensprinzip des Rechts und das hieraus folgende rechtsphilosophisch orientierte Rechtssystem des Aristoteles.

Im Vorherigen ist der aristotelische Gerechtigkeitsbegriff nach einer Darstellung seiner Entwicklung in seinem Wesen und seiner hieraus folgenden Bedeutung geschildert worden. Und zwar folgte hierbei auf die Erörterung einerseits des genus proximum des Gerechtigkeitsbegriffs andererseits die seiner differentia spezifica. Die Gerechtigkeit definierte sich nämlich als eine Tugend, also als eine vorsätzliche dauernde auf die Verwirklichung der ethischen Teleologie gerichtete Beschaffenheit, welche der Gemeinschaftseudämonie wegen den νόμος erfüllt, welche im Rechtsverkehr (im weitesten Sinne) nach der richtigen Proportion das Gleiche erstrebt und welche schließlich auf die Verbesserung und Ergänzung des gegen diese Regeln der Gerechtigkeit verstoßenden menschlichen Rechts gemäß den genannten Regeln gerichtet ist.

Die Form dieser Verhaltensweise, der die Gerechtigkeit ausmachende Habitus entstand nun in ihren bzw. seinen Regeln, in der Definition, unabhängig von einer menschlichen Rechtssatzung. Er begründete und bestimmte sich inhaltlich vielmehr aus der ethischen Teleologie, aus dem höchsten menschlichen Gut, der sittlichen Eudämonie. Damit ergeben sich sowohl Begründung wie Bestimmung der Gerechtigkeit aus der geistigen Form, der Idee des Individuums, unter Berücksichtigung seiner stofflichen Seite und damit aus der wahren ganzheitlichen Natur des Menschen. War bereits die platonische Gerechtigkeit in dem Sinne eine natürliche, als sie die der wahren Natur des Menschen entsprechende Seelenharmonie herstellte, selbst wenn sich diese lediglich als Nachbild der als Vorbild dienenden transzendenten Idee darstellte, so ist die spätaristotelische Gerechtigkeit in einem noch stärkeren Maße als natürliche anzusehen, denn sie bestimmt sich unmittelbar nur aus der menschlichen Natur, nämlich der dem Stofflichen immanenten Idee. Dies wird umso evidenter, als Aristoteles auch gar nicht — wie eingangs bereits gesagt wurde — ein objektives Normensystem, sondern — ganz eng vom Menschen und seiner Natur ausgehend — die Tugend als menschliche Verhaltensweise zum Hauptgegenstand seiner Ethik macht.

Ist demnach die Gerechtigkeit nicht die objektive Norm, sondern vielmehr der dieser Norm entsprechende Habitus, so entsteht nunmehr auf die Klärung des Begriffs der Gerechtigkeit hin die Frage nach der objektiven Norm, nach dem Recht (τὸ δίκαιον) und nach seinem Verhältnis zur Gerechtigkeit. Es wird daher im folgenden zunächst das aristotelische Rechtssystem ermittelt werden, woraufhin die gedankliche Verbindung der Gerechtigkeit mit diesem Rechtssystem vorgenommen werden kann.

Wie aus der auf die Tugend, nicht aber die objektive Norm gehenden Fragestellung folgt, geht Aristoteles nicht primär von einem Rechtssystem aus. Dieses findet sich vielmehr beiläufig und lediglich in seinen Grundzügen in den aristotelischen ethischen Lehren.

Zwar denkt Aristoteles auch an ein Recht, das sich nicht nach den Grundsätzen der Ethik richtet, weil es nicht der zweiten Philosophie vom bewegten, sondern vielmehr der ersten Philosophie vom unbewegten Sein angehört. Während das Recht (gemeint ist das der Ethik angehörende Recht) der Bewegung unterworfen ist [1]) — so sagt er nämlich — findet sich jedoch bei den Göttern in keiner Weise derartiges [2]), also keinerlei Bewegung. Demnach wäre also das Recht der Götter nicht dem den gesamten aus Form und Stoff bestehenden Kosmos beherrschenden Gesetz der Bewegung unterworfen und gehörte demnach der Philosophie vom unbeweglichen Sein, damit aber nicht mehr der Ethik an.

Das für den Menschen geltende Recht dagegen ist ein Teil der Ethik. Es wird dementsprechend auch sowohl in der MM [3]) wie in der NE [4]) behandelt und zwar geschieht dies in erster Linie unter rechtsphilosophischen Aspekten, nämlich primär unter der Frage nach dem Geltungsgrund und dem Wesen des Rechts. Gerade diese Frage mußte ja auch auftauchen, wenn auf die nicht auf menschlicher Satzung beruhende, sondern aus der Ethik sich bestimmende Gerechtigkeit hin anschließend das Recht untersucht wurde, das ganz besonders augenscheinlich im menschlich gesetzten Recht seinen Ausdruck fand. Die unabhängig von menschlicher Satzung aus der ganzheitlichen Natur des Menschen abzuleitende ethische Verhaltensweise der Gerechtigkeit mußte auch die zentrale Frage nach dem Geltungsgrund des Rechts zur Folge haben und damit die nach der Bedeutung des menschlich gesetzten Rechts sowie die nach der Existenz eines unabhängig von menschlicher Satzung gegebenen Rechts.

Bei der Lösung dieser zentralen Frage des aristotelischen Rechtssystems und bei dessen Entwicklung kann sich Aristoteles neben seiner philosophischen Spekulation wiederum weitgehend auf Begriffe und Kontroversen stützen, die sich in Griechenland damals bereits herausgebildet hatten.

Im Gegensatz zu dem bei den Göttern zu findenden Recht — so lautet die grundsätzliche Feststellung für das aristotelische Rechtssystem — unterliegt nun das dem bewegten Kosmos und damit auch

[1]) NE V 10 1134 b 27 (154): „. . . τὰ δὲ δίκαια κινούμενα ὁρῶσιν“; vgl. auch unten S. 142 Anm. 5.

[2]) NE V 10 1134 b 28f. (154; die Rieckhersche Übersetzung ist unzutreffend): καίτοι παρά γε τοῖς θεοῖς ἴσως οὐδαμῶς; wie die obige Übersetzung auch Hirzel II S. 429; Fechner S. 46.

[3]) I 34 1194 b 30ff. (954f.).

[4]) V 10 1134 a 24ff. (152ff.).

dem Menschen zugehörige Recht dem Gesetz der Bewegung [5]). Da der Immanenzlehre — wie oben näher dargetan [6]) — auch in der Ethik gilt und infolgedessen das höchste Gut das dem einzelnen Individuum immanente menschliche höchste Gut ist, nicht aber eine transzendente Idee, hat ein außerhalb des Menschen liegendes menschliches höchstes Gut keine Realität, sondern ist ein bloßes Nomen. Das menschliche höchste Gut ist daher eng mit dem einzelnen Ding, nämlich dem Individuum, verbunden und unterliegt infolgedessen nach der aristotelischen Auffassung folgerichtig ebenso der Bewegung wie diese dem bewegten Sein zugehörigen Einzeldinge [7]). Wie Aristoteles sich diese Bewegung des Rechts vorgestellt hat, ist zunächst nicht ganz deutlich. Insofern es sich beim Recht um etwas Geistiges, vom Stoff Verschiedenes, handelt, müßte nämlich eine gewisse Unbeweglichkeit gegeben sein, denn der reine Geist, die reine Form, der göttliche νοῦς, ist unbewegt, während die Bewegung durch die Verbindung der Form mit dem Stoff entsteht [8]).

Die zeigt sich aber gerade beim Recht — als einer dem Stofflichen und dem Leben besonders nahestehenden Geisteswissenschaft — in sehr starkem Maße. Und hierbei kann sich Aristoteles abgesehen von seinen philosophischen Erwägungen insbesondere auch auf die griechische Geschichte stützen, in welcher diese Bewegung des Rechts zu einer Jahrhunderte andauernden Kontroverse geführt hatte, wie Hirzel [9]) sehr eingehend und sorgfältig dargestellt hat. Daß dieser griechische Rechtsbegriff und sein Wandel dem Empiriker Aristoteles besonders deutlich vor Augen gestanden hat, bedarf keiner näheren Darlegung. Eine kurze zusammenfassende Vergegenwärtigung der Hirzelschen Ergebnisse erscheint daher sachdienlich [10]).

Die Bewegung, der Wandel im griechischen Rechtsbegriff zeigt sich in der griechischen Geschichte am deutlichsten in dem damaligen Begriff des ἄγραφος νόμος, des ungeschriebenen Gesetzes, das sozusagen ein Schlagwort mit den verschiedensten Bedeutungen darstellte und — in einer im Rechtsleben immer wiederkehrenden, für das menschliche Recht charakteristischen Erscheinung — als Rechtsgrundlage immer dann diente, wenn das positive Recht unrichtig war oder als unrichtig erschien.

Ausgehend von einem bekannten Widerspruch in der Darstellung des ἄγραφος νόμος in der aristotelischen Rhet zeigt Hirzel, daß Ari-

---

[5]) So bereits MM I 34 1194 b 32f. (954); NE V 10 1134 b 27 (154); 1134 b 29f. (154). (Aus den gleichliegenden anderen Stellen folgt, daß diese Beckersche Lesart, nicht aber die des Marcianus „. . . μέντοι οὐ . . .“ richtig ist; 1134 b 32 (154). [6]) S. 5ff. [7]) Vgl. auch Loening S. 43f.

[8]) Vgl. hierzu eingehend die viefachen Zitate Fechners S. 1f.

[9]) I.

[10]) Dabei wird im wesentlichen auf die bedeutend ausführlicheren und gründlicheren Ausführungen Hirzels verwiesen werden, denen ein sehr umfangreiches Material zugrundeliegt.

stoteles selbst zwei verschiedene Arten des ungeschriebenen Gesetzes schildert. Einmal[11]) ist der ἄγραφος νόμος ein κοινός, also ein allgemeiner, überall anerkannter[12]), während das geschriebene Gesetz (γεγραμμένος νόμος) ein besonderes (ἴδιος), partikular innerhalb eines einzelnen Staates geltendes ist[13]). Ein ander Mal[14]) wird zwar genau so das partikular geltende dem allgemein geltenden gegenübergestellt, es wird aber nicht mehr das allgemein geltende als ungeschrieben bezeichnet, sondern vielmehr das partikular geltende in ein ungeschriebenes und ein geschriebenes Gesetz unterteilt, wobei dann das ungeschriebene einerseits als aus Gewohnheit und Sitte (τὰ ἔθη, τὸ ἔθος)[15]), andererseits als aus Billigkeit (ἐπιεικές)[16]) bestehend erklärt wird[17]). Diese letztere wird später[18]) — wo das ungeschriebene Gesetz wiederum mit dem allgemein geltenden identifiziert wird[19]) — dem allgemein geltenden gleichgestellt[20]).

Skizzenhaft stellen sich beide Auffassungen zusammengefaßt also folgendermaßen dar:

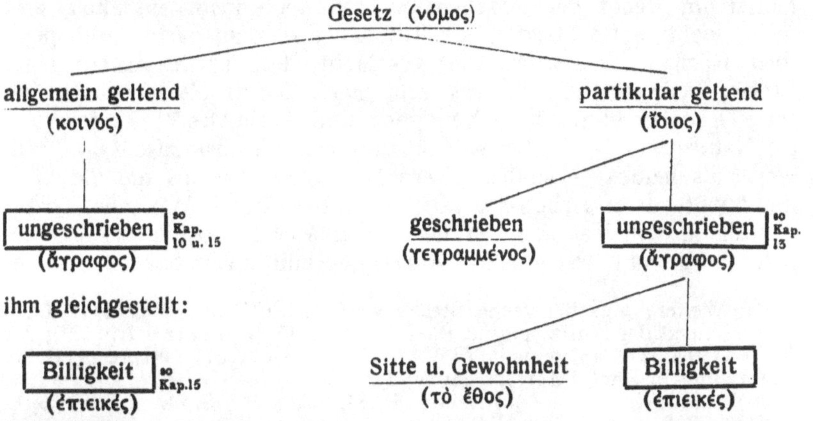

[11]) Rhet I 10 1368 b 7ff. (74). [12]) Rhet I 10 1368 b 9 (74).
[13]) Rhet I 10 1368 b 7f. (74). [14]) Rhet I 13 1373 b 4ff. (93).
[15]) Rhet I 13 1374 a 21ff. (96); Pol III 16 1287 b 8 (492); vgl. auch Hirzel I S. 4ff.
[16]) Rhet I 13 1374 a 26f. (97); Hirzel I S. 4ff.; Die Kritik Loenings S. 2 Anm. 2, an letzterer Stelle — 1374 a 18ff. (96) — sei unter dem ungeschriebenen wiederum entgegen der Hirzelschen Auffassung das allgemein geltende Gesetz zu verstehen, ist unberechtigt, denn dies beweist der von Loening hierfür zitierte angeschlossene Gegensatz „τὰ δὲ τοῦ ἰδίου νόμου καὶ γεγραμμένου ἔλλειμμα" keineswegs. Ebensogut wie nämlich die Billigkeit als allgemein geltendes Gesetz dem partikularen geschriebenen Gesetz als Ergänzung dienen kann, kann es gleichermaßen die Billigkeit als partikular geltendes Gesetz. Eine verschiedene Behandlung innerhalb des sonst übereinstimmenden gleichen Kapitels ist überdies auch unwahrscheinlich. [17]) Vgl. zu der ganzen Kontroverse Hirzel I S. 3ff.
[18]) Rhet I 15 1375 a 31f. (101). [19]) Rhet I 15 1375 a 27ff. (101).
[20]) Rhet 1375 a 32 (101); vgl. auch Hirzel I S. 9.

Diese beiden verschiedenen Auffassungen des ungeschriebenen Gesetzes und entsprechend der Billigkeit, die sich bei Aristoteles gleichzeitig finden [21] — nämlich die Unterordnung beider einerseits unter das allgemein geltende, andererseits unter das partikular geltende Gesetz —, finden sich — wie Hirzel eingehend nachgewiesen hat [22] — durchlaufend durch das gesamte Altertum.

Als Vertreter der Auffassung, daß das ungeschriebene Gesetz ein allgemein geltendes Gesetz ist (also wie Rhet I 10 u. 15) erscheinen z. B. Xenophon [23], Sophokles [24], Anaximenes [25], Demosthenes [26], Cicero [27], Philon [28], Maximus Tyrius [29], Tertullian [30], der Verfasser einer dem Johannes Chrysostomus beigelegten Rede [31], Pseudo-Archytas [32], Alkidamas [33], Empedokles [34] und schließlich — wenn auch nicht ausdrücklich — Heraklit [35]. Dieser einen Auffassung ist das ungeschriebene Gesetz, das im Gegensatz zum geschriebenen Gesetz in diesem Zusammenhang mit Hirzel [36] als Naturgesetz bezeichnet werden darf, ein allgemein geltendes Gesetz, das aber partikular im Recht der einzelnen Staaten noch nicht enthalten, also nicht positives Recht ist [37]. Es tritt daher zu dem partikularen positiven Recht in Gegensatz. Dies geschieht allerdings in verschiedener Weise. Teilweise gilt das ungeschriebene Gesetz als göttliches Gesetz — so bei Heraklit [38], Xenophon und Sophokles [39] —, teilweise als Naturgesetz — so bei Anaximenes und Demosthenes [40] —, teilweise als beides — so bei Cicero [41] —, teilweise als die die Welt durchwaltende stoische recta ratio — so bei Philon, Maximus Tyrius, Tertullian, dem Verfasser der dem Johannes Chrysostomus zugerechneten Rede und Pseudo-Archytas [42], — und zwar bei allen mehr

---

[21]) Weitere dies belegende Stellen sind: NE VIII 15 1162 b 21 ff. (256) entsprechend der Auffassung in Rhet I 10 und 15; vgl. Hirzel I S. 12 f.; NE X 10 1180 a 35 ff. (319) und Pol VI 5 1319 b 40 ff. (637) entsprechend der Auffassung in Rhet I 13; vgl. Hirzel I S. 13.

[22]) I S. 13 ff. [23]) Hirzel I S. 23 f. [24]) S. 24.

[25]) S. 24 f. [26]) S. 25 f.

[27]) S. 26 f; Cicero tritt jedoch auch als Vertreter der gegenteiligen Auffassung auf; vgl. Hirzel I S. 14.

[28]) S. 27. [29]) S. 27. [30]) S. 27. [31]) S. 27.

[32]) S. 27.

[33]) S. 28.

[34]) S. 28. [35]) S. 27 f.

[36]) I S. 28 ff.

[37]) S. 28 f.; die von Hirzel S. 29 zur Gegenüberstellung verwandten Ausdrücke sind zwar verständlich, aber rechtsphilosophisch nicht ganz haltbar, so wenn er diese allgemein geltenden aber im partikularen positiven Recht nicht enthaltenen Gesetze als ideale den realisierten gegenüber stellt und sie als bloße Norm für sein sollende Gesetze bezeichnet. Denn auch das allgemein geltende Gesetz **ist** Gesetz und als solches und als tatsächlich existente geistige Ordnung **real**. Inhaltlich sind die Hirzelschen Ausführungen allerdings durchaus zutreffend.

[38]) S. 27. [39]) S. 23 f. [40]) S. 24 ff. [41]) S. 26 f.

[42]) S. 27.

oder weniger als das ursprüngliche seit alther bestehende und zu bewahrende göttliche oder Naturgesetz.

Dieser gleichsam konservativen Richtung[43]) tritt dann innerhalb derselben Grundauffassung eine gleichsam revolutionäre Richtung, die im Naturgesetz zwar auch ein allgemein geltendes und nicht ein partikulares positives Recht sieht, entgegen, die aber dieses Naturgesetz nicht als alte Ordnung, die zu bewahren ist, ansieht, sondern vielmehr als eine der bisherigen Ordnung entgegengesetzte, aber im Namen der Natur erhobene neue Forderung, wenn z. B. Alkidamas Freiheit und Gleichheit der Menschen und Empedokles kein Lebendiges zu töten fordern[44]), welche Gebote in den bisher bestehenden Rechtsordnungen der Griechen — und auch in den von den Göttern abgeleiteten — ausdrücklich nicht enthalten waren.

Beide Richtungen — also sowohl die konservative wie die revolutionäre — stimmen aber darin überein, daß das ungeschriebene Gesetz — sei es in Form des göttlichen, sei es in Form des Naturgesetzes — zwar ein allgemein geltendes ist, daß es aber im partikularen positiven Recht keinen Niederschlag gefunden hat[45]).

Dieser einen Auffassung tritt die andere gegenüber, welche im ungeschriebenen Gesetz eine Art des partikular geltenden Rechts sieht (also wie Aristoteles Rhet I 13). Diese letztere Auffassung wird beispielsweise vertreten von den römischen Juristen, z. B. Ulpian[46]), Hermogenian[47]) und wahrscheinlich auch Gaius, wie es sich aus den auf diesen zurückzuführenden Institutionen Justinians ergibt[48]), ferner von Cicero[49]) und Paulus[50]). Bei allen diesen ist das ius non scriptum (genau so wie Aristoteles Rhet I 13) mit dem ius scriptum zusammen nur eine Unterart des ius civile oder nostrum und hat mit dem ius naturale oder ius gentium nichts zu tun[51]). Ferner erscheinen als Vertreter dieser Auffassung Artemidor[52]), Hierokles[53]) und Philon[54]) — der aber (genau so wie Aristoteles), wie oben ausgeführt, auch die andere Auffassung vertrat —, Thukydides[55]), Plutarch[56]), Hippias bei Xenophon[57]). Schließlich findet sich diese Auffassung des ungeschriebenen Gesetzes auch bei Platon[58]), der sich aber dabei streng an den nach seiner eigenen Angabe damals gerade üblichen Sprachgebrauch hielt[59]), obwohl er philosophisch — wie schon ausgeführt — auch eine transzendente Idee des Gerechten und damit auch allgemein geltende ungeschriebene Gesetze kennt. Es ergibt sich demnach folgende Übersicht:

---

[43]) Hirzel I S. 28. [44]) S. 28f. [45]) S. 28f.
[46]) Dig. I 1, 6; Hirzel I S. 14. [47]) S. 15 Anm. 1.
[48]) I 2, 3ff.; Hirzel I S. 14. [49]) S. 14f.
[50]) Dig. I 3, 36; Hirzel I S. 15. [51]) S. 14ff. [52]) S. 16.
[53]) S. 16. [54]) S. 16ff.
[55]) Hirzel I S. 20f. [56]) S. 18f. [57]) S. 23f., S. 29.
[58]) S. 19f. [59]) S. 20 Anm. 5.

Ungeschriebenes Gesetz
als

partikular geltendes natürliches oder göttliches Gesetz	allgemein geltendes, nicht aber partikular geltendes natürliches oder göttliches Gesetz	
	konservative Richtung	revolutionäre Richtung
Ulpian Hermogenian Gaius Paulus Artemidor Hierokles Thukydides Plutarch Hippias	Heraklit Xenophon Sophokles Anaximenes Demosthenes Maximus Tyrius Tertullian Verf. der dem Johannes Chrysostomus beigelegten Rede Pseudo Archytas	Alkidamas Empedokles

Cicero
Philon
I 13 Aristoteles I 10, 15

Diese Übersicht zeigt, daß der Begriff des Rechts im Altertum durchaus kein unveränderlicher war, sondern daß sich vielmehr zur Ergründung des wahren Rechts — und darum geht es ja gerade bei dem hierfür im Altertum vorzüglich verwandten Begriff des ungeschriebenen Gesetzes — sogar schon verschiedene Theorien und damit verschiedene Richtungen herausgebildet hatten. Die Tatsache, daß häufig ein und dasselbe Gebot im Verlaufe der griechischen Geschichte von den verschiedenen Vertretern dieser oben angeführten Richtungen eine ganz verschiedene und sich mit dem Zeitablauf wandelnde Begründung und Einordnung erfährt, spiegelt deutlich einen durch die ganze griechische Geschichte gehenden Wandel der Rechtsvorstellung wieder. Dies zeigt Hirzel[60]) an mehreren Beispielen, von denen hier nur zwei erwähnt werden.

Das Gebot, die Eltern zu ehren, erscheint z. B. bei Xenophon, Anaximenes und anderen noch als überall geltendes göttliches oder Naturgesetz, während es bei Xenokrates schon nur mehr ein partikulares Gesetz ist[61]).

Die Toten zu bestatten, war dem Sophokles noch ein göttliches und ewiges Gesetz. Bei Aristoteles dagegen ist es nur mehr ein natürliches und allgemeines. Schließlich erscheint es in den Berichten der Skeptiker und Herodots nur mehr als die bei vereinzelten Völkern partikular geltende Sitte[62]). Ähnlich ist es mit anderen Geboten.

Es ist demnach ein Wandel in der griechischen Rechtsauffassung festzustellen, der die ursprünglich göttlichen Gesetze im Verlaufe der Zeit zu natürlichen und dann zu nur mehr partikular geltenden Sitten und Gewohnheiten abflacht — ein Wandel, welcher der Wende von einer unmittelbar göttlich vermittelten zu einer gedanklich wissenschaftlichen Erkenntnis entspricht und mit dieser in innerem Zusammenhang steht.

Aber nicht nur in dieser bedeutsamen Richtung zeigt sich ein Wandel in der griechischen Rechtsauffassung. Den bestehenden Gesetzen gegenüber tritt im Verlaufe der Zeit die vielfältig erhobene Forderung, anstelle des νόμος, der sich allmählich zum „Tyrannen" der griechischen Demokratie entwickelt hatte[63]), die individuelle Natur des Menschen zu berücksichtigen[64]). Der einzelne Fall, der einzelne Mensch, sollten den Ausgangspunkt der Rechtsfindung bilden, nicht mehr die nach Ablauf einiger Zeit teilweise unbrauchbaren Gesetze der Demokratie[65]). Aristoteles selbst hebt diese Bedeutung des Individuellen hervor, wenn er sagt, daß derjenige, der als einzelner die anderen Menschen in einem unvergleichlich stärkeren Maße hinsichtlich seiner Tugend und seiner Fähigkeiten überrage, nicht dem für diese geltenden Gesetz unterworfen werden dürfe, da er sich selbst Gesetz sei[66]). Mit dieser Hervorkehrung des Individuellen hängt es zusammen, wenn Aristoteles die Frage aufwirft, ob es besser sei, von einem einzelnen Menschen oder von Gesetzen regiert zu werden[67]).

Neben dieses gegen das bestehende Recht gerichtete Bestreben, das ebenfalls den Wandel des Rechts bezweckt, tritt schließlich der Jahrhunderte andauernde Streit um die Billigkeit, die — wie bereits dargelegt — wiederum gleichermaßen auf den Wandel des menschlich gesetzten Rechts hinzielt[68]).

---

[60]) I S. 32ff. [61]) Hirzel I S. 32. [62]) Hirzel I S. 33.
[63]) Hirzel I S. 49. [64]) Hirzel I S. 51f.
[65]) Hirzel I S. 61f. [66]) Pol III 13 1284 a 13f. (479).
[67]) Pol III 15 1286 a 8ff. (486); 16 1287 a 18ff. (491); Hirzel I S. 61.
[68]) Hirzel I S. 59ff.

All dies sind nur vereinzelte Beispiele für das, was man als den Wandel, als die Bewegung [69]) des Rechts in der griechischen Rechtsauffassung bezeichnen kann, der sich insbesondere widerspiegelt in den weit verzweigten und verschiedenen Auffassungen des ἄγραφος νόμος. Es ist dies der ständige Kampf des ungeschriebenen richtigen Rechts, sei es in Form des Naturrechts in allen möglichen Varianten, sei es in Form des göttlichen Rechts, mit dem partikularen positiven Recht, der überall da zu finden ist, wo es menschliches Recht gab und geben wird. In diesem Kampf, der wechselnd zum Sieg des ungeschriebenen und zum Sieg des geschriebenen Rechts führte, bestand der ständige Wandel des Rechts, sei es einerseits, daß auf Grund des ungeschriebenen Gesetzes das positive verbessert oder ein neues geschaffen, daß es nicht oder im Wege der Auslegung anders angewandt wurde oder daß sogar Formen des ungeschriebenen Rechts ausdrücklich in das Recht übernommen wurden [70]), sei es andererseits, daß das positive Recht dem Bestreben des ungeschriebenen Rechts stand hielt.

Dieser ständige Kampf und Wandel kam — wie sich aus dem Vorhergehenden ergibt — den griechischen Denkern bereits stark zum Bewußtsein. Dies ist auch bei Platon und Aristoteles der Fall [71]). Insbesondere hatte Platon diesen Kampf bereits in seiner Betrachtung Ur-Athens geschildert [72]). Für Aristoteles gewann dieser Kampf dagegen infolge seiner Immanenz- und der daraus bedingten Naturrechtslehre noch eine ganz besondere Bedeutung.

Dieser Wandel des Rechts mußte nämlich den Vertretern der Auffassung, die im ungeschriebenen Recht bereits partikular geltende natürliche oder göttliche Gesetze, also das ungeschriebene Recht im par-

---

[69]) Entsprechend sagt v. Hippel I S. 47, in dem Streit über den Wert eines Tuns und über die Verbindlichkeit einer Regel oder Norm bewege sich die Welt.

[70]) All dies findet sich auch außerhalb der griechischen Geschichte: so z. B. in der Verbesserung des § 211 StGB alter Fassung durch den § 211 StGB neuer Fassung auf Grund einer ungeschriebenen, aber — gewollt oder nicht gewollt — anerkannten Rechtsauffassung; in der bekannten früheren Nichtanwendung der bürgerlichrechtlichen Unmöglichkeits- und Verzugsregelung auf das Problem des sogenannten Betriebsrisikos (vgl. RAG IW 29/453, 35/2221); in der auslegungsmäßigen Anwendung des § 843 Abs. 4 BGB auch auf Fälle, in denen ein anderer den Unterhalt tatsächlich schon gewährt **hat** (RGZ 92/57); in der Aufnahme der §§ 812ff. BGB als Ausgleich der durch die starre Regelung des Verkehrsschutzes in den §§ 932ff. BGB entstandenen ungerechtfertigten Vermögensverschiebungen; in der Aufnahme des Gewohnheitsrechts in das BGB durch Art. 2 EGBGB; in der Aufnahme von „Treu und Glauben" in das BGB durch die §§ 157, 242 BGB, der Verkehrssitte durch § 157 BGB; in der Übernahme eines gesamten Billigkeitsrechts in das positive Recht im englischen Equity-Law.

Diese Beispiele, die solche für den siegreichen Kampf des ungeschriebenen Rechts mit dem geschriebenen Recht sind, könnten buchweise vermehrt werden.

[71]) Hirzel I S. 97.

[72]) Vgl. im einzelnen Hirzel I S. 75ff.

tikularen positiven Recht bereits verwirklicht sahen, umso stärker zum Bewußtsein kommen. Denn bei dieser Auffassung fand der durch das ungeschriebene Recht bewirkte Wandel unmittelbar im partikularen positiven Recht statt, sodaß dieses noch um ein erhebliches deutlicher den ständigen Wandel des Rechts zeigte. Nicht zu Unrecht vergleicht daher Hirzel [73]) diese Auffassung des ungeschriebenen Rechts mit der historischen Rechtsauffassung des vorigen Jahrhunderts, bei welcher „die Kämpfe des ungeschriebenen Naturrechts mit dem positiven ausgeglichen“ werden „in der Idee vom ewigen Werden des Rechts“.

Bei dieser letzten Auffassung, die das ungeschriebene im geschriebenen Recht verwirklicht sah [74]), wurde daher der Kampf beider Arten dadurch ausgeglichen, daß sie sich teilweise deckten, wodurch dann der Wandel des Rechts noch stärker zum Ausdruck kam. Bei ihr zeigte sich das ungeschriebene göttliche oder natürliche Gesetz im positiven einzelnen Recht, das Allgemeine tritt also hervor im Besonderen. Diese Immanenz des ungeschriebenen Rechts im menschlichen Recht ist das, wodurch sich diese eine Auffassung grundlegend von der gegenteiligen unterscheidet. Sie findet neben der im Vorherigen erläuterten grundsätzlichen Trennung dieser beiden Auffassungen auch noch in zahlreichen anderen Stellen ihren Ausdruck. So wird von Dion Chrysostomos das Gebot, die Toten zu bestatten, als allgemein geltendes, unter Beobachtung der Götter stehendes, andererseits aber auch als ungeschriebenes Gesetz eines einzelnen Volkes oder sogar einer Stadt geschildert [75]). Hierokles stellt neben das ungeschriebene Gewohnheitsrecht eines einzelnen Volkes das φύσει δικαιον [76]). Die dem ungeschriebenen partikularen Recht eines einzelnen Staates unterfallende Billigkeit wird anderwärts von Aristoteles dem allgemein geltenden Naturgesetz gleichgestellt [77]).

Und auch in anderer Weise zeigt sich noch diese Verbindung der beiden entgegengesetzten Auffassungen. So kommt sie auch darin zum Ausdruck, wenn Anaximenes sagt, daß alle Menschen über das, was anständig ist, auf dieselbe Weise urteilten und dabei durch ein allgemein geltendes Gesetz bestimmt würden [78]), wenn Sophokles' Antigone die ewigen ungeschriebenen Gesetze vertritt, trotzdem aber aus demselben Grunde von ihm αὐτόνομος genannt wird [79]) und wenn Sokrates' Daimonion einerseits als innere Stimme im einzelnen Menschen, andererseits aber als göttliche Stimme das Gute wies [80]).

Sowohl im objektiven partikularen positiven Recht als auch im einzelnen Menschen ist daher nach dieser einen griechischen Auffas-

[73]) I S. 97. [74]) Vgl. obige Skizze S. 146.
[75]) Hirzel I S. 30 Anm. 2. [76]) Hirzel I S. 16 Anm. 3, S. 31 Anm. 3.
[77]) Vgl. oben S. 143 Anm. 20; vgl. noch weitere Zitate bei Hirzel I S. 30ff.
[78]) Hirzel I S. 31, S. 24 Anm. 3. [79]) Hirzel I S. 62.
[80]) Hirzel I S. 62.

sung eine Idee, ein Bewußtsein eines ungeschriebenen Rechts von allgemeiner Geltung enthalten.

Es ergibt sich aus all diesem, daß die griechische Rechtsauffassung insbesondere unter dem Schlagwort des ἄγραφος νόμος einen ständigen Wandel im Recht sah, der auf dem Gegensatz des partikularen positiven Rechts zu einem wahrhaft oder vermeintlich richtigen ungeschriebenen Rechts beruhte. Es ist dies der gleiche Wandel, auf den sich — und hiermit rundet sich das Bild — auch die bereits dargelegte Kontroverse über die Billigkeit zurückführte, welche nur eine Unterart des ἄγραφος νόμος darstellt. Hierbei fanden sich nun zwei verschiedene Richtungen, wovon die eine das ungeschriebene Recht als ein gegenüber dem partikularen positiven Recht transzendentes, die andere als ein in diesem immanentes ansah. Gerade dieser letzteren Auffassung mußte aber der ständige Wandel, die Bewegung des Rechts besonders deutlich erscheinen.

Diese Auffassungen sind — wiederum bezeichnend für den alles sehenden und verarbeitenden Empiriker und Systematiker — von Aristoteles — wie sich bei der vorherstehenden Untersuchung bereits ergab — in der Rhet beide geschildert worden. Ihm, dem Kenner und Beobachter der griechischen Geschichte und des griechischen Lebens und insbesondere als dem Vertreter der das ungeschriebene Recht in das partikulare positive Recht verlegenden Auffassung, mußte natürlich dieser für die griechische Rechtsauffassung vielleicht charakteristischste Umstand, nämlich die ständige Bewegung des Rechts, besonders auffallen.

Es entspricht daher — und hiermit kommen wir zum obigen [81]) Ausgangspunkt zurück — nicht nur seiner Zweiteilung der Philosophie in die vom unbewegten und die vom bewegten Sein sowie seinen hieraus folgenden wissenschaftlichen Ergebnissen über den Genauigkeitsgrad der Ethik, sondern auch seinen tatsächlichen Feststellungen, wenn er das menschliche Recht als ein bewegtes ansah, dem das unbewegte Recht der Götter gegenübertrat.

Entsprechend diesen Auffassungen liegt dann auch die eigentlich rechtsphilosophische aristotelische Auffassung der Rechtsordnung. Ein ausdrückliches Rechtssystem hat Aristoteles — wie erwähnt — nicht aufgestellt. Das lag schon in seiner von dem Tugendbegriff ausgehenden Fragestellung. Und doch läßt sich das aristotelische Rechtssystem, soweit es überhaupt ein solches gibt, deutlich aus zahlreichen Stellen zusammenstellen [82]).

Wie schon dargetan, tritt neben das bei den Göttern geltende das bei den Menschen geltende in Bewegung befindliche Recht. Bei diesem letzteren unterscheidet Aristoteles verschiedene Arten, so das

---

[81]) 141 f.; vgl. ferner oben S. 118 ff.

[82]) Dabei wird auf das näher eingegangen werden, was rechtsphilosophisch und im Zusammenhang dieser Arbeit von Bedeutung ist.

δίκαιον οἰκονομικόν (etwa das häusliche oder das den Kreis der häuslichen Geschäfte betreffende Recht)[83], das seinerseits wieder unterfällt in das δίκαιον δεσποτικὸν (also das Recht zwischen Herrn und Sklaven oder „Herrenrecht“)[84] und das δίκαιον πατρικόν (also das Recht zwischen Vater und Kind oder „väterliche Recht“)[85]. Neben dieses δ. οἰκονομικὸν[86] tritt dagegen das viel bedeutsamere δίκαιον πολιτικόν[87] (also das auf den Staat bezogene Recht im weitesten Umfang, das nicht mit dem heutigen Staatsrecht im engen Sinne zu verwechseln ist). Dieses im einzelnen Staat geltende Recht ist damit im Sinne der Rhet ein ἴδιον δίκαιον. Es wird von Aristoteles wieder unterteilt in das φυσικὸν δίκαιον[88] (das natürliche Recht) und das νομικὸν δίκαιον[89] (das nomische oder gesetzliche Recht)[90].

Beide — sowohl das natürliche wie das nomische Recht — sind also im einzelnen Staat geltendes Recht, also partikulares (ἴδιον) Recht im Sinne von Rhet I 13, das innerhalb einzelner Staaten als positives Recht Geltung hat[91][92]. Dieses partikulare natürliche und nomische Recht unterscheiden sich nun nach allem Vorherigen folgerichtig nicht dadurch, daß das eine unbewegt, unwandelbar, und das andere das Gegenteil ist[93], sondern vielmehr dadurch, daß das natürliche überall dieselbe Geltung (δύναμις) hat und zwar ohne Rücksicht darauf, ob es durch Menschen gesetzt (δοκεῖν) wird oder

---

83) MM I 34 1194 b 20 (954); NE V 10 1134 b 17 (153).

84) NE V 10 1134 b 8 (153). 85) NE V 10 1134 b 9 (153).

86) Diese heute weitgehend dem bürgerlichen Recht angehörige Materie wird also von A. noch nicht dem staatlichen Recht zugerechnet, übrigens einerseits ein Beweis für die das Altertum kennzeichnende patria potestas, andererseits eine klare Folgerung aus dem arist. Staatsaufbau aus den kleineren Lebensgemeinschaften, die an das heutige bekannte Subsidiaritätsprinzip erinnert.

87) MM I 34 1194 b 8 (953); NE V 10 1134 a 26 (152); 1134 b 18 (153).

88) MM I 34 1194 b 30 (954); NE V 10 1134 b 19 (153).

89) MM I 34 1194 b 31 (954); NE V 10 1134 b 19 (154).

90) Wenn A. MM I 34 1195 a 7f. (955) sagt, was wir hier untersuchten, sei das πολιτικὸν δ., welches nomisch, aber nicht natürlich sei, so stellt dies einen direkten Widerspruch zu der ausdrücklichen Unterordnung des natürlichen Rechts unter das πολιτικόν δ. in der NE dar. Ob es sich hier um eine Interpolation oder um einen Fehler oder eine frühere und später aufgegebene Auffassung des A. handelt oder ob A. damit nicht sagen will, das natürliche Recht sei kein politisches, sondern nur, er wolle nur dasjenige politische Recht untersuchen, welches nomisch sei, läßt sich nicht feststellen. Ebenso hält Sal. S. 137 diese Stelle für unrichtig, wenn auch unter einem etwas anderen Gesichtspunkt.

91) Vgl. die Skizze 146; Das ist hinsichtlich des φυσικὸν δ. sowohl von Fechner S. 45f. wie von Sal. S. 48ff. übersehen worden.

92) Die von Sal. S. 52 an den mannigfachen Übersetzungen geübte Kritik ist daher, und zwar noch in einem stärkeren Maße als bei Sal. angenommen, berechtigt.

93) Vgl. die Zitate oben S. 142 Anm. 5.

nicht[94]), daß das nomische dagegen ursprünglich (ἐξ ἀρχῆς), also bevor es gesetzt ist, ebensogut so oder anders bestimmt werden konnte, nun aber einmal in einer gewissen Weise bestimmt worden ist[95]). Das nomische Recht existiert also vor seiner Satzung gar nicht und kann daher — also weil es als natürliches Recht und damit überhaupt als menschliches Recht gar nicht besteht, weil also hier eine vorhergegebene Rechtsidee gar nicht gegeben ist — in verschiedener Weise gesetzt werden. Es ist von der natürlichen Idee des Rechts her gesehen irrelevant und neutral. Aristoteles bringt für dieses als immanente Rechtsidee nicht vorhergegebene nomische Recht auch Beispiele z. B. das Gesetz über die Höhe des Lösegeldes, das Gesetz über Inhalt und Zahl des Götteropfers usw.[96])[97]).

Das natürliche und das nomische Recht unterscheiden sich damit durch ihre Geltungsgrundlage[98]) und ferner infolgedessen auch durch ihre Beziehung zur immanenten Rechtsidee, nämlich ob es von dieser vorherbestimmt und damit von ihr abhängig oder nicht von ihr vorherbestimmt und damit von ihr unabhängig ist. Das natürliche Recht ist identisch mit der dem Menschen und damit auch den Völkern immanenten Rechtsidee und nimmt insoweit an der Bewegung teil, weil es damit der Philosophie vom bewegten Sein angehört. Da es sich aber um eine immanente Rechts idee, also um eine Form, um etwas Geistiges handelt, welche als solche unbewegt ist und nur durch ihre Verbindung mit dem Stoff an dessen Bewegung teilnimmt, muß diese natürliche Rechtsidee in einem ungleich stärkeren Maße als das nomische Recht unbeweglich sein. Daher sagt Aristoteles folgerichtig, die Tatsache, daß sich ein Gegenstand verändere, sei kein Beweis dafür, daß er nicht von Natur sei[99]), es sei vielmehr das von Natur, was in den meisten Fällen und die meiste Zeit hindurch so bleibe[100]). Ebenso sei es mit dem natürlichen Recht, das in den meisten Fällen

---

94) NE V 10 1134 b 19f. (154); Riecker übersetzt unrichtig; „... und nicht dadurch, daß man es so oder anders festsetzt", obwohl es deutlich heißt „καὶ οὐ τῷ δοκεῖν ἢ μή", also und „nicht durch Festsetzen oder Nichtfestsetzen". Bereits NE I 1 1094 b 14ff. (17) hatte A. vom auf der Natur und nicht bloß auf Gesetz und Herkommen beruhenden sittlich Schönen und Gerechten gesprochen.

95) NE V 10 1134 b 20ff. (154). 96) NE V 10 1134 b 21ff. (154).

97) Es ist — um ein modernes Beispiel zu gebrauchen — für die dem Menschen immanente Idee der sittlichen Eudämonie und zwar hier der rechtlich sittlichen unerheblich, ob man rechts oder links auf der Straße fährt, nicht aber, ob man jedem das Seine gibt, z. B. einen Vertrag erfüllt. Das Rechts- oder Linksfahren im Straßenverkehr könnte für die rechtliche Eudämonie höchstens über die allg. G. von Bedeutung werden.

98) So zutreffend Sal. S. 48ff. 99) MM I 34 1194 b 37 (955).

100) MM I 34 1194 b 37ff. (955); A. sucht dies mit dem Beispiel zu verdeutlichen, daß der Mensch von Natur Rechtshänder sei, daß es aber trotzdem Menschen gebe, welche beide Hände gleich gut gebrauchen könnten — NE V 10 1134 b 33ff. (154) — und daß man dies auch durch Übung erreichen könne — MM I 34 1194 b 33f. (954) —, daß aber in den meisten

bestehen bleibe [101]). Dieses natürliche Recht ändere sich erst infolge unserer Anwendung (διὰ τὴν ἡμετέραν χρῆσιν) [102]), also durch den menschlichen Gebrauch. Das Kriterium dieses natürlichen Rechts ist also die immanente Rechtsidee. Es fragt nicht — wie das vom natürlichen Recht aus neutrale nomische Recht — nach dem bloß Utilitaristisch-Nützlichen (συμφέρον) [103]), sondern nach dem ethisch Guten, nach dem Besten (ἀρίστον) [104]), also nach ethischem Wert [105]), und ist erkenntnismäßig δῆλον, also ein deutlich Offenbares [106]). Es kann also vom Menschen ohne äußere Angaben aus sich selbst eingesehen, erkannt werden.

Es ergibt sich hieraus und aus der oben angeführten Stelle [107]) — obwohl Aristoteles außer dieser einen Stelle nirgendwo im einzelnen genauer ausgeführt hat, worin er die Bewegung des Rechts sah — was er unter der Bewegung, dem Wandel des Rechts verstand. Er meinte nämlich damit die Veränderung des Rechts, die dadurch entsteht, daß es von Menschen angewandt wird [108]). Dies stimmt mit dem überein, was sich oben als das Grundmotiv des sich durch die griechische Geschichte hinziehenden Kampfes zwischen dem ungeschriebenen und geschriebenen Rechts darstellte, nämlich die durch die menschliche Rechtsanwendung entstehenden Unzulänglichkeiten des menschlichen Rechts, welche die stetige Bewegung des Rechts durch die ständigen Verbesserungen und Verbesserungsversuche ausmachen [109]). Dafür, daß Aristoteles das natürliche Recht auch noch in einer anderen Weise für wandelbar ansah, als verursacht durch die Anwendung desselben durch den Menschen, ergeben sich keine An-

---

Fällen und die meiste Zeit hindurch die rechte Hand die stärkere sei und die rechte bliebe — MM I 34 1194 b 38f. (955) —.

[101]) MM I 34 1195 a 3f. (955); Die Tatsache der nicht lückenlosen Geltung des Naturrechts ist dieses ebensowenig zu zerstören geeignet wie die nicht lückenlose Geltung des positiven Rechts das letztere. Der Mangel der Lückenhaftigkeit im Geltungsgrund gilt im gleichen Maße für das positive Recht; auch dies ist positiv nur, weil es „im allgemeinen" befolgt wird; vgl. v. Hippel I S. 45.

[102]) MM I 34 1195 a 1f. (955).

[103]) NE V 10 1134 b 35 (154).

[104]) NE V 10 1135 a 5 (155).

[105]) Das Gleiche meint Sal., wenn er S. 52 der Frage nach der Zweckmäßigkeit die nach dem Wert gegenüberstellt.

[106]) NE V 10 1134 b 33 (154); daß dieser Satz des A. im Prinzip richtig ist, kann ernsthaft nicht bestritten werden, denn deutliche Fälle des Unrechts wie z. B. des Betrugs, des Mords, die Nichterfüllung eines Vertrages ohne wirkliche Gegengründe usw., wobei die Beispiele zahlreich vermehrt werden könnten, werden unabhängig vom partikularen positiven Recht und von jeder juristischen Schulung von jedem geistig und körperlich normalen Durchschnittsmenschen deutlich als Unrecht „empfunden", insbesondere dann, wenn es ihm selbst angetan wird.

[107]) Vgl. oben Anm. 102.

[108]) Vgl. oben S. 148 Anm. 69.

[109]) Wenn Sal. S. 50 schreibt, eigentlich sei nur das νομικὸν wandelbar, das φυσικὸν dagegen unwandelbar, wandelbar sei aber die menschliche Erkenntnis und nur deshalb wandele sich das φυσικόν, weil der Mensch nicht fähig sei, gleich den Göttern zu erkennen, so erkennt er damit einen richtigen Grund für die Wandelbarkeit des φυσικόν; vgl. auch Fechner S. 46f.

haltspunkte. Andererseits tritt die Idee vom natürlichen Recht als Form ja auch erst dann mit dem Stoff in Verbindung, wenn sie vom Menschen in irgendeiner Weise angewandt wird, sei es durch bloßes Denken, sei es verbunden mit äußeren Tätigkeiten. Erst das menschliche Verhalten in dem eingangs[110]) festgestellten weiten Sinne, das selbst in Form des Denkens vom Körper des Menschen und damit vom Stoff abhängig ist, verbindet die Form mit dem Stoff, so daß hierdurch in klarer Folgerichtigkeit die Bewegung des natürlichen Rechts entsteht, das ja lediglich aus der dem Menschen immanenten Idee, dem menschlichen sittlichen Gut, also aus einer dem Stofflichen verbundenen Form sich bestimmt und dessen Bewegung schon früher — und hierdurch rundet und bestätigt sich der Zusammenhang — in der Feststellung der Unmöglichkeit der Akribie auf das Deutlichste zum Ausdruck kam.

Gegenüber diesem natürlichen Recht beruht das nomische, das auch ἀνθρώπινον[111]), also menschliches, genannt wird — womit gemeint ist, daß es von Menschen gesetzt ist — auf der Gesetzgebung (νομοθέτησις)[112]) und auf Volksbeschlüssen (ψηφίσματα)[113]) und damit auf Übereinkunft (συνθήκη)[114])[115]). Nach dem Vorherigen ist es also durchaus möglich, daß natürliches und menschliches (ἀνθρώπινον) Recht sich überschneiden, nämlich dann, wenn das bereits bestehende natürliche Recht außerdem noch, z. B. als geschriebenes Gesetz, von Menschen gesetzt wird. So sagt Aristoteles, daß das auf menschlicher Satzung beruhende Recht nicht überall das gleiche ist, wie z. B. die Staatsverfassungen, obgleich von Natur nur eine Verfassung die beste sei[116])[117]). Nicht aber können sich natürliches und nomisches Recht überschneiden, da sie begrifflich verschieden sind[118]).

---

110) Vgl. oben S. 4f. 111) NE V 10 1135 a 3 (154).
112) NE V 10 1134 b 23 (154). 113) NE V 10 1134 b 24 (154).
114) NE V 10 1134 b 35 (154).
115) Die von Sal. S. 53f. gezogene Parallele des natürlichen Rechts mit der wissenden, also auf die in ihrem Sein nicht anders möglichen Dingen gerichteten, und des nomischen Rechts mit der überlegenden, also auf die in ihrem Sein auch anders möglichen Dinge gerichteten Seite des vernünftigen Seelenteils — NE VI 2 1139 a 6ff. (170); vgl. auch oben S. 38 Anm. 129 — ist zutreffend, wenn auch allerdings mit der Einschränkung, daß diese wissende Seite auf die absolut unveränderlichen Dinge, also die der Philosophie vom unbewegten Sein angehörigen, gerichtet ist, wogegen das natürliche Recht lediglich ein in den meisten Fällen unveränderliches ist und der Philosophie vom bewegten Sein angehört.
116) NE V 10 1135 a 3ff. (155).
117) Die Bemerkung Sal'. S. 57, die Stelle 1134 b 30—33 müsse unrichtig sein, entspricht den Tatsachen, denn das Recht hinsichtlich der Dinge, die auch anders sein können, kann nach den gesamten arist. Ausführungen nicht auf der Natur beruhen. Der von Muenscher S. 85f. gemachte Vorschlag, wonach die beanstandeten Worte in 1134 b 31 in den nächsten Satz zu übernehmen sind und dem auch Sal. S. 57 gefolgt ist, erscheint daher richtig.
118) Unrichtig sagt Sauter S. 41ff. unter undeutlicher und teilweise nicht

Dieses natürliche und menschlich gesetzte Recht erscheint nun — wie bereits festgestellt — als πολιτικὸν δίκαιον und damit als partikulares Recht, als ἴδιον δίκαιον im Sinne von Rhet I 13. Es ist die im Menschen, in ganzen Staaten oder im partikularen positiven Recht immanente reale Rechtsidee, soweit es nicht als nomisches Recht unabhängig von einer Rechtsidee bloß auf menschlicher Satzung beruht. Insofern Aristoteles aber vom natürlichen Recht, obwohl er es dem partikularen unterordnet, trotzdem sagt, es habe überall dieselbe Geltung, sagt er damit das gleiche wie in Rhet I 10 und 15, wo er das ungeschriebene und das ihm gleichgestellte Billigkeitsrecht als allgemein geltend (κοινός) bezeichnete[119]). Diese gesamten Stellen ordnen sich demnach lückenfrei in das System der aristotelischen Philosophie und insbesondere der Ethik ein. Denn wie Aristoteles als Ziel und Gegenstand der Ethik ein transzendentes Gut abgelehnt hatte und nur ein immanentes Gut gelten ließ, das entweder im Menschen immanent als reale Idee oder außerhalb des Menschen als bloß nomineller Begriff existierte[120]), so existiert das Recht — das auch ein ethisches Gut darstellt — in genau der gleichen Weise — abgesehen vom bloß nomischen Recht — als immanente Rechtsidee in den einzelnen Menschen und verwirklicht im partikularen Recht, dagegen als bloß nomineller Begriff außerhalb des Menschen. Da diese Rechtsidee in jedem Menschen real vorhanden ist, gilt sie allgemein. Und daher kann mit dem das Allgemeine erfassenden nominellen Begriff gesagt werden, daß das ungeschriebene, also das natürliche Recht, ein κοινός, ein allgemein geltendes ist[121]), wie Aristoteles umgekehrt

---

zwingender Zitierung daher, das positive Recht (gemeint ist das nomische) sei „eine Anwendung der (allgemeinen) Rechtsidee auf die besonderen Fälle des Lebens" und das Naturrecht sei „die Offenbarungs- und Wirkstätte" des positiven Rechts. Darin liegt ja gerade die Bedeutung der Unterteilung in natürliches und nomisches Recht, daß sie sich nicht überschneiden, nämlich daß es sich bei ersterem um rechtsideell vorhergegebenes, bei letzterem um rechtsideell nicht vorhergegebenes Recht handelt, so daß das nomische Recht gar nicht eine Anwendung der Rechtsidee sein kann. Dies ist vielmehr nur für das menschliche Recht (ἀνθρώπινον δ.) möglich, soweit eine Rechtsidee überhaupt vorhergegeben ist. Richtig spricht dagegen Sal. S. 58 vom natürlichen und nomischen Recht als zwei „grundsätzlich" geschiedenen Arten von Recht.

119) Vgl. oben S. 143f. 120) Vgl. oben S. 5ff.

121) Wenn Sal. S. 63 die von A. in der Rhet behandelte Frage des ungeschriebenen Rechts mit der Begründung in der arist. Ethik nicht verwertet, daß es sich um „Schlagworte" handele, so ist dies daher nicht nur unrichtig, sondern es werden damit grundlegende Zusammenhänge der arist. Rechtsphilosophie übersehen. Die von Sal. S. 59ff. gemachten Ausführungen stellen überdies in keiner Weise eine Begründung seiner eigenen Auffassung dar, zu der er gezwungen ist, falls sich nicht seine unrichtige — vgl. unten S. 170 Anm. 141 — These, bei dem φυσικὸν δ. handele es sich nicht um ein Naturrecht, als irrig erweisen soll. Diese fälschliche These, A. sei nicht der Begründer des Naturrechts, sieht Sal. S. 59f. nämlich zutreffend gefährdet durch die νόμοι ἄγραφοι und überhaupt durch das, „was in der

vom δίκαιον κοινὸν sagt, es sei κατὰ φύσιν [122]), also es sei von Natur. Hieraus erklären sich auch die übrigen Bezeichnungen des Rechts, die sich keineswegs als neue Rechtsarten darstellen, wie es teilweise behauptet wurde.

So verwendet Aristoteles zunächst den Ausdruck ἁπλῶς δίκαιον (also das einfache Recht, das Recht schlechthin) im Gegensatz zum πολιτικὸν δίκαιον [123]), also zum auf den Staat bezogenen Recht. Daß mit diesem Recht schlechthin nicht das Recht der Götter, sondern ein menschliches Recht gemeint ist, folgt daraus, daß Aristoteles es ausdrücklich zum Gegenstand der ethischen Untersuchung macht [124]). Da es aber gerade zum πολιτικὸν δίκαιον in Gegensatz gesetzt wird und keinesfalls das οἰκονομικὸν δίκαιον bezeichnen soll, kann es nur die Bedeutung haben, daß es das Recht ist, welches unabhängig von irgendeiner Rechtsordnung eines speziellen Staates existiert. Es fällt daher mit dem κοινὸν δίκαιον zusammen und ist daher genau so wie dieses ein nomineller Begriff, der allgemein, unabhängig vom einzelnen Recht, dasjenige bezeichnet, was im Besonderen gegeben ist. Das entspricht auch am ehesten dem Wortsinn, wie man auch heute, wenn man nicht von dem in einzelnen Rechtsbestimmungen verwirklichten Recht, sondern vom Recht im allgemeinen sprechen will, einfach „das Recht“ oder „das Recht schlechthin“ sagt. Diese Auffassung des ἁπλῶς δίκαιον wird bestätigt durch die MM, wo das ἁπλῶς δίκαιον, das durch die Billigkeit nicht berührt werde, als natürliches und wahrseiendes Recht hingestellt wird [125]), wie andererseits vom κοινὸν δίκαιον gesagt wurde, daß es natürlich sei [126]) [127]).

Rhetorik über das Naturrecht zu lesen ist“. Während er nun zu der Frage der Gefährdung seiner unzutreffenden These speziell durch das Naturrecht der Rhet gar nicht mehr zurückkommt, sucht er die Gefährdung durch das ungeschriebene Recht S. 62f. dadurch auszuräumen, daß er sagt, die Dialektik der Rhet sei „nicht philosophisch, sondern — anrüchig“, so daß die Rhet im Gegensatz zur Ethik „nicht zwischen wertvoll und wertwidrig unterscheiden“ wolle. Die Richtigkeit dieser in ihrer Ausnahmslosigkeit höchst fraglichen Behauptung kann dahingestellt bleiben. Jedenfalls schließt diese allgemeine Behauptung keineswegs aus, daß A. in der Rhet genau so wie in der Top ethische Beispiele bringt, die seine eigene Überzeugung darstellen. Diese allgemeine Behauptung Sal'. vermag also die aus der Rhet gegenüber seiner These sich ergebenden Widersprüche keineswegs auszuräumen. Wie sich vielmehr aus den bisherigen Ausführungen ergab, stellen die zitierten Stellen der Rhet die eigene Auffassung des A. dar und stehen überdies in voller Übereinstimmung mit der von ihm in der NE vertretenen Auffassung.

[122]) Rhet I 13 1373 b 6 (93); 15 1375 a 32 (101).

[123]) NE V 10 1134 a 25f. (152).

[124]) NE V 10 1134 a 24ff. (152).

[125]) II 1 1198 b 31ff. (968).

[126]) Vgl. oben Anm. 122.

[127]) So hat auch Fechner S. 48 das ἁπλῶς δίκαιον im wesentlichen richtig lediglich als Gegensatz zum geschriebenen Recht verstanden. Nicht richtig ist es dagegen, wenn Hirzel I S. 9 Anm. 4 und Loening S. 46f. das ἁπλῶς δ. als das objektiv Gerechte dem subjektiv Gerechten gegenüberstellen. Zwar ist das ἁπλῶς δ. immer das objektiv Gerechte, das häufig genug zum

Ähnlich ist es mit dem Ausdruck πρῶτον δίκαιον (also dem ersten, dem vorzüglichsten, dem höchsten Recht), das in ähnlicher Weise zwar nicht dem πολιτικόν, aber dem νομικὸν δίκαιον gegenübergestellt wird und damit mit dem natürlichen Recht zusammenfiele, wobei aber zu berücksichtigen ist, daß diese Stelle in ihrer Richtigkeit und ihrer Bedeutung zweifelhaft ist[128]).

---

subjektiv Gerechten in Gegensatz tritt, aber diese Gegenüberstellung in dieser engen Bedeutung ist nach dem obigen von A. nicht gemeint. Die von Loening S. 47 Anm. 20 zum Beweise seiner Auffassung zitierten Stellen sind unbrauchbar, weil das ἁπλῶς — was wohl auch bei der Vielgestaltigkeit einer Sprache nicht weiter verwunderlich ist — hier eine andere Bedeutung und nicht die des Objektiven im Gegensatz zum Subjektiven hat.

Richtig sagt Sal. S. 115, der ἁπλῶς-Begriff sei ein Gattungsbegriff. Unrichtig ist es dagegen, wenn er S. 114 — obwohl er S. 140 das Zusammenfallen von ἁπλῶς δ. in der MM richtig erkannt hat — inkonsequenterweise das ἁπλῶς δ. mit dem πολιτικὸν δ. identifiziert. Seine unrichtigen Behauptungen, nur diese Identifizierung rechtfertige die Verbindung καὶ — καὶ in 1134 a 25 und beide Begriffe meinten „offensichtlich den gleichen Gegenstand", stellen keine Begründungen dar. Vielmehr spricht die ausdrückliche Gegenüberstellung καὶ τὸ ἁπλῶς δίκαιον καὶ τὸ πολιτικὸν δίκαιον und die gesonderte Verwendung des Wortes δίκαιον in beiden Gliedern deutlich für eine Gegenüberstellung beider Rechtsarten, wie sie auch durch die MM bestätigt wird.

[128]) NE V 12 1136 b 34 (162); die Stelle ist auch dem Text nach nicht ganz eindeutig; vgl. Hirzel I S. 9 Anm. 4; Für die Hirzelsche Auffassung, das πρῶτον δ. sei mit dem objektiv Gerechten gleichzusetzen, gegen das ein subjektiv in Unkenntnis gefällter und damit insoweit und nach dem Gesetz gerechter Richterspruch verstoße, könnte — was Hirzel selbst nicht anführt — MM I 34 1196 b 1 ff. (960) sprechen. Dort wird nämlich, ohne daß von einem πρῶτον δ. gesprochen wird, von demjenigen, der in Unkenntnis falsch entschieden hat, gesagt, daß er kein Unrecht begehe, insofern er geurteilt habe, was ihm subjektiv als Recht erschien. Trotzdem ist bei der Hirzelschen Auffassung nicht zu erklären, inwiefern der in Unkenntnis gefällte und damit subjektiv nicht ungerechte Spruch deshalb auch nach dem Gesetz nicht ungerecht sein soll, denn das Gesetz ist doch objektives Recht.

Als richtig erscheint vielmehr die Auslegung Sal'. S. 64 ff., der — wie auch im Text vertreten — das πρῶτον δ. dem φυσικὸν δ. gleichsetzt. Anknüpfend an den Unterschied zwischen ungerecht sein und nur äußerlich in nicht zurechenbarer Weise ein Unrecht tun, ohne deshalb ungerecht zu sein, in 1136 b 30 f. (162) unterscheidet Sal. S. 65 f. zutreffend zwischen demjenigen, der in Unkenntnis des Rechts das νομικὸν δ. verletzt, und demjenigen, der in Unkenntnis des Rechts das φυσικὸν δ. verletzt. Der erstere verletze zwar das Gesetz und begehe damit ein objektives Unrecht (hier zeigt sich wiederum die Unrichtigkeit der das Gesetzliche mit dem subjektiv Gerechten gleichsetzenden Auffassung Hirzels). Da es sich aber lediglich um das erst durch menschliche Satzung entstandene Recht handele, verrichte der gegen dieses nomische Recht Verstoßende zwar eine dem äußeren Anschein nach ungerechte Handlung, ohne aber deshalb ein Ungerechter zu sein und ein ihm anrechenbares Unrecht zu tun. Deshalb kann A. 1136 b 32 f. (162) sagen, im Falle des nomischen Rechts tue der in Unwissenheit (des Gesetzes) ein Urteil fällende Richter kein Unrecht und sein Urteil sei nicht ungerecht, obwohl das Urteil dem äußeren Anschein nach (nämlich weil es gegen das nomische Recht verstoße) als un-

Das Rechtssystem des Aristoteles läßt sich demnach skizzenhaft etwa wie auf S. 159 darstellen [129]).

Aus den vorherigen Ausführungen folgt, daß das aristotelische Rechtssystem — welches sich zur Gerechtigkeit verhält wie die Norm zu dem ihr entsprechenden Habitus — in seiner Grundanlage dem aristotelischen Gerechtigkeitsbegriff entsprechend aufgebaut ist. Wie nämlich die Gerechtigkeit unabhängig von menschlicher Satzung in ihrer Begründung und in ihrem Inhalt vorhergegeben ist, so kennt Aristoteles auch ein unabhängig von menschlicher Satzung existierendes vorhergegebenes Recht. Gerade dies — das Vorhergegebensein der Norm — ist sogar das entscheidende Einteilungskriterium

---

gerechtes erscheine. Anders dagegen sei es beim φυσικὸν δ. Da dieses — so sagt Sal. — Gegenstand nicht unseres Entschlusses, sondern unserer Erkenntnis sei (was sich nach den früheren Ausführungen noch deutlicher dahin ausdrücken läßt, daß dieses im Gegensatz zu dem erst durch menschliche Satzung entstandenen ethisch irrelevanten nomischen Recht ein rechtsideell vorhergegebenes ist), gäbe es hier keine zurechenbare Unkenntnis. Sondern der in Unwissenheit des natürlichen Rechts ein Urteil fällende Richter begeht vielmehr, da die Unkenntnis des natürlichen Rechts ihm nicht anzurechnen ist, ihn also nicht rechtfertigt, nicht nur allein dem äußeren Anschein nach, sondern auch in Wirklichkeit ein Unrecht. Deshalb kann A. zur Erläuterung dessen, daß der in Unkenntnis des bloß nomischen Rechtes gegen dieses Verstoßende trotzdem kein wirkliches Unrecht begeht, 1136 b 33f. (162) erläuternder Weise fortfahren: „ἕτερον γὰρ τὸ νομικὸν δίκαιον καὶ τὸ πρῶτον" also: „Verschieden ist nämlich das nomische Recht von dem ersten, dem vorzüglichsten Recht". Auch hieraus bestätigt sich also die Gleichsetzung des πρῶτον δ. mit dem φυσικὸν δ. Wenn Sal. S. 66 hierin eine Bestätigung seiner Anschauung von dem Verhältnis des nomischen zum natürlichen Recht sehen will, so ist dies nur insoweit richtig, als auch Sal. richtig davon ausgeht, daß beide Arten sich nicht überschneiden. Eine Bestätigung seiner These, das φυσικὸν δ. sei kein natürliches Recht und es setze den νόμος voraus, ist darin jedoch keineswegs zu finden. Seine hiermit verbundene Bemerkung S. 66, die Stelle 1136 b 33f. (162) sei „weit davon entfernt, dem δίκαιον πρῶτον eine metaphysische Aufgabe zuzuweisen", läßt die Verkennung des φυσικὸν δ. seitens Sal. noch deutlicher werden, denn die Auffassung des φυσικὸν δ. als eines von menschlicher Satzung unabhängigen vorhergegebenen natürlichen Rechts ist ja auch keineswegs eine metaphysische, sondern eben gerade nur eine physische, nämlich die einer entsprechend der gerade auch in der arist. Ethik verwandten Immanenzlehre unter betonter Ablehnung einer transzendenten, metaphysischen Begründung im Einzelding immanent gegebenen Rechtsidee. Ebenso identifiziert v. Arnim I S. 17 das πρῶτον δ. mit dem wahren und natürlichen Recht.

[129]) Hierbei ist zu bemerken, daß die in der Skizze unten gezeichneten in der Rhet genannten Arten des ungeschriebenen Rechts (nämlich die Billigkeit und Sitte und Gewohnheit) nicht das gesamte natürliche Recht ausfüllen, was Aristoteles auch keineswegs gemeint hat. Vielmehr zeigt der untere Teil der Skizze lediglich die Eingruppierung der in der Rhet genannten Rechtsarten in das arist. Rechtssystem. Worin das natürliche Recht inhaltlich besteht, wird vielmehr im folgenden noch näher erörtert werden.

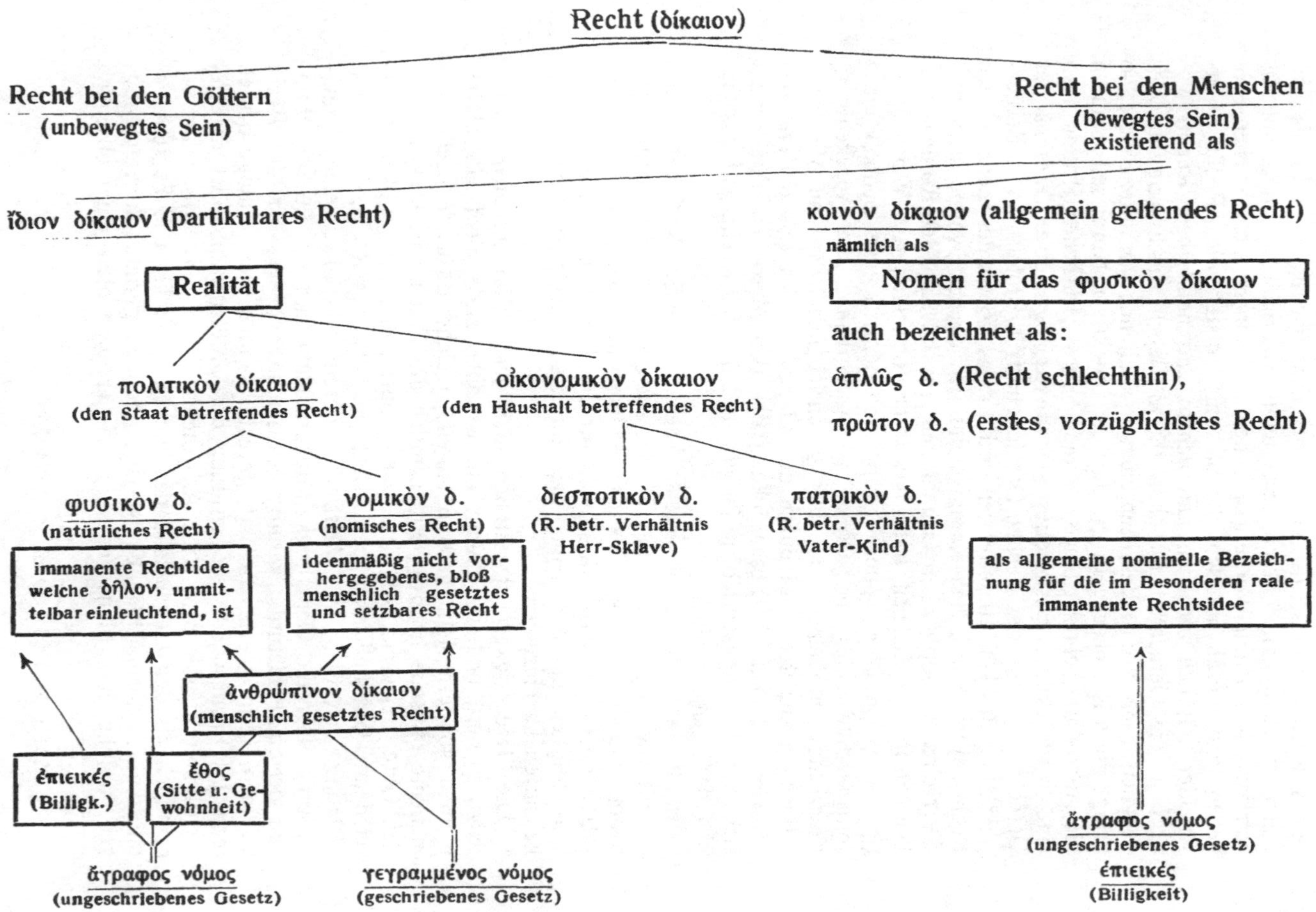

Recht (δίκαιον)
Recht bei den Göttern
(unbewegtes Sein)
Recht bei den Menschen
(bewegtes Sein)
existierend als
ἴδιον δίκαιον (partikulares Recht)
κοινὸν δίκαιον (allgemein geltendes Recht)
nämlich als
Realität
Nomen für das φυσικὸν δίκαιον
auch bezeichnet als:
ἁπλῶς δ. (Recht schlechthin),
πρῶτον δ. (erstes, vorzüglichstes Recht)
πολιτικὸν δίκαιον
(den Staat betreffendes Recht)
οἰκονομικὸν δίκαιον
(den Haushalt betreffendes Recht)
φυσικὸν δ.
(natürliches Recht)
νομικὸν δ.
(nomisches Recht)
δεσποτικὸν δ.
(R. betr. Verhältnis Herr-Sklave)
πατρικὸν δ.
(R. betr. Verhältnis Vater-Kind)
immanente Rechtidee welche δῆλον, unmittelbar einleuchtend, ist
ideenmäßig nicht vorhergegebenes, bloß menschlich gesetztes und setzbares Recht
als allgemeine nominelle Bezeichnung für die im Besonderen reale immanente Rechtsidee
ἀνθρώπινον δίκαιον
(menschlich gesetztes Recht)
ἐπιεικές
(Billigk.)
ἔθος
(Sitte u. Gewohnheit)
ἄγραφος νόμος
(ungeschriebenes Gesetz)
γεγραμμένος νόμος
(geschriebenes Gesetz)
ἄγραφος νόμος
(ungeschriebenes Gesetz)
ἐπιεικές
(Billigkeit)

seines Rechtssystems, insofern er bei dem wichtigsten und als einzigen in etwa näher durchgearbeiteten πολιτικὸν δίκαιον grundsätzlich zwischen einem vorhergegebenen und einem nicht vorhergegebenen, erst durch menschliche Satzung entstehenden Recht unterscheidet, nämlich zwischen natürlichem und nomischem Recht.

War die Gerechtigkeit schon ihrem Begriff nach eine aus der ganzheitlichen Natur des Menschen abzuleitende Verhaltensweise, so bringt die aristotelische Erörterung der objektiven Norm selbst durch die Aufstellung eines φυσικὸν δίκαιον, eines natürlichen Rechts, also eine ausdrückliche Bestätigung des naturgegebenen Wesens der Gerechtigkeit und des Rechts. Damit schafft Aristoteles unter Berücksichtigung des jahrhundertealten und für das Wesen des menschlichen Rechts symptomatischen Kampfes um den ἄγραφος νόμος auch hier die rechtsphilosophischen Grundlagen zur Lösung der Kontroverse. Die von ihm — vielleicht unter bewußter Vermeidung der Worte ἄγραφος und γεγραμμένος νόμος — geprägten Begriffe eines φυσικόν, eines νομικὸν und eines ἀνθρώπινον δίκαιον enthalten die Anerkennung eines ungeschriebenen wie eines geschriebenen bzw. von Menschen erlassenen Gesetzes und durch den Gegensatz des φυσικὸν und des νομικὸν zugleich die Beschränkung des von Menschen ohne Rücksicht auf das ungeschriebene Gesetz zu setzenden Rechts auf das Gebiet des νομικὸν δίκαιον.

In dieses aristotelische Rechtssystem baut sich die Gerechtigkeit ein als die Begründung und nähere Ausgestaltung des vorhergegebenen natürlichen sowie als das Sollensprinzip alles menschlich zu setzenden Rechts. Das gilt sowohl für den Begriff der aristotelischen Gerechtigkeit im allgemeinen wie für die verschiedenen Gerechtigkeitsarten im einzelnen.

Die Gerechtigkeit ist nämlich nicht eine bloß auf menschlicher Satzung beruhende Ordnung, sie ist aber auch nicht ein bloßes Nomen, sondern vielmehr eine Tugend, welche das im Menschen immanente ethische höchste Gut, nämlich die Eudämonie und das sittlich Gute, bezweckt. Als das speziell durch die Gerechtigkeit zu erreichende Gut stellt sich aber das δίκαιον, also das Recht, die Rechtsordnung, dar, denn wie Aristoteles bereits eingangs seiner Untersuchung über die Gerechtigkeit ausdrücklich sagt, ist die Gerechtigkeit derjenige Habitus, vermöge dessen man geneigt ist, das Recht zu üben, vermöge dessen man gerecht handelt und vermöge dessen man das Recht will[130]). Zu Anfang der Untersuchung über die Gerechtigkeit in der MM stellt Aristoteles das δίκαιον wie selbstverständlich als den Gegenstand der Gerechtigkeit hin und beginnt damit die Erörterung[131]). Es ist ja schließlich gerade die Gerechtigkeit, welche dem Menschen sagt, wie er auch ohne ein menschlich

[130]) NE V 1 1129 a 6—9 (132).
[131]) MM I 34 1193 a 39 bis b 2 (949f.).

gesetztes Recht, also ohne ein ἀνθρώπινον δίκαιον, gerecht handeln und damit Recht tun kann.

Die Bedeutung der Gerechtigkeit für das Recht zeigte sich auch bei ihren einzelnen Arten.

So erschien zunächst die allgemeine Gerechtigkeit bereits geradezu als eine für die ganze staatliche und natürliche Rechtsordnung grundlegende Tugend. Indem sie die Befolgung des gesamten νόμος befahl, der nach aristotelischer Auffassung nicht nur sämtliche Individualtugendgebote, sondern auch das gesamte positive menschlich gesetzte Recht — gleichgültig, ob natürlichen oder nomischen Charakters — umfaßte, schaffte sie der Rechtsordnung in vollem Umfang eine ethische Begründung. Damit, daß sie den Telos der Gemeinschaftseudämonie zur sozialethischen Grundlage der gesamten Rechtsordnung machte, gab sie dieser ihrem vollen Umfang nach V e r b i n d l i c h k e i t. Es gelang Aristoteles hierdurch, auch das rechtsideell nicht vorhergegebene, an sich ethisch neutrale nomische Recht ethisch zu begründen und ihm hiermit Verbindlichkeit zu geben[132]). Gerade hierin zeigte sich schon die ungemein hohe Bedeutung der Gerechtigkeit für das Recht, daß sie ihm über die Positivität hinausgehend auch Verbindlichkeit[133]) vermittelte, so daß auch das an sich nicht verbindliche, sondern lediglich positive Recht durch die allgemeine Gerechtigkeit zu einem verbindlichen wurde. Allein die allgemeine Gerechtigkeit, welche hiernach das Recht in seiner Gesamtheit in die ethische Teleologie einordnete, erweist also schon die grundlegende Bedeutung der Gerechtigkeit für das Recht.

Ferner ergab sich bereits früher bei Erörterung des Wesens der besonderen Gerechtigkeit, daß diese in nicht weniger starkem Maße für das Recht Bedeutung gewinnt. Als die den gesamten Rechtsverkehr in seinem weitesten Sinne regelnde Tugend schaffte sie nämlich ein vorhergegebenes, aus der Ethik abzuleitendes und zu bestimmendes Recht. Sie stellt sich hierdurch als der rechtsideelle Inhalt des φυσικὸν δίκαιον dar und ist damit das Sollensprinzip der Rechtsordnung. Das gilt umso mehr, als der methodische Gehalt der besonderen Gerechtigkeit durch seine Grundsätze der Normativität und der Teleologie den Rechtsinhalt aus dem Geistigen, der ethischen Teleologie heraus bestimmen ließ und durch diese Aufstellung der ethischen Idee als maßgeblichen Rechtskriteriums die diese ethische Idee verwirklichende Gerechtigkeit somit auch methodologisch als Sollensprinzip des menschlich zu setzenden Rechts bestätigte. Insofern sie dabei den privat- wie auch den straf- und schließlich noch den öffentlichrechtlichen Verkehr regelte und zwar sowohl seitens des Privatmannes als

[132]) Vgl. oben S. 58 Anm. 274, 275, 276; S. 78 Anm. 372; S. 110 Anm. 523 und insbesondere S. 142. Auf die Gefahr dieses teilweise formalistischen G.-Begriffs wurde oben S. 133f. bereits hingewiesen.

[133]) Zur Unterscheidung dieser Begriffe vgl. v. Hippel I S. 41ff.

auch seitens des Staatsorgans — sei es als Gesetzgeber, sei es als Verwaltung oder als Rechtsprechung —, war sie das naturrechtliche Kriterium all dessen, was bis heute die Masse des positiven Rechts ausmacht.

Am augenfälligsten ergab sich aber die Bedeutung der Gerechtigkeit für das Recht und zwar hier das menschlich gesetzte Recht in Form der Billigkeit. Diese — als die das fehlerhafte menschlich gesetzte Recht an den Regeln der naturrechtlichen Gerechtigkeit orientierende Art der Gerechtigkeit — war ja geradezu die systematische Verwirklichung und deutlichste Verkörperung der Funktion der Gerechtigkeit als des Sollensprinzips alles menschlich zu setzenden und gesetzten Rechts. In dieser ihrer Form — also als Billigkeit — stellt die Gerechtigkeit als das Sollensprinzip des menschlich gesetzten Rechts mithin die Synthese dar zwischen der These des geschriebenen Rechts und der Antithese des ungeschriebenen Rechts.

Die spätaristotelische Gerechtigkeit enthält demnach als vorhergegebene Form nicht nur die ethische Begründung und inhaltliche Bestimmung des natürlichen Rechts, so daß dieses sich von der Gerechtigkeit lediglich unterscheidet wie die objektive Norm von dem ihr entsprechenden, auf ihre Verwirklichung gerichteten menschlichen Habitus, sondern sie gibt darüber hinausgehend auch dem nicht vorhergegebenen nomischen Recht Verbindlichkeit. Ihre höchste Bedeutung erlangt die spätaristotelische Gerechtigkeit schließlich dadurch, daß sie als das naturrechtliche Sollensprinzip alles menschlich zu setzenden und gesetzten Rechts auftritt. Indem sie aber einerseits als solches auftritt und andererseits als Tugend erscheint, verbindet sie die Ethik mit dem Recht und stellt dadurch das letztere sowohl in seiner rechtsphilosophischen Begründung wie in seiner inhaltlichen Bestimmung in das System der ethischen Teleologie.

Insofern Aristoteles die Gerechtigkeit in solch eindeutiger Form zur Grundlage der gesamten Rechtsordnung und zwar auch der positiven macht und hierdurch das Recht vorwiegend unter rechtsphilosophischen Aspekten sieht, wird sein Rechtssystem — das als ein nur bruchstückartiges und lediglich in seiner Grundanlage skizzenhaft ausgeführtes angesehen werden kann — zu einem vorwiegend rechtsphilosophisch orientierten.

So wird zunächst schon die grundlegende aristotelische Immanenzlehre gerade für das aristotelische Rechtssystem und die aristotelische Rechtsphilosophie bedeutsam. Sie ermöglichte nämlich dem Aristoteles die Annahme einer jedem Menschen immanenten Rechtsidee, nämlich einer ohne menschliche Satzung bestehenden realen geistigen Rechtsordnung, welche in der einzelnen menschlichen Natur vorhergegeben und aus ihr heraus erkennbar ist.

Diese Lehre führte zwar einerseits dazu, daß eine reale transzendente Rechtsidee und damit eine unmittelbare Verbindung mit einem göttlichen Recht abgelehnt[134]) und ein allgemeines, außerhalb der menschlichen Natur gelegenes Recht als bloßes Nomen, nicht aber als Realität angesehen wurde, andererseits aber auch zu der äußerst fruchtbaren grundsätzlichen Unterscheidung eines in der Rechtsidee vorhergegebenen und eines nicht vorhergegebenen und erst durch menschliche Satzung erzeugbaren Rechts, also eines Rechts, hinter dem Ideen stehen, und eines solchen, hinter dem keine Ideen stehen. Diese Unterscheidung ist von Aristoteles mit aller Schärfe durchgeführt worden, indem er nicht neben die vielen denkbaren Rechtsarten u. a. die des Naturrechts hinstellte, sondern neben das natürliche Recht vielmehr nur dasjenige stellte, welches ideenmäßig nicht vorhergegeben, also ethisch oder naturrechtlich neutral ist, nämlich das nomische Recht, das sich mit dem natürlichen Recht in keinem Punkte, auch nicht teilweise deckt. Das natürliche Recht kann zwar auch vom Menschen nochmals gesetzt werden, es kann also ἀνθρώπινον δίκαιον sein — und gerade dies ist sehr häufig der Fall[135]) — es kann aber nie νομικὸν δίκαιον sein. Diese eindeutige grundsätzliche Gegenüberstellung zweier sich nicht überschneidender Rechtsarten und die damit erfolgte Ausdehnung des natürlichen Rechts auf alles durch die Rechtsidee vorhergegebene Recht, aber auch seine Beschränkung auf dieses und die grundsätzlich systemmäßige Schaffung eines dem natürlichen Recht gegenüberstehenden nicht vorhergegebenen, ethisch an sich neutralen Rechts[136]) findet sich in der Rechtsphilosophie erstmalig in dieser Deutlichkeit und ist erheblich fruchtbarer, als es viele moderne formale Einteilungen des Rechtssystems sind[137]). Denn diese

---

[134]) Obwohl A. andererseits — neben der bereits früher S. 18ff. erwähnten mittelbaren Verbindung — nunmehr auch ausdrücklich wieder eine gewisse Verbindung mit dem Göttlichen anerkennt, wenn er Pol III 16 1287 a 28ff. (491) sagt, wer verlange, daß das Gesetz im Gegensatz zum Menschen herrsche, der verlange eigentlich, daß die Gottheit und die Vernunft herrschten.

[135]) So daß der oben auf S. 159 vom γεγραμμένος νόμος das ἀνθρώπινον δίκαιον zum φυσικὸν δίκαιον hin durchlaufende Strich mit dem zum νομικὸν δίκαιον hin laufenden quantitätsmäßig den größten Teil des Rechts umfaßt.

[136]) Vgl. entsprechend v. Hippel I S. 110: „Denn es ist ein völliger Irrtum anzunehmen, daß es sich bei rechtlichen Werturteilen stets um die Frage der Gerechtigkeit handelt".

[137]) Von dieser arist. Erkenntnis her läßt sich beispielsweise insbesondere für das Recht das gegen die materiale Wertethik gerichtete Argument Binders S. 418 widerlegen, die „Idee des Rechts" sage nicht, diese und jene Rechtssätze sollten schlechthin in jeder menschlichen Gemeinschaft gelten, weil sich sonst aus der „Idee des Rechts ein System unmittelbar anwendbarer Rechtssätze von irgendwelcher Gültigkeit gewinnen lassen" müßte, „die auf jede Lage passen und in jeder kategorisch gelten würden", was „alle positive Gesetzgebung überflüssig machen würde".

Hiergegen läßt sich mit A. sagen, daß es ein natürliches, rechtsideell vorhergegebenes Recht und zwar mit — nach arist. Vorstellung — ma-

grundsätzliche Trennung betont nicht nur nochmals mit aller Deutlichkeit — denn gerade aus diesem Grunde wurde sie gemacht —, daß die durch die Gerechtigkeit näher bestimmte Rechtsidee, das natürliche Recht, das Sollensprinzip jeder durch den Menschen zu setzenden Rechtsordnung ist, sondern sie gibt hierfür auch nähere Richtlinien, nämlich daß lediglich ethisch neutrale, durch die Rechtsidee nicht vorhergegebene Fragen[138]) in ihrer Gestaltung der freien Entscheidung des Menschen überlassen bleiben, daß aber alle anderen gemäß der dem Menschen immanenten Rechtsidee geregelt werden sollen. Es läßt sich dem entgegenhalten, daß es oft nicht möglich sei zu erkennen, ob etwas durch die Rechtsidee vorhergegeben ist oder nicht, geschweige denn, wie es inhaltlich vorhergegeben ist. Dieser Einwand hat durchaus eine gewisse Berechtigung. Jedoch läßt er einerseits die grundsätzliche Richtigkeit dieser aristotelischen Lehre unberührt, andererseits ist er trotz seiner weitgehenden Berechtigung ein in der Gesamtzahl der Fälle weit seltener zutreffender, als man es manchmal annehmen möchte. Dies zeigt sich z. B. besonders deutlich im weit weniger den Einflüssen der Macht anstatt des Rechts unterliegenden Zivilrecht. Es läßt sich nicht leugnen, daß eine große Anzahl der in diesem zu regelnden Fragen unabhängig von jeder früheren Rechtsüberlieferung oder menschlichen Rechtssetzung bereits eine weithin allgemein geltende vorhergegebene Rechtsauffassung,

---

terialem Gehalt, daneben aber auch ein nicht vorhergegebenes nomisches Recht gibt. Abgesehen davon, daß das natürliche Recht zum Zwecke der Ausstattung mit dem Rechtszwang häufig erneut als menschliches Recht gesetzt werden muß, erfordert mithin das nomische Recht schon eine menschliche Setzung, da es ohne diese gar nicht zur Existenz kommt, so daß aus der Notwendigkeit des positiven Rechts unmöglich auf das Nichtgegebensein einer realen, materialen Rechtsidee geschlossen werden kann. Zugleich widerlegt sich von der arist. Auffassung her auch das weitere in den Binderschen Ausführungen enthaltene, gegen eine materiale Rechtsidee gerichtete Argument, diese müßte auf jede Lage passende und in jeder Lage kategorisch geltende Rechtssätze unmittelbar geben. Denn wie A. es als grundlegend für das ganze System der Ethik und insbesondere in Verbindung mit der Billigkeit für das Gebiet des Rechts nachgewiesen hat, ist die Akribie in der Ethik unmöglich. Dies hat A. dann nochmals erneut betont, wenn er ausführt, die Veränderlichkeit des natürlichen Rechts stelle keine Widerlegung dessen dar, daß es (inhaltlich) trotzdem vorhergegeben sei. Es zeigt sich hier deutlich die rechtsphilosophische Brauchbarkeit der arist. Lehre.

[138]) Heute z. B. die durch § 8 Abs. 2 S. 1 StVO geregelte Frage, ob Fahrzeuge links oder rechts fahren sollen, die in § 167 FGG geregelte, wer für die gerichtliche Beurkundung eines Rechtsgeschäfts zuständig ist, die in § 1115 BGB geklärte, was bei der Hypothekeneintragung ins Grundbuch einzutragen ist, die in § 808 ZPO gegebenen Vorschriften für die Durchführung der Mobilarpfändung, der in § 317 ZPO geregelte Gang der Urteilszustellung sowie ein sehr großer Teil der ZPO — Bestimmungen usw.

eine Rechtsidee zur Grundlage hat[139]). Aristoteles selbst sagt — wie oben ausgeführt —, es sei δῆλον, deutlich offenbar, welches Recht durch die Rechtsidee vorherbestimmt sei und welches nicht. Diese aristotelische Unterscheidung läßt sich nicht nur fruchtbringend bei auch heute noch oder vielmehr insbesondere heute aktuellen Fragen wie z. B. derjenigen, inwieweit ethische Fragen behandelnde Instanzen, beispielsweise Philosophie, Konfession und damit auch die Kirchen, zur „Einmischung" in Staatsangelegenheiten berechtigt sind, verwerten, sondern insbesondere auch bei der Rechtssetzung und Rechtsfindung selbst[140]).

[139]) Z. B. etwa der u. a. in den §§ 433, 535, 598 BGB enthaltene Rechtssatz, daß ein Vertrag zu erfüllen ist; der in den §§ 823ff. BGB zum Ausdruck kommende, daß der vorsätzlich die Rechtsgüter eines anderen Verletzende zum Schadensersatz verpflichtet ist; aber auch die erst durch eine bestimmte positive Rechtsregelung, z. B. durch die auf der gemischten Verwendung der sogen. Willens- und der sogen. Erklärungstheorie beruhende Zulassung des Anfechtungsrechts in den §§ 119, 120, 123 BGB erst entstandene Frage des Schadensersatzes seitens des Anfechtenden, die in § 122 BGB behandelt wird. Diese Beispiele ließen sich um unzählige vermehren.

[140]) Das kann im Rahmen dieser Arbeit nicht im einzelnen an vielen Beispielen dargetan werden. Es möge vielmehr ein einziges — nämlich das bekannte Problem des Ausgleichs der Drittsicherer (vgl. Staudinger Anm. 2b zu § 1225, Palandt Anm. 2 zu § 1225 und als modernere Spezialschrift Braun-Melchior) — genügen. Dies ist gerade deshalb besonders geeignet, als bei der rechtswissenschaftlichen und der gesetzgeberischen Behandlung dieses Problems des öfteren auf die G. oder sonstige außerhalb des positiven Rechts gelegene Begriffe zurückgegriffen wurde und damit vorhergegebene, also rechtsideelle Kriterien anerkannt wurden. Daß dabei die Frage nach der G. und damit nach der Rechtsidee erst auf Grund bestimmter positiver Rechtsregelungen, nämlich des Forderungsübergangs gegen den Hauptschuldner auf den befriedigenden Sicherer (§§ 774 Abs. 1 S. 1, 1143 Abs. 1 S. 1, 1225 S. 1 BGB), entsteht, ändert an der Brauchbarkeit dieses Problems zum Nachweis der Fruchtbarkeit der arist. Trennung zwischen einem vorhergegebenen natürlichen und einem nicht vorhergegebenen nomischen Rechts nichts (vgl. auch oben Anm. 139).

Die dieses Problem ausmachende Frage, ob bei mehrfacher Sicherung einer Forderung — beispielsweise durch eine Bürgschaft und durch ein Pfand — im Falle einer Befriedigung des Gläubigers durch einen der Sicherer — etwa den Verpfänder — auf den letzteren neben der Hauptforderung gegen den Hauptschuldner auch noch die zweite Sicherung — also hier die Bürgschaftsforderung gegen den Bürgen — übergeht, hat nun insbesondere in der Rechtswissenschaft eine für die Frage der arist. grundsätzlichen Trennung in ein natürliches, ideell vorherbestimmtes und ein ideenmäßig nicht vorhergegebenes Recht interessante Behandlung erfahren, insofern bei ihr — wie schon erwähnt — das Vorhandensein eines vorhergegebenen G.-gesichtspunktes und damit der arist. Rechtsidee — wenn auch häufig vielleicht nicht voll bewußt — durchaus anerkannt, aber nie zum Ausgangspunkt der Untersuchung gemacht, sondern vielmehr sehr weitgehend ohne jede Verbindung mit dieser Rechtsidee und ohne Berücksichtigung der ratio legis rein formell konstruiert und der G.-gesichtspunkt höchstens ab und zu einmal beiläufig zur Rechtfertigung erwähnt, nicht aber zur Begründung herangezogen wurde.

Es handelt sich nämlich hier um eine durch eine Rechtsidee vorher-

Es zeigt sich hieran, daß die aristotelische Einteilung des Rechtssystems — die allerdings für das mehr beiläufig erwähnte οἰκονομικὸν

bestimmte Frage, denn es ist vom Standpunkt einer durch das BGB unbeeinflußten G. durchaus nicht gleichgültig, ob der Bürge seinerseits dem Verpfänder nach der Ablösung der Hauptforderung durch den letzteren verpflichtet ist oder nicht, denn abgesehen von jeder positivrechtlichen Regelung hat sich jeder der beiden Sicherer dem Gläubiger gegenüber zur Haftung und zwar sekundär neben der primären Schuld des Hauptschuldners verpflichtet. Nicht aber haben sich die Sicherer ihrerseits untereinander zum Ausgleich im Haftungsfall verpflichtet, so daß demnach ein Ausgleich in keiner Weise vereinbart ist und infolgedessen die Heranziehung eines Sicherers — also hier des Bürgen — zum Ausgleich als vielleicht praktische und die Zahlungslast besser verteilende, aber als in keiner Weise vereinbarte und demnach ungerechte Maßnahme erschiene (so wird dies auch in der Literatur mehrfach beiläufig als ungerecht bezeichnet; vgl. Planck 4. Aufl. Anm. 2c zu § 1225, der zutreffend die volle Haftung des Verpfänders ohne Ausgleichsanspruchs gegen einen anderen Verpfänder mit treffenden Worten als gerecht bezeichnet; Breit S. 291 hält es in auffallender Übereinstimmung mit dem das natürliche Recht meinenden arist. κοινὸν δίκαιον für „ein allgemeines Rechtsprinzip", daß „aus der bloßen Tatsache der Befriedigung" ein Übergang anderer Sicherungsrechte nicht folge; die Mot. III S. 685f. berufen sich in ähnlicher Weise darauf, daß ein Sozietätsverhältnis bei der Gesamthypothek „nicht der juristischen Logik" entspreche; die D. S. 152 sieht im gleichen Falle einen Ausgleich als „unbillig" an; ebenso spricht bei anderen Sicherungen, aber entsprechenden Fällen Kanka S. 169 von unbillig und entsprechend Guyet Anm. 21. In all diesem beruft man sich — ob es G., Billigkeit oder allgemeines Rechtsprinzip oder juristische Logik usw. genannt wird — in Wahrheit nur auf die arist. dem Menschen immanente reale Rechtsidee und nicht auf irgendeine menschlich gesetzte positive Rechtsordnung). Auf eine solche Art ließen sich alle Schulden bequem verteilen, indem sie auf alle Staatsbürger gleichmäßig verteilt würden.

Für das Verhältnis des Verpfänders zum Bürgen ist die Tatsache, daß sich dieses Problem aus außerhalb des BGB gelegenen Gesichtspunkten klärt, sogar darüber hinausgehend allgemein anerkannt. Dies ergibt sich neben den bereits vorhin aufgeführten Stellen insbesondere daraus, daß keine der beiden in dieser Frage vertretenen Meinungen die Bürgschaftsforderung auf den befriedigenden Verpfänder voll übergehen läßt, obwohl man dies nach den §§ 1225, 412, 401 BGB annehmen müßte. Vielmehr läßt die eine Meinung (vgl. Staudinger Anm. 2b zu § 1225 mit weiteren Zitaten) die Bürgschaftsforderung ohne ausdrückliche gesetzliche Grundlage nur anteilsweise übergehen, sei es, daß man dies u. a. aus einem allgemeinen Rechtsprinzip (vgl. Breit), sei es, daß man es aus rechtspolitischen Gesichtspunkten ableitet (Weiß). Die andere Meinung (vgl. u. a. Strohal I, II und insbesondere Braun-Melchior S. 204f. mit weiteren Zitaten) dagegen läßt die Bürgschaftsforderung nicht übergehen, gibt also keinen Ausgleich. Beide Meinungen wenden also bewußt die gesetzliche Regelung der §§ 1225, 412, 401 BGB entweder nur teilweise oder gar nicht an.

Das BGB selbst enthält nun keine ausdrückliche gesetzliche Regelung. Es kommen lediglich die allgemeinen Bestimmungen der §§ 412, 401 BGB in Betracht, die aber — wie erwähnt — von keinem einzigen Schriftsteller in der vorliegenden Frage voll angewandt werden, denn nach diesen ginge — so ist wenigstens die Auffassung sämtlicher Schriftsteller — die Bürgschaftsforderung voll auf den befriedigenden Verpfänder über.

δίκαιον von Aristoteles nicht mehr ausdrücklich durchgeführt wird — eine eigentlich philosophische und äußerst gehaltvolle ist, die auch

---

Das Gesetz läßt somit eine ausdrückliche Regelung vermissen. Die allgemeine Regelung der §§ 412, 401 BGB wird dagegen einstimmig von beiden Meinungen nicht angewandt. Andererseits ist man sich nach dem vorherigen weitgehend darüber klar, daß die Entscheidung der Frage vom Standpunkt der G. keineswegs so gleichbedeutend ist wie etwa die Frage, ob man den Straßenverkehr rechts oder links fahren lassen soll. Nach all diesem — also bei dieser Übereinstimmung darin, daß das BGB ohne jede außerhalb seiner selbst liegenden Erwägungen keine Hilfe bringen kann, daß jedenfalls aber der (gemäß § 412 BGB auf den Forderungsübergang kraft Gesetzes entsprechende Anwendung findende, den Übergang der sichernden Bürgschaftsrechte anordnende) § 401 BGB keine uneingeschränkte Anwendung finden kann — hätte man, da man sich damit — jedenfalls vermeintlich — ohnedies vom Gesetz trennte, schlechthin von der Gerechtigkeit, von der Rechtsidee ausgehen und nicht statt dessen nach sachlich nicht gerechtfertigten aus dem BGB sich ergebenden Konstruktionsmöglichkeiten suchen sollen, wobei dann teilweise trotzdem wieder die (vermeintlich) unbrauchbaren §§ 412, 401 BGB benutzt werden. So verfährt z. B. ein großer Teil der herrschenden Lehre, die aus einer (mit der zur Erörterung stehenden Frage innerlich zusammenhanglosen) im Gesetz zum Ausdruck kommenden Besserstellung des Bürgen gegenüber dem Verpfänder folgern will, daß überhaupt kein Ausgleich und damit kein Übergang der Bürgschaftsforderung stattfinde, dabei aber trotzdem wieder die im Endergebnis nicht verwandten §§ 412, 401 BGB zugrundegelegt, also zum Zwecke der Beseitigung der §§ 412, 401 BGB gerade von deren Geltung ausgeht und damit im ganzen gesehen ohne wirklichen innerlichen Zusammenhang mit der zur Erörterung stehenden Frage, ohne wirklichen Gehalt, nämlich ohne Berücksichtigung der Rechtsidee, bloß konstruiert (Strohal I, II; Martinius; Sternberg S. 557; Tasse S. 70ff.). Völlig freigemacht von dieser formellen und weitgehend an sogenannte Begriffsjurisprudenz erinnernden Handhabung der §§ 412, 401 BGB hat sich die herrschende Lehre erst bei Braun-Melchior, die erstmalig den § 401 BGB zutreffend nicht als die Ausgleichspflicht begründend ansieht, sondern zur Anwendung des § 401 BGB eine bereits bestehende Ausgleichspflicht voraussetzt, wobei sie allerdings auch nicht von einer Rechtsidee ausgeht, sondern rein rechtspolitische Argumentationen bringt (Braun-Melchior S. 199ff.).

Das Problem — das in seiner konstruktionsmäßigen Problematik anhand des BGB hier nicht entfernt im einzelnen dargestellt werden kann — ist somit von Braun-Melchior sowohl im Ergebnis, als auch erstmalig in der Begründung, nämlich in der Ablehnung der formellen Anwendung der §§ 412, 401 BGB, richtig behandelt worden.

Trotzdem stellen alle diese Versuche nicht den besten Weg zur Lösung dar. Gemäß der aus der arist. Lehre zu folgernden primären Bedeutung der Rechtsidee hätte man von dieser ausgehen und den Gesetzeswortlaut und die gesetzliche Konstruktion in ständiger Verbindung mit dieser Rechtsidee halten sollen. Dabei kommt man nämlich in Übereinstimmung mit dem Gesetzeswortlaut zu einer erheblich stichhaltigeren, weil sachlichen, Begründung zum gleichen Ergebnis wie die herrschende Lehre. Diese Begründung stellt sich folgendermaßen dar:

Sowohl der Schuldner wie der Sicherer haben sich einer bestimmten Person gegenüber verpflichtet (bzw. — so beim Pfandrecht — an eine bestimmte Person verfügt), so daß an sich eine Übertragung der Gläubiger-

heute noch höchste Brauchbarkeit besitzt. Gleichzeitig hat sich damit ergeben, daß sich bei Aristoteles erstmalig eine rechtsphilosophische,

---

rechte ohne ihren Willen nicht möglich sein dürfte. Wenn das Gesetz nun in § 398 BGB, einem zwingenden Bedürfnis des Rechtsverkehrs folgend, die — an sich dem Wesen der Obligation widersprechende (Planck 4. Aufl. Vorb. I 2c α; das ältere römische Recht kannte noch keine Zession) — Abtretung der Forderung zuläßt, so fordert es die Rechtsidee, die G., daß diese Rechtsübertragung, wenn sie schon ohne Rücksicht auf den Willen des Schuldners und der Sicherer gestattet wird, den letzteren auf keinen Fall einen Nachteil bringt (Enneccerus-Lehmann § 80). Weil alle sich nur in einem bestimmten Maß gegenüber einer Person verpflichtet haben, darf die Rechtsübertragung auf eine andere Person auch gerechterweise keine nachteiligere Verpflichtung und Rechtsposition mit sich bringen. (Dieser rechtsideelle Grundsatz wird auf das deutlichste durch die umfangreichen Schutzregeln für den Schuldner positivrechtlich durchgeführt, die den größten Teil des vierten Abschnitts — insbesondere die §§ 404, 406 bis 410 BGB — ausmachen und entsprechend dieser Rechtsidee gemäß § 412 BGB — und zwar, weil § 405 BGB nicht bezogen ist, noch in verstärktem Maße — für den Sicherer gelten). Ohne daß gegen diesen rechtsideellen Grundsatz des Zessionsrechts verstoßen wird, kann nun im Normalfall der vertraglichen wie auch der gesetzlichen (z. B. § 82 S. 2 BGB) Übertragung sowohl diese Übertragung selbst gestattet als auch das in § 401 BGB zum Ausdruck kommende, im Interesse des neuen Gläubigers und damit des Rechtsverkehrs aufgestellte Prinzip, daß die Forderung trotz der Übertragung möglichst ihren Wert behalten und deshalb die Sicherung mit übergehen soll, befolgt werden. Denn ob Y oder Z Gläubiger ist, kann sowohl dem Schuldner als auch dem Sicherer gleichgültig sein, handelt es sich doch lediglich um einen Personenwechsel, der keinen Rechtsnachteil bringt und somit nicht gegen die Rechtsidee verstößt. Die Anwendung des § 401 BGB ist also durchaus berechtigt.

Ganz anders ist es aber, wenn die Forderung auf einen der in § 401 BGB selbst bezeichneten Sicherer übergeht. Der Übergang der Hauptforderung ist zwar hier ebenso wie bisher gerechtfertigt. Dagegen verstieße die Rechtsübertragung im Hinblick auf die übrigen Sicherer gegen die Rechtsidee, nämlich den obigen primären Grundsatz, daß die Rechtsübertragung ihnen keinen Nachteil bringen darf. Denn es handelt sich jetzt für sie nicht mehr lediglich um einen bloßen Personenwechsel auf der Berechtigtenseite, sondern dazu um einen Ausfall auf der Verpflichtetenseite, weil der neue Gläubiger als Sicherer wegfällt (sei es unmittelbar durch Konfusion bzw. § 1256 Abs. 1 BGB, sei es mittelbar durch eine Löschung der nach § 1163 Abs. 1 S. 2 BGB entstandenen Eigentümergrundschuld). Die Rechtsübertragung hat also für sie eine Verminderung des sichernden Gesamtwertes und damit eine Vergrößerung der Gefahr, daß die sekundäre Haftung der Sicherer realisiert wird, zur Folge, also einen eindeutigen Rechtsnachteil. Damit würde aber eine Übertragung des Sicherungsrechtes in diesem Fall, nämlich auf den befriedigenden Sicherer, gegen die Gerechtigkeit verstoßen, nämlich gegen den obigen rechtsideellen Grundsatz, daß die Übertragung dem Schuldner oder Sicherer keinen Nachteil bringen darf.

Demnach dürfte § 401 BGB in diesem Falle keine Anwendung finden. Untersucht man nun nach Auffindung dieses rechtsideellen Ergebnisses den Gesetzeswortlaut, so läßt sich dieser mit diesem Ergebnis genauestens und auf einfache Weise in Einklang bringen. Die Anwendung des § 401 BGB auf die Fälle des Forderungsübergangs bei Befriedigung durch den Dritt-

eine wissenschaftliche Begründung und Verwertung des Naturrechts findet, denn sein φυσικὸν δίκαιον, die im Menschen immanente reale

---

sicherer wird nämlich angeordnet durch § 412 BGB, nach dem § 401 auf die Übertragung einer Forderung kraft Gesetzes „entsprechende Anwendung" findet. Eine unbedingte Anwendung des § 401 BGB wird also nicht angeordnet, sondern nur eine entsprechende (= analoge). Dies bedeutet aber, daß der Grund für die Anwendung des § 401 BGB — wie er im oben gezeigten Normalfall der vertraglichen Zession gemäß § 398 BGB im Prinzip der im Verkehrsinteresse liegenden Werterhaltung der Forderung unter Vermeidung jeglicher Schädigung des Schuldners und der Sicherer liegt — auch in den Fällen des § 412 BGB gegeben sein muß, damit § 401 BGB Anwendung finden kann, denn nur dann ist die Anwendung des § 401 BGB auf den gesetzlichen Übergang eine der Regelung der §§ 398, 401 BGB entsprechende.

Da aber nun — wie sich bei der obigen rechtsideellen Untersuchung bereits ergeben hatte — im Normalfall der Rechtsübertragung gemäß den §§ 398, 401 BGB gegen die obige Rechtsidee, nämlich den dem gesamten Zessionsrecht zugrundeliegenden Gerechtigkeitsgrundsatz, daß die Zession dem Schuldner und den Sicherern keinen Rechtsnachteil bringen darf, nicht verstoßen wird, im Falle des Forderungsübergangs auf einen der in § 401 BGB selbst bezeichneten Sicherer — wie des weiteren oben bereits dargelegt wurde — dagegen wohl, ist die Anwendung des § 401 BGB auf die Fälle der Rechtsübertragung auf einen der in § 401 BGB bezeichneten Sicherer keine der Anwendung des § 401 BGB auf den Normalfall entsprechende. Auch nach den Gesetzeswortlaut ist demnach § 401 BGB hier nicht anwendbar.

Anwendbar wird § 401 BGB in diesen Fällen erst, wenn der Verstoß gegen den rechtsideellen Grundsatz wegfällt, also wenn die Rechtsübertragung dem verbleibenden Sicherer keinen Nachteil bereitet. Das ist aber dann und soweit der Fall, wenn und soweit dieser dem in die Gläubigerposition aufrückenden Sicherer zur Ausgleichung verpflichtet ist (z. B. aus Vertrag), denn hier schadet ihm dessen Wegfall als Sicherer nicht, da ihm dessen Existenz als Sicherer auch nichts nutzt, weil er ihm sowieso zum Ausgleich verpflichtet ist. Demnach ist eine entsprechende Anwendung des § 401 BGB, wie sie § 412 BGB fordert, auf den gesetzlichen Übergang der Hauptforderung auf einen der in § 401 BGB bezeichneten Sicherer nur möglich, wenn und soweit ein Ausgleichungsanspruch des bisherigen Sicherers gegen den verbleibenden Sicherer besteht.

Dieses Ergebnis deckt sich genau mit dem der herrschenden Lehre in ihrer besten Fortentwicklung seitens Braun-Melchior (vgl. oben).

Die oben durchgeführte Lösung dieses bekannten Problems zeigt aber, daß sich auch rein rechtsideell arbeiten läßt und daß man damit oft der ratio legis durchaus besser gerecht werden und eine mit dem Gesetzeswortlaut genauestens übereinstimmende Lösung finden kann. Im arist. Sinne gesprochen wurde nämlich im vorherigen das bekannte Problem des Ausgleichs der Drittsicherer zunächst vom Standpunkte des φυσικὸν δίκαιον her entwickelt — was hier möglich war, weil es sich hier um eine dessen Bereich angehörige und damit durch eine vorhergegebene Rechtsidee, also durch die G., geregelte Frage handelte — und dann das vom φυσικὸν δ. her gefundene Ergebnis, das außerdem vom BGB, also vom ἀνθρώπινον δ. oder γεγραμμένος νόμος in zutreffender Weise weitgehend als ratio legis erkannt und zum Ausdruck gebracht worden war, mit dem BGB in Einklang gebracht.

An diesem einzigen Beispiel — dessen Problematik, wie gezeigt, in der

Rechtsidee, ist Naturrecht, nämlich ein Recht, das unabhängig von menschlicher Satzung sich bereits aus der menschlichen Natur ergibt[141]).

Literatur immer wieder beiläufig mit der Gerechtigkeit in Verbindung gebracht worden ist — zeigt sich bereits die Fruchtbarkeit und erweist sich praktisch die Berechtigung der arist. Lehre und der Einteilung des arist. Rechtssystems. Indem nämlich bei der vorherigen beispielhaften Lösung dieses Problems nicht nur gelegentlich beiläufig auf die Gerechtigkeit verwiesen, sondern — weil es sich um φυσικὸν δ. handelte — grundsätzlich von der Gerechtigkeit ausgegangen und erst dann auf das positive Recht zurückgegriffen und damit eine sowohl gerechte, wie dem genauen Wortlaut des positiven Rechts entsprechende, wie schließlich auch in der Argumentation sachliche Lösung gefunden wurde, bewies dieses Beispiel nicht nur, daß ein naturrechtliches Arbeiten im arist. Sinne möglich, sondern auch, daß es in Fragen des natürlichen Rechts notwendig ist. Daß hierbei gewisse Institutionen des positiven Rechts (wie z. B. die Abtretung) zugrundegelegt und teilweise nicht nur axiomatische Grundsätze (wie etwa der, daß Verträge zu erfüllen sind), sondern auch Konklusionen zur Ermittlung des Gerechten verwandt wurden, ändert an alledem nichts.

Zusammenfassend läßt sich also feststellen, daß nach diesem Beispiel die arist. rechtsphilosophische Unterscheidung eines natürlichen und eines nomischen Rechts sowie die hierdurch verdeutlichte Regel, daß auf dem Gebiet des natürlichen Rechts dieses dem menschlich gesetzten Recht gegenüber höherrangig ist, nicht nur ihre tiefe Berechtigung haben, sondern für Rechtswissenschaft und Rechtsprechung auch heute von höchst aktueller Bedeutung sind.

[141]) Wenn Sal. S. 59 und S. 55 f. feststellt, das φυσικὸν δ. sei kein Naturrecht und A. nicht der Begründer des Naturrechts, so ist dies ebensosehr im Ergebnis wie auch in der Begründung unrichtig. Das Argument S. 55, „daß das δίκαιον φυσικὸν nicht nach der Seite der Menschenrechte zielt — wie das doch ein wesentlicher Inhalt dessen ist, was gemeinhin der historischen Entwicklung entsprechend unter Naturrecht verstanden wird ...“, ist nicht beweiskräftig für die Sal.-sche These. Das Problem der Menschenrechte als solches war damals noch gar nicht in der Schärfe aufgetaucht, wie es sozusagen als geschichtliche Antithesis zur Thesis des Absolutismus in viel späterer Zeit entstand. Schon deshalb ist es — insbesondere für den Empiriker A. — verständlich, daß er im Zusammenhang mit dem φυσικὸν δ. nicht über die Menschenrechte spricht, zumal er bei Behandlung des φυσικὸν δ. selbst ja überhaupt keine weiterreichenden Ausführungen als die grundsätzliche Wesensbestimmung desselben bringt. Hinzukommt aber insb., daß A. diesen gesamten Fragenkomplex von einer ganz anderen Seite her durcharbeitet als derjenigen, die zu einer näheren Inhaltsbestimmung und evtl. auch zur Behandlung der Menschenrechte bei Erörterung des φυσικὸν δ. hätte führen können. Er untersucht nämlich, wie dargetan, die Ethik und insb. das Recht nicht vom Ausgangspunkt des objektiven Normensystems her, sondern vielmehr von der Ausgangsfrage aus, wie habe ich mich zu verhalten, um glückselig zu werden. Nicht die objektive Norm, das Recht, sondern die ethische Verhaltensweise, die Tugend, also die G., ist der Ausgangspunkt. Daher behandelt Buch V der NE ja auch im wesentlichen nur die G. und nur gelegentlich das Recht. Schon dieser Umstand allein macht es neben den bereits angeführten sogar durchaus selbstverständlich, daß A. in seiner Ethik und insb. bei der gelegentlichen Erörterung des Rechts nicht von den Menschenrechten spricht. Gegen die Auffassung des φυσικὸν δ. als Naturrecht — das überdies über die von ihm umfaßte bes. G. und deren Regel, jedem das Seine zu geben, die Menschen-

Es erwies sich ferner aus dem Bisherigen, daß dem Aristoteles dieses natürliche Recht das erstrangige Recht war, daß sich also das von Menschen zu setzende Recht, soweit es durch das natürliche Recht bereits vorhergegeben war, nach dem letzteren zu richten hat, denn das ist der Sinn seiner gesamten, das Naturrecht ausmachenden Darstellungen über die Gerechtigkeit und überhaupt der ausdrücklichen Aufstellung eines allgemein geltenden natürlichen Rechts. Aber auch ausdrücklich hat Aristoteles das natürliche Recht für das bessere erklärt als das durch Gesetz festgesetzte [142]). Ferner sieht er die dem ἁπλῶς δίκαιον, das oben als Nomen für die immanente Rechtsidee nachgewiesen wurde, entsprechenden Staatsverfassungen als die richtigen an [143]) und hält die — zum Teil mit dem natürlichen Recht übereinstimmenden, jedenfalls aber ungeschriebenen — Gesetze der Gewohnheit und Sitte (τὸ ἔθος) für mächtiger und wichtiger als die geschriebenen Gesetze [144]). Dies ist bei der auf dem Empirismus beruhenden hohen Meinung des Aristoteles von der allgemeinen Übereinstimmung, von der Auffassung älterer Autoritäten, soweit sie eine einheitliche Meinung vertreten, und bei seiner gerade für die Behandlung ethischer Fragen charakteristischen ständigen empirischen Heranziehung von Sprichwörtern, poetischen Sentenzen, Etymologien und gewöhnlichen und herkömmlichen Ansichten [145]) auch durchaus erklär-

---

rechte zwar nicht ausdrücklich, aber wesensmäßig ohnehin schon mitumfaßt — ist damit also keineswegs etwas gesagt.

Auch die Ausführungen S. 55, das δ. φυσικὸν sei in gleicher Weise wie das δ. νομικὸν dem δ. πολιτικὸν untergeordnet, es setze also den πολίτης, die πόλις, den νόμος voraus, sind unrichtig und verkennen das Wesen des δ. φυσικόν. Das δ. πολιτικὸν setzt vielmehr keineswegs den νόμος voraus, sondern es bezeichnet eben nur das Recht, welches den Staat betrifft. Die Sal.-sche Auffassung läßt sich weder aus dem Wortsinn des πολιτικὸν δ., noch aus arist. Stellen rechtfertigen (Sal. bringt hier keine Belege), sondern nur widerlegen. Gerade darin liegt ja — was Sal. S. 52f., S. 48f. selbst richtig ausführt — der Unterschied zwischen dem φυσικὸν und dem νομικὸν δ., daß das erstere unabhängig davon gilt, ob man es festsetzt oder nicht, daß letzteres dagegen erst durch die Satzung entsteht. Deutlicher konnte A. nicht sagen, daß das φυσικὸν δ. nicht auf dem νόμος (falls man hier nicht von νόμος im weiten Sinne als dem ἄγραφος νόμος sprechen sollte) beruht und diesen keineswegs voraussetzt. Wenn Sal. dann S. 56 sagt: „Ebensowenig ist es aus seinen Werken zu belegen, wenn ihm als ⟨tiefblickendem Forscher⟩ die Ansicht zugeschoben wird (Sauer, Lehrb. d. Rechts- u. Staatsphilosophie 1929 23), daß das Recht nicht nur durch Satzung, sondern ⟨auch⟩ durch ⟨das menschliche Wesen⟩ begründet sei", so ist dies in seiner Inkonsequenz unverständlich.

Die Unrichtigkeit der Sal.-schen These, die ja auch dadurch besonders deutlich wird, daß A. selbst von φυσικὸν δ. also von natürlichem Recht, spricht, ergibt sich im übrigen auch aus den bereits im Text gemachten Ausführungen.

Richtig faßt z. B. Sauter S. 41ff. A. als Naturrechtler auf.

[142]) MM I 34 1195 a 6 (955). [143]) Pol III 6 1279 a 17ff. (462).

[144]) Pol III 16 1287 b 5ff. (492).

[145]) Vgl. hierzu im einzelnen Goed. II. S. 18f.

lich. Gerade aus dieser Einstellung mußte sich dem Empiriker Aristoteles die Überzeugung von einer dem einzelnen Menschen immanenten Rechtsidee aufdrängen.

Dieses natürliche Recht bildet damit auch folgerichtigerweise den Ausgangspunkt der für das Recht maßgeblichen normativen Methode bei der Setzung und Findung des in den Bereich des natürlichen Rechts fallenden menschlichen Rechts.

Den deutlichsten Ausdruck findet die Priorität des natürlichen Rechts jedoch in der Billigkeit.

Schließlich ist an dieser aristotelischen Naturrechtslehre, die sich auf Grund der aristotelischen Immanenzlehre in der in der Ethik und zwar insbesondere bei der Gerechtigkeit durchgeführten Form als ein Naturrecht im Sinne des philosophischen Realismus darstellt [146]), von besonderer Bedeutung der von Aristoteles erstmalig und mit besonderer Fruchtbarkeit gemachte Versuch, dieses Naturrecht gedanklich begrifflich im einzelnen zu erfassen. Denn die aristotelische Gerechtigkeit in ihren verschiedenen Arten stellt die gedankliche Ausgestaltung der dem Menschen immanenten Rechtsidee, also des Naturrechts dar. Es kommt hier also nochmals mit aller Deutlichkeit zum Ausdruck, daß die das natürliche Recht zum Gegenstand habende Gerechtigkeit in der aristotelischen Rechts- und Staatsphilosophie das Sollensprinzip des gesamten bei den Menschen geltenden Rechts ist [147]) [148]) und somit das Recht mit der Ethik verbindet und es da-

---

[146]) Daher beweisen alle diejenigen, die — wie etwa die im 5. Jahrhundert in Griechenland einsetzende vergleichende Sittenforschung und die daran anknüpfenden Skeptiker (vgl. Hirzel I S. 31f.) bis zum modernen Positivismus — weitgehend allgemein geltende Rechtsgebote als nur menschliche zu erweisen suchen, in Wahrheit nur, daß es sich um eine zwar immanente, aber reale Rechtsidee handelt.

[147]) Vgl. von Hippel I S. 37, nach dem der Rechtswert die Gerechtigkeit ist; ebenso sieht im Prinzip — wenn auch ohne eigentlich rechtsphilosophische Begründung — die G. als Sollensprinzip auch des positiven Rechts beispielsweise an Lehmann, wenn er S. X schreibt: „Möglichst gerecht den Fall entscheiden, daß ist in allem das Leitziel". Der gleiche Gedanke — nämlich die höhere und maßgebliche Geltung ungeschriebener geistiger, aber realer Normen gegenüber dem vom Menschen gesetzten Recht — liegt ferner beispielsweise darin, wenn Baumbach-Lauterbach Anm. 1 zu § 62 ZPO schreibt: „Was unlogisch ist, sollte nie Recht sein können".

[148]) Bei seiner Auffassung, die scharfe methodologische Unterscheidung von Natur und Freiheit, Naturwissenschaft und Ethik, Müssen und Sollen sei im Grunde erst eine Errungenschaft der neuesten Philosophie seit Kant (S. 752f.), übersieht Binder die hervorragende Bedeutung des ἑκούσιον bei A. (vgl. hierzu im einzelnen Wittmann S. 123ff.). Wenn er aber S. 753 weiter ausführt, das zeige sich deutlich in der NE des A., wo er das φυσικὸν δ. und das νομικὸν δ. unterscheide, aber beide als Unterarten des πολιτικὸν δ. auffasse, so ist dies unerklärlich, zumal Binder im folgenden Satz richtigerweise die Geltung des Naturrechts — anders als Sal. — nicht auf menschlicher Satzung beruhen läßt. Gerade die Aufstellung eines Natur-

mit in den großen Rahmen der ethischen Teleologie stellt, welche die menschliche Eudämonie und das sittlich Gute zum Endzweck hat.

---

rechts, von dem aus menschliches Recht als ungerecht erscheinen kann, die Herausbildung einer normativen und teleologischen Methode bei der bes. G. wie überhaupt die durch Wissen und Wollen (vgl. Wittmann S. 123 f.) zu verwirklichende ethische Teleologie lassen die ohnedies schon die ganze Ethik des A. durchziehende und ihm auch schon von seinem Lehrer Platon her hinreichend bekannte Unterscheidung von Müssen und Sollen erneut deutlich erkennen.

E. Ergebnis.

Die Gerechtigkeit erweist sich demnach als der Zentralbegriff der aristotelischen Rechts- und Staatsphilosophie. Die Bedeutung dieses Umstandes — also daß die Gerechtigkeit, nicht aber das Recht den Hauptgegenstand der aristotelischen Rechts- und Staatsphilosophie bildet — liegt darin, daß auf diese Weise der Mensch in seinem Sein und Handeln viel unmittelbarer angesprochen wird, als es durch ein objektives Normensystem der Fall sein kann. Verlangt ein objektives Normensystem viel eher nur äußere Handlungen, so fordert die Gerechtigkeit als Tugend, daß sich der Mensch seelisch auf ein Leben nach der Tugend richtet. Der Mensch wird in seinem gesamten Wollen und Wissen tief innerlich auf die Erfüllung des Rechts eingestellt und damit viel intensiver, als es die objektiven Normen des Rechts jemals vermögen. Hieraus erklärt sich auch die hohe Bedeutung, welche Aristoteles der Erziehung beimißt. Es werden also nicht nur Rechtskenntnisse vermittelt, sondern der Mensch wird über dieses bloße Wissen hinaus im gesamten seinem freien Willen unterliegenden Sein erfaßt und zur Erfüllung des Rechts, also zur Gerechtigkeit erzogen.

Diese aristotelische Gerechtigkeit nun hat in ihrem Begriff verschiedene Entwicklungsstufen durchlaufen.

Dabei war der früharistotelische Gerechtigkeitsbegriff entsprechend dem platonischen ein idealistischer. Er bestand wesensmäßig in der gleichsam inneren Gerechtigkeit, welche die Hierarchie der Werte verkörperte und diese dem Menschen und dem Staatswesen vermittelte.

Durch die veränderte aristotelische Seelen- und Tugendlehre und zwar insbesondere durch deren psychologistische Zersplitterung entsteht dann durch ein Übergangsstadium hindurch der spätaristotelische Gerechtigkeitsbegriff, welcher den eigentlich aristotelischen, von Aristoteles selbständig geschaffenen ausmacht. Dieser entspricht in seiner Grundanlage den Grundzügen der aristotelischen Philosophie, indem auch er auf dem philosophischen Realismus in Form der Immanenzlehre aufbaut und methodisch im Wege der Empirie ermittelt wird.

Diese spätaristotelische Gerechtigkeit begründet und bestimmt sich als Tugend in und aus der Ethik. Insofern sie sich andererseits als Sollensprinzip des Rechts darstellt, verbindet sie somit das Recht mit der Ethik und ordnet es infolgedessen ebenfalls sowohl seiner Begründung wie inhaltlichen Bestimmung nach in die ethische Teleologie ein. Da diese entsprechend der aristotelischen Immanenzlehre nur auf das höchste menschliche Gut, nämlich die sittliche Eudämonie, nicht aber auf ein transzendentes Gut gerichtet ist, gibt diese sittliche Eudämonie auch die Begründung und das Inhaltskriterium des Rechts und jeglicher Rechtsordnung ab. Als menschliches Gut bestimmt sich die Eudämonie ihrerseits aus dem Menschen, wobei sie als sittliche Eudämonie, als geistiges Faktum, den primären Wert auf die ideenhafte, geistige Seite des Menschen legt und die stoffliche Seite lediglich sekundär berücksichtigt. Die ganzheitliche Natur des Menschen, welche sich als geistige und materielle, als Form und Stoff darstellt, ist der Ausgangspunkt der Gerechtigkeit und des Rechts. Hierdurch stellt sich Aristoteles ganz grundsätzlich auf den Boden des philosophischen Realismus. Insofern er dabei aber die Immanenzlehre vertritt, also den Menschen und ein menschliches Gut zum Ausgangspunkt nimmt, schafft er nicht nur eine bis dahin in dieser Bedeutung nicht erkannte, aber existente Seite des philosophischen Realismus, sondern findet damit auch eine äußerst lebensnahe und damit fruchtbare sowie darüberhinaus — wegen ihrer gegenüber der transzendenten Idee für einen Großteil der Menschheit leichteren Einsichtlichkeit — äußerst breite und tragfähige Basis für das Recht, die als im philosophischen Sinne realistische ebenso das Wahre trifft wie eine transzendente Begründung des Rechts.

Andererseits geht durch den Verlust der Transzendenz eine unmittelbare Verbindung mit einem übermenschlichen, göttlichen Bereich verloren. Zwar steht auch die aristotelische Ethik und damit auch die aristotelische Rechts- und Staatsphilosophie mittelbar noch mit diesem göttlichen Bereich in Verbindung, indem sich die ethische Teleologie ihrerseits in die alles umfassende universale, in der reinen Form sich begründende und in ihr mündende Teleologie einordnet. Diese lediglich mittelbare Verbindung hat aber die Intensität und die Deutlichkeit der unmittelbaren platonischen Verbindung verloren. Aristoteles hat dies selbst erkannt, indem er bei der transzendenten Werteschau eine bessere Erkenntnis des Guten für möglich hielt, wie er andererseits den transzendenten idealistischen platonischen Gerechtigkeitsbegriff auch nie ganz aufgegeben hat, sondern ihn — wenn auch zufolge seiner veränderten Seelenlehre in abgeschwächter Form — sogar noch bis zuletzt neben seinem eigenen Gerechtigkeitsbegriff erwähnt und ihn keineswegs verurteilt, sondern ihn im Gegenteil als möglich ansieht.

Dieser Verlust der Transzendenz zeigt sich nun im spätaristotelischen Gerechtigkeitsbegriff auf das deutlichste darin, daß die Verkörperung der Hierarchie der Werte durch die Gerechtigkeit verloren geht und damit ein überaus hoher materialer Gehalt gerade aus dieser für den Menschen praktisch bedeutsamsten Tugend verschwindet.

Entsprechend der Wendung zur Immanenz und zum Empirismus geht der materiale ethische Gehalt weitgehend auf die methodische rationale Seite über, obwohl Aristoteles eine überrationale Werteschau keineswegs für unmöglich hält, sondern ein überbegriffliches Werterkennen gerade auch durch seine Erziehung erreichen will. Im spätaristotelischen Gerechtigkeitsbegriff als solchem ist jedoch der materiale ethische Wert weitgehend auf diese methodische und rationale Seite beschränkt, womit zugleich zwangsläufig bei allen Arten der spätaristotelischen Gerechtigkeit ein gewisser Formalismus in der Richtung entsteht, daß der Begriff der Gerechtigkeit allein nicht mehr vollends zur Bestimmung des rechtlich Richtigen ausreicht, sondern andere Begriffe und Kriterien herangezogen werden müssen. In der aristotelischen Ethik führt dies infolge deren richtigen Grundeinstellung zwar auch zum zutreffenden Endergebnis. Dieser teilweise formalistische Gerechtigkeitsbegriff birgt aber insofern Gefahren in sich, als er bei der Hinzunahme unrichtiger Hilfsbegriffe auch zum unzutreffenden oder — ethisch gesprochen — bösen Endergebnis führen kann.

Auf dieser methodischen Seite hat der spätaristotelische Gerechtigkeitsbegriff jedoch ungemein an materialem ethischem Wert gewonnen. Dadurch, daß Aristoteles in empiristischer und systematischer Weise den gesamten griechischen Sprachgebrauch und die tiefgehenden Kontroversen über vereinzelte Rechtsbegriffe berücksichtigt, daß er also den idealistischen zu einem empiristischen Gerechtigkeitsbegriff macht, wird der spätaristotelische Gerechtigkeitsbegriff ein viel weiter ausgearbeiteter, umfassenderer und den einzelnen Problemen viel näher kommender Gerechtigkeitsbegriff als der platonisch-früharistotelische. Es gelingt Aristoteles hierdurch, das spezifische Wesen des Rechts, nämlich die Hinwendung zum anderen, zu erkennen. Aus der platonischen inneren Gerechtigkeit wird damit eine gleichsam äußere Gerechtigkeit, welche es jedoch möglich macht, das Recht viel tiefer in seiner Totalität und Vielgestaltigkeit rechtsphilosophisch zu erfassen und zu umfassen und in Einzelheiten weitgehend rechtsphilosophisch auszuarbeiten. Insbesondere kommt Aristoteles dadurch zu höchst bedeutungsvollen Neuschöpfungen.

So erreicht er es zunächst durch die allgemeine Gerechtigkeit — die entsprechend der Tradition bedeutungsmäßig als eine Grundtugend erscheint —, den Bereich der Sozialethik zu begründen und damit das Faktum der menschlichen Gemeinschaft systematisch in der Rechtsphilosophie zu berücksichtigen. Insbesondere erzielt Aristoteles hierdurch die rechtsphilosophische Begründung der Verbindlichkeit auch des nomischen Rechts.

Durch die besondere Gerechtigkeit unterwirft er jeden Menschen — gleichgültig welche Funktionen er einnimmt — dem naturrechtlichen Gebot der Gerechtigkeit und erfaßt gleichzeitig damit den menschlichen Rechtsverkehr in seinem weitesten Sinne in vollem Umfang. Diese besondere Gerechtigkeit erscheint damit als die spezifische Tugend des Rechts, als das Prinzip dessen, was die Masse der positiven Rechtsordnungen ausmacht.

Charakteristisch für den aristotelischen Empirismus und bezeichnend für dessen Brauchbarkeit ist die gründliche rechtsphilosophische Bearbeitung und tiefe Erkenntnis der Unmöglichkeit der Akribie im Recht. Es stellt eine bis heute unübertroffene Leistung dar, wenn Aristoteles dieses Problem in tiefer Einsicht in seine Wichtigkeit systemmäßig und damit äußerst grundsätzlich löst, nämlich durch die Schaffung einer besonderen Art der Gerechtigkeit, des rechtsmethodischen Hilfsmittels der Billigkeit. Hierdurch beseitigt Aristoteles eine Systemlücke, indem er die Fehlerhaftigkeit des νόμος im System einkalkuliert.

Ganz besonders aktuellen Wert gewinnt die Billigkeit in Verbindung mit der besonderen Gerechtigkeit schließlich durch die Begründung der juristischen Methodenlehre und neben anderen durch die Entwicklung der spezifischen rechtsmethodischen Grundsätze der Normativität, der Teleologie und der vergleichenden Unterscheidung, welche in ihrer Verbindung die methodische Verkörperung der Ermittlung des Gerechten und des Rechts aus der ganzheitlichen Natur des Menschen, nämlich aus der Form unter Berücksichtigung des Stoffes, darstellen. Durch die Schaffung eines besonderen juristischen Erkenntnisvermögens erscheint Aristoteles ferner als der Begründer der juristischen Logik.

Schließlich tritt Aristoteles als der rechtsphilosophische Begründer des eigentlichen Naturrechts auf, welches auf der ganzheitlichen Natur des Menschen aufbaut und inhaltlich in den Regeln der Gerechtigkeit besteht. Dabei hat Aristoteles durch seine gedanklich begriffliche Durcharbeitung des Naturrechts in aller Deutlichkeit den Nachweis erbracht, daß eine gedankliche Erfassung des Naturrechts weitgehend möglich ist.

Das aristotelische Rechtssystem, welches allerdings als ein nur bruchstückartiges angesehen werden kann, verwirklicht diese Erkenntnisse dann auch systematisch. Besonders wichtig ist hierbei die methodisch höchst furchtbare Unterscheidung zwischen einem vorhergegebenen natürlichen und einem nicht vorhergegebenen, ethisch neutralen nomischen Recht. Auf Grund dieser Tatsachen stellt sich das aristotelische Rechtssystem als ein ausgesprochen rechtsphilosophisch orientiertes und die naturrechtliche Gerechtigkeit nochmals mit aller Deutlichkeit in den Mittelpunkt des Rechts stellendes dar.

All dies zeigt, daß gerade der mit der Immanenzlehre in innerem Zusammenhang stehende aristotelische Empirismus ursächlich für diese gewaltigen rechtsphilosophischen Neuentdeckungen war, welche in ihrer Vielzahl und in der tiefen Erkenntnis der stofflichen Komponente alles menschlichen Daseins und deren Auswirkungen auf das

Recht die platonische Lehre übertreffen. Es ist ein besonderes Verdienst des Aristoteles, und es bezeugt seine überragende Größe, daß er trotz dieser intensiven Beschäftigung mit dem Stofflichen, mit den Unzulänglichkeiten des menschlichen Rechts und der Vielzahl der Auffassungen und der Kontroversen nie die klare eindeutige Erkenntnis dessen verloren hat, daß Gerechtigkeit und Recht aus der ganzheitlichen Natur des Menschen und damit primär aus der realen Idee abzuleiten und zu bestimmen sind, daß er also trotz aller Immanenz auch auf dem Gebiet des Rechts unverrückbar den philosophischen Realismus vertritt.

All dies vermag allerdings nicht die Tatsache zu beseitigen, daß der im wesentlichen nun mehr auf methodischem Gebiet materialen ethischen Wert enthaltende spätaristotelische Gerechtigkeitsbegriff in vielen Punkten zu einem formellen und zur Bestimmung des auf dem Gebiet des Rechts ethisch Richtigen nicht mehr allein ausreichenden geworden und demnach in dieser Sicht ethisch wertmäßig gegenüber dem platonischen herabgesunken ist.

Wie Aristoteles aber neben diesem Gerechtigkeitsbegriff bis zuletzt denjenigen Platons — dem sein eigener früherer Gerechtigkeitsbegriff ja noch entsprach — erwähnt und diesen demnach keineswegs beseitigen will, stellt sein eigener Gerechtigkeitsbegriff im Ergebnis lediglich die notwendige Ergänzung des platonischen Gerechtigkeitsbegriffs nach der empirischen Seite hin dar. Wie auf dem Bilde Raffaels „Die Schule von Athen" der nach unten auf den empirischen Bereich deutende Aristoteles von dem gleichen Gebäude umschlossen neben dem nach oben auf den transzendenten Bereich weisenden Platon steht, so steht deshalb auch der aristotelische empiristische Gerechtigkeitsbegriff n e b e n dem platonischen idealistischen und bildet mit ihm zusammen den vollen Inhalt der Gerechtigkeit.

FSC
www.fsc.org
MIX
Papier | Fördert
gute Waldnutzung
FSC® C083411

Kolibri 360 GmbH
Ferdinand-Jühlke-Straße 7
99095 Erfurt, Deutschland
produktsicherheit@kolibri360.de